Resolución de conflictos. Nuevos diseños, nuevos contextos

DIRECTOR DE LA COLECCIÓN
Dr. Pedro Herscovici

DISEÑO DE TAPA Y MAQUETACIÓN DE INTERIORES
Estudio Manela y Asociados

DORA FRIED SCHNITMAN - JORGE SCHNITMAN

(COMPILADORES)

Resolución de conflictos. Nuevos diseños, nuevos contextos

GRANICA

BUENOS AIRES - BARCELONA - MÉXICO - SANTIAGO - MONTEVIDEO

© 2000 *by* Ediciones Granica S.A.
Lavalle 1634 - 3º G
1048, Buenos Aires, Argentina
Tel.: 5411-4374-1456 / Fax: 5411-4373-0669
E-mail: buenosaires@granica.com

Ediciones Juan Granica S.A.
Balmes 351, 1º, 2ª
08006, Barcelona, España
Tel.: 3493-211-2112 - Fax: 3493-418-4653
E-mail: barcelona@granica.com

Ediciones Granica México S.A. de C.V.
Bradley 52, Piso 1º, Col. Anzures,
11590, México D.F., México
Tel./Fax: 525-254-4014
E-mail: mexico@granica.com

Ediciones Granica de Chile S.A.
Antonio Bellet 77, p. 6, of. 607
Providencia - Santiago, Chile
Tel.: 562-235-0067
E-mail: santiago@granica.com

Ediciones Granica S.A.
Salto 1212
Montevideo - Uruguay
Tel.: 409-6948 / 400-4307 - Fax: 408-2977
E-mail: montevideo@granica.com

www.granica.com

ISBN: 950-641-307-X

Hecho el depósito que marca la ley 11.723

Impreso en Argentina. *Printed in Argentina*

A nuestros hijos Luciana y Leandro

DFS
JS

ÍNDICE

AGRADECIMIENTOS

Este volumen enlaza comunicación, resolución de conflictos, creatividad social y nuevos paradigmas. Los autores están comprometidos con una práctica y una visión: desarrollar diseños y programas que expresen maneras efectivas de lidiar con situaciones problemáticas en diferentes contextos, maneras que expandan las posibilidades de las personas, de sus relaciones y de las comunidades que habitan.

La Fundación INTERFAS ha trabajado las temáticas de este volumen y ha realizado sus programas de educación continua y desarrollado formas de intervención apoyando la expansión de contextos. La idea y el desarrollo de esta obra surgieron precisamente en el esfuerzo por desarrollar nuevas perspectivas y nuevas prácticas, ideas que forman parte de una red internacional que incluye a numerosos colegas e instituciones que comparten esta preocupación en lugares muy diversos del planeta.

Agradecemos a quienes contribuyen a este tarea de preservar la calidad de nuestros mundos sociales –educación, familia, relaciones laborales, empresas y organizaciones, comunidades, diálogo público, medioambiente. Invitamos al lector a sumarse en el recorrido de su lectura a esta voz que internacionalmente propone transformar esta perspectiva en una práctica.

Deseamos reconocer, entre estas voces, las presentes en el libro:

- A los autores por sus innovadores esfuerzos y sus contribuciones.
- Al doctor Stephen Littlejohn por su destacada y generosa participación en la selección de materiales y en el desarrollo de esta obra.
- A la licenciada Silvia Vecchi por sus contribuciones al desarrollo y a la coordinación del Área de Mediación de la Fundación INTERFAS desde 1995.
- A quienes han participado en actividades de la Fundación, cuyas voces resuenan en este volumen.
- A los miembros de la comisión asesora, colaboradores y docentes de la Fundación, porque su participación en las redes y vínculos que la constituyen torna posible y sostiene sus desarrollos.
- A las instituciones y colegas con quienes hemos conformado espacios intermedios para la docencia, el desarrollo de programas y el intercambio interinstitucional en la Argentina y en el exterior.
- A los cientos de alumnos que se han formado con nosotros, provenientes de diversos países que han apoyado con su participación nuestras actividades.
- A la doctora Silvia Chavennau de Gore y al señor Juan Granica por su apoyo a esta obra.
- A la doctora Fanny Flieser por su generosa colaboración.
- A todos y a cada uno, muchas gracias.

DFS
JS

DORA FRIED SCHNITMAN

PREFACIO

Esta obra en dos volúmenes aborda la resolución de conflictos desde la perspectiva de los nuevos paradigmas y el construccionismo social sistémico. A modo de "conversación" interdisciplinaria sobre cuestiones conceptuales y pragmáticas, se ocupa del diálogo, la narrativa, la reflexividad, otras formas creativas de comunicación, y del desarrollo exponencial de los contextos en los que estos enfoques encuentran aplicación. El recorrido permitirá a los lectores repensar supuestos, formas de desarrollar su práctica, tipos de organización institucional y formas de participación. Los capítulos describen diversos programas de mediación y resolución de conflictos que responden a esta perspectiva, programas que expanden los contextos tradicionales y que han sido implementados en diferentes países.

Estas páginas ofrecen diferentes itinerarios en temáticas relacionadas con el conflicto, el cambio y los diálogos transformativos: la resolución de conflictos como un nuevo paradigma en comunicación; perspectivas, destrezas y procedimientos para la resolución de conflictos; contextos en expansión y nuevos campos de aplicación; el diálogo transformativo como nucleador de campos aparentemente divergentes.

Cada una de estas vías de acceso permite al lector conectarse con las otras y organizar su propia combinatoria a la manera

13

de un hipertexto. Por eso, esta obra, útil no sólo para especialistas en resolución alternativa de conflictos –consultores, mediadores, administradores, educadores, terapeutas y otros– sino también para quienes están interesados en manejar creativamente los conflictos y dilemas, genera recursos para que las personas puedan construir mejores futuros para sí mismas, recrear modelos para la familia, la educación, la salud, la política, los equipos de trabajo, los negocios, el gobierno. Toda persona interesada en la comunicación, el desarrollo de las organizaciones y empresas, la psicología, la educación, la sociología, la asistencia social, la administración, el derecho, la organización comunitaria, la cultura y la resolución de conflictos, o bien quienes simplemente quieran mejorar su calidad de vida, encontrarán aquí elementos de utilidad.

Los diferentes capítulos examinan la creciente expansión de contextos y las metodologías y procedimientos desarrollados en diferentes ámbitos –educación, diálogo público, comunidades, organizaciones públicas y privadas, equipos de trabajo, familias, gerenciamiento social–, como una profunda transformación cultural e institucional que acompaña cambios en las condiciones de vida contemporáneas. Esta transformación forma parte del desarrollo a futuro de una cultura que permita operar en un mundo de creciente interconexión y cambio.

La situación que atraviesa hoy el mundo no puede reducirse ya a un conflicto entre fuerzas de gran envergadura. La condición posmoderna se caracteriza por la oscilación entre el sentido de la visión global común y la irrupción de la diferencia. Nuestra época está signada por el sueño de la comunidad y la realidad de las luchas –a menudo violentas– entre intereses que cambian de manera constante, entre el enfrentamiento y el diálogo.

Distinguiéndose de los diseños tradicionales de manejo de conflictos en que se gana o se pierde, las nuevas formas de comunicación consideran las diferencias como una multiplicidad de voces, más que como posiciones rivales. Diversidad de lenguajes, experiencias y culturas –la utopía de la posmodernidad– dan forma a la resolución alternativa de conflictos y vuelven posible entablar un diálogo significativo. Esta concepción constituye un nuevo paradigma de la comunicación, la mediación y la resolución de conflictos.

Los teóricos y profesionales que aplican el construccionismo social sistémico han contribuido de diversas maneras al nuevo paradigma. Centradas en torno a los diálogos transformadores, las prácticas sistémicas de la resolución alternativa de conflictos utilizan modelos no lineales que privilegian la creatividad, el aprendizaje, la oportunidad y las posibilidades emergentes, por sobre la discusión, el poder y la competencia o la negociación centrada sólo en intereses. Tales prácticas buscan el modo de utilizar el diálogo con vistas a generar soluciones satisfactorias, mientras transforman las relaciones entre personas y grupos. El énfasis pragmático en las habilidades y soluciones se complementa con un interés por las teorías y epistemologías que amplían el contexto en que se comprenden las prácticas. De hecho, en los últimos tiempos, los teóricos y profesionales de la mediación, la negociación, el desarrollo organizacional y comunitario y la terapia familiar, entre otros, han diseñado métodos muy eficaces de abordar el conflicto: sistemas mediadores, diseños reflexivos, sistemas generativos, *coaching*, diálogos transformativos, conversaciones y diálogos públicos, etcétera.

La clave de la instrumentación de estos enfoques es cómo pasar de la teoría a la práctica. Los autores presentes en estos volúmenes hacen frente de diversas maneras al desafío, abordando cuestiones como las siguientes: ¿Qué tipos de prácticas novedosas para la resolución de conflictos alientan y promueven las perspectivas del nuevo paradigma? ¿Qué cambios introducen respecto de enfoques más tradicionales? ¿De qué medios disponen los individuos, familias, grupos, empresas, organizaciones y comunidades, para ampliar sus oportunidades de transformarse en protagonistas proactivos en el manejo de los conflictos, diferencias y dilemas? ¿Cómo expandir las conversaciones y el papel de los dirigentes, los ciudadanos, los comunicadores, los políticos, a la hora de considerar los temas de interés público? ¿Cómo transitar hacia nuevas conversaciones en estos controvertidos temas? ¿En qué contextos pueden implementarse los enfoques del nuevo paradigma? ¿Cómo debe reflexionarse acerca de la educación y la capacitación desde la perspectiva del nuevo paradigma? ¿Cómo afrontar transformaciones y problemas de la vida contemporánea, expandiendo los recursos de la resolución alternativa de disputas y diseñando programas innovadores? ¿Cómo conformar sistemas mediadores y sistemas generativos?

La formación –de los profesionales, las personas, organizaciones, empresas– y la educación para el nuevo milenio ya no pueden sostenerse únicamente en metodologías unidisciplinarias o aisladas. El objetivo de los programas de formación debe ser que quienes participen en procesos de resolución sean capaces de resolver problemas de manera independiente y reflexiva, de navegar entre una variedad de modelos, de generar conocimiento en forma continua, y de trascender las distinciones y rivalidades de sus profesiones de origen. Se requiere un enfoque "metacognitivo" que trabaje sobre una diversidad de saberes, incluyendo su propia producción. Un profesional con formación metacognitiva no está limitado por su experiencia previa, sino que opera apoyándose en principios más que en reglas y eludiendo los modelos rigurosamente lineales de la práctica. Estos profesionales consideran su labor como una experiencia orgánica de aprendizaje: de manera continua planean, ponen en marcha, evalúan y modifican su práctica.

Los diferentes capítulos de esta obra tienen entonces como objetivo contribuir –cada uno de un modo particular– al desarrollo de lo nuevo: nuevos profesionales en el gerenciamiento de conflictos, nuevos programas, nuevos contextos de aplicación, nuevos modelos de resolución alternativa, nuevos enfoques de los procesos de comunicación. En suma: nuevos paradigmas, no sólo para la teoría sino también para la vida.

DORA FRIED SCHNITMAN Y JORGE SCHNITMAN

EXPANSIÓN DE CONTEXTOS, DISEÑOS Y PRÁCTICAS

La creciente expansión de contextos, las metodologías y los procedimientos de resolución de conflictos desarrollados en diferentes ámbitos configuran una profunda transformación cultural e institucional que acompaña los cambios en las condiciones de vida contemporáneas. Esta transformación forma parte del desarrollo a futuro de una cultura que permita operar en un mundo donde la interconexión y el cambio aumentan día a día.

La evolución de los servicios de resolución alternativa de disputas mediante la inclusión de estas metodologías –en organizaciones judiciales, familiares, educacionales en todos sus niveles, de salud, ambientalistas, gerencia social, empresarias, comerciales, legales, comunitarias– ha sido exponencial. Encontramos programas de mediación y resolución de conflictos en una diversidad de contextos. Estos programas están orientados hacia el manejo colaborativo o coparticipativo de conflictos o situaciones problemáticas y expanden las dimensiones operativas y preventivas de estos desarrollos.

En todos los niveles del ámbito escolar la mediación cuenta con programas propios para resolver disputas, no sólo entre pares sino también entre grupos. Este sistema prevé también programas para jóvenes y sus familias, orientados a mejorar las relaciones y disminuir la violencia, entre los que se cuenta la mediación padres/adolescentes. Otros programas vinculados al ámbito educativo son las llamadas aulas democráticas, la mediación en suspensión, la mediación entre grupos juveniles, etc., que expanden la mediación entre pares. En el sector universitario, existen programas específicos que abarcan diferentes tipos de conflictos en y entre los estamentos de la institución (Jones y Bodtker; Smith; Warters, en este volumen).

Tratándose de comunicación y aprendizaje, resulta lógico que la mediación tenga en la educación una de sus aplicaciones más significativas, ya que provee tempranamente herramientas y destrezas para la resolución de conflictos, incentiva todas las formas de participación social y posibilita el desarrollo de una formación ética y ciudadana. No sólo ayuda a prevenir y disminuir la violencia sino que contribuye al desarrollo de los niños y jóvenes como una oportunidad de cambio para la sociedad.

En el ámbito familiar la mediación se presenta como una opción que trabaja con los recursos de la familia para resolver competentemente las situaciones novedosas que se presentan frente a crisis y cambios de muy diferente índole: normativos, evolutivos, contextuales. La mediación familiar cubre la problemática de las parejas que se divorcian –regulación del tiempo que cada progenitor pasa con los hijos, progenitor a cargo, división de bienes, etc.– y otras situaciones vinculadas con sucesiones, empresas familiares o conflictos ligados al ciclo de vida que surgen con los adolescentes o en la tercera edad (Fonkert, en este volumen).

En el ámbito jurídico la mediación –como parte de las metodologías para la resolución alternativa de disputas– es encarada como una opción que permite resolver un conflicto sin recurrir a la fuerza y sin que la decisión esté a cargo de un juez. En este sentido, Elena Highton y Gladys Álvarez (en este volumen) consideran a la resolución de conflictos como parte integral de una nueva política pública necesaria para la administración de la justicia que, sin recargar al "sistema judicial", permite el "acceso a justicia". Las autoras mencionadas definen el "acceso a justicia" como el acceso a una solución justa para un mayor número de ciudadanos, diferenciándolo del acceso al sistema judicial. De esta manera introducen profundas reflexiones sobre el concepto justicia, que puede lograrse de modos que no se circunscriben sólo a la decisión judicial.

De este modo, enlazan un concepto de justicia según los nuevos paradigmas y la resolución alternativa de conflictos con una perspectiva con implicaciones para el sostén democrático de una identidad republicana. Sin que implique dejar de lado los esfuerzos por avanzar la reforma de la justicia, sino por el contrario enriquecerla, en el ámbito jurídico se desarrollan diferentes tipos de programas que incluyen las cortes para casos menores, la mediación penal en casos criminales, o la mediación víctima/ofensor, entre muchos otros.

A medida que la resolución de conflictos gana terreno, surgen también programas de mediación en el ámbito comercial y empresarial. Éstos permiten que empresas, empresas/clientes, equipos de trabajo o empleadores/empleados resuelvan sus disputas. Los programas y servicios que utilizan un tercero neutral están en expansión y el desafío es una tarea abierta.

Existen numerosos diseños de programas y modelos de facilitación. Los diversos tipos de programas incluyen centros de mediación y mediadores profesionales de amplia experiencia que brindan sus servicios como mediadores en áreas tan diversas como los conflictos ambientales, los problemas interdepartamentales complejos, conflictos laborales y cuestiones judiciales, interculturales, del ámbito de la salud, y otras vinculadas con la discriminación y los derechos civiles. Una organización puede incluir mediadores entre sus miembros o convocar mediadores externos. Por ejemplo, en el ámbito escolar, las escuelas primarias y secundarias pueden desarrollar sus propios programas de acuerdo a las necesidades del establecimiento o llamar a mediadores para "resolver" conflictos que se presentan entre maestros o profesores y los directivos, éstos y el consejo escolar, o aquéllos y los estudiantes.

Algunas experiencias novedosas expanden los diseños y contextos e introducen metodologías que no involucran un mediador como tercero neutral, sino que conforman sistemas de mediación, sistemas mediadores y ecologías sociales que privilegian el objetivo de integrar destrezas provenientes de la resolución de conflictos para construir espacios mediadores y promover la coordinación y la colaboración; otras se orientan al desarrollo de sistemas generativos que incorporan la noción de espacio mediador para construir lo inédito. En algunos casos, combinan contextos y diseños para trabajar sobre temas de interés público, como el trabajo sistémico en los contextos públicos –desarrollado por el Consorcio para el Diálogo Público en Cupertino, California– que se orienta a mejorar la calidad de la comunicación y las relaciones entre gobernantes y ciudadanos en temas que preocupan a la comunidad, para incrementar la participación social positiva en las decisiones que requieren responsabilidad y deliberación (Pearce y Pearce, en este volumen).

El Proyecto de Conversaciones Públicas, con base en Boston, Massachussets, es un proyecto de investigación-acción que procura desarrollar modelos de facilitación de diálogos sobre temas políticos y de interés público. Este proyecto integra metodologías de resolución de conflictos y destrezas de facilitación provenientes de la terapia sistémica. Se propone diseñar experiencias de facilitación social para activar los debates estancados sobre temas y diferencias políticas que polarizan a la sociedad –discusiones en torno al aborto: derecho a la vida y derecho a elegir, cuestiones medioambientales y comunitarias en la interface con cuestiones empresariales, relaciones entre heterosexuales y homosexuales, entre otros– promoviendo conversaciones productivas en la participación cotidiana y el ejercicio de prácticas democráticas en las que eventualmente se transforman las personas mismas.

Empresas y organizaciones son también escenarios aptos para experiencias innovadoras en las que los objetivos y prácticas comunicacionales de la mediación o la resolución de conflictos se integran a los equipos de trabajo, que se conforman así en sistemas de mediación. En este sentido, Barker y Domenici (en este volumen) proponen la distinción entre mediación como una práctica para la resolución de disputas –que involucra un tercero externo– y la conformación de sistemas de mediación, en los que los miembros de equipos de trabajo –previo entrenamiento– utilizan objetivos y prácticas comunicacionales de la mediación y su capacidad proactiva para mejorar su entorno de trabajo cotidiano.

Otros diseños –como el enfoque organizacional del Kensington Consultation Centre de Londres– fusionan resolución de conflictos, aprendizaje y *coaching*. De este modo, los miembros de una organización pueden trabajar con un *coach* o *mentor* facilitando la creación de oportunidades de aprendizaje en las organizaciones, las que permiten que sus miembros puedan construir alternativas y hacer mejores decisiones entre las posibilidades disponibles. Esta propuesta trabaja sobre el desarrollo de la organización como un sistema generativo, expandiendo el rango de recursos e implementando los que permiten transformar los procedimientos en vehículos para reconstruir sus posibilidades y las organizaciones mismas como sistemas que aprenden (Lang, Boulton, en este volumen).

Las metodologías para la resolución alternativa de conflictos apoyan el funcionamiento de redes comunitarias y organizaciones en los ámbitos más variados. La mediación como procedimiento para abordar conflictos a nivel comunitario, puede tratar disputas barriales entre vecinos, dueños y arrendatarios, uso de la tierra y medioambiente, trabajar en la interface entre organizaciones, u ofrecer maneras de ampliar las posibilidades de colaboración y coordinación. El incremento de la capacidad de gestión y participación, también favorece la creación de nuevos centros de interés y la participación democrática. En el caso particular de las organizaciones comunitarias, estos métodos logran reducir la dependencia de la intervención de organismos gubernamentales y promover la autogestión coparticipativa focalizada.

La negociación integrada a la gerencia social provee herramientas de intervención para maximizar la eficiencia de los programas, la coordinación interorganizacional y la reflexividad responsable de los operadores, dando lugar a un nuevo paradigma gerencial. En América Latina, este desafío es un incentivo para crear redes de coordinación y colaboración. Si bien idealmente toda organización debe funcionar con un máximo de eficiencia para lograr sus objetivos, la eficiencia misma de las organizaciones del sector público es materia de debate permanente. En una concepción integradora que considere a la gerencia social como un sistema que necesita responder a condiciones crecientes de pobreza y limitación de recursos del Estado, la eficiencia se convierte en un imperativo técnico y ético (Primavera, en este volumen).

Estos programas no sólo son importantes como una manera de resolver disputas, sino también para promover la participación y la colaboración en las bases de las comunidades y entre los diversos sistemas sociales, y para incrementar la responsabilidad relacional y social, acompañándola de diseños específicos para su puesta en acto. Ciertamente, el desarrollo de estos contextos y prácticas resulta de utilidad en países de cuyas democracias aún se espera que plasmen definitivamente las grandes declaraciones de principios en prácticas y modos de vida cotidianos.

En el marco de los nuevos paradigmas[1] proponemos entender a la mediación, los sistemas de mediación, los sistemas mediadores y los sistemas generativos como espacios intermedios entre personas, grupos, organizaciones, ideas, disciplinas. Estos espacios no sólo exceden las fronteras establecidas por el paradigma ganar-perder –generando un cambio paradigmático con consecuencias para la resolución de conflictos y problemas– sino que pueden constituir un campo social generativo para la construcción de posibilidades que integra resolución de conflictos, comunicación y aprendizaje (Fried Schnitman, 2000a-b).

La idea de un espacio intermedio alude a un sistema más extenso que contiene y trabaja con los aportes singulares o individuales, sus vínculos e interrelaciones, que crea trayectorias a partir de un conjunto de posibilidades ya existentes, genera otras inéditas y permite a los participantes recorrerlas de una manera sistemática. La conformación de espacios intermedios está acompañada de diseños conversacionales que promueven la co-creación en el diálogo y exploran a la conversación misma como un sistema generativo (Fried Schnitman y Schnitman, 2000).

Este marco nos permite distinguir diversos tipos de procedimientos (Ver Cuadro 1) que proporcionan una red de recursos y promueven la creatividad social: 1. *mediación* y otros abordajes de situaciones específicas, en los que las partes en conflic-

---

1 Para una visión abarcativa de los nuevos paradigmas del conocimiento, ver Fried Schnitman, 1994.

to se encuentran con un tercero neutral que facilita un proceso en el que puedan dirimir sus diferencias productivamente; 2. *sistemas de mediación*, conformados por personas o equipos que reciben entrenamiento para incorporar los objetivos y prácticas comunicacionales de la mediación a su propio funcionamiento, y mejorar sus posibilidades de trabajar colaborativamente en situaciones de conflicto, sin intervención de terceras partes, 3. *sistemas mediadores*, como la promoción de formaciones sociales que puedan visualizar y utilizar la mediación en una perspectiva amplia tendiente al establecimiento de consenso y coordinación social, y 4. *sistemas generativos*, en los que personas, grupos o equipos incluyen en su dinámica y en sus objetivos la conformación de sistemas mediadores y espacios intermedios como vehículos para la creación de posibilidades y enlaces inéditos. En esta última instancia, mediar implica construir lo inédito permitiendo el despliegue de nuevas posibilidades instrumentales.

Dado que estos sistemas integran comunicación y aprendizaje e incorporan la prevención como dimensión estructurante de la práctica, el profesional con papel de intervención, *coaching* o enseñanza de destrezas mediadoras o generativas, promueve la inclusión de objetivos y prácticas generativas para trabajar de manera creativa y eficiente.

En los sistemas generativos la negociación de los nuevos enlaces excede la problemática de "ganar" guiada por intereses personales para convertirse en la creación de lo posible a partir de lo existente. Quienes participan en la construcción de estos espacios pueden elaborar los marcos necesarios incorporando una multiplicidad de perspectivas, más allá de una autoridad profesional imprescindible. El espacio así construido es polivocal y puede prosperar valorizando la riqueza de los bordes, de las interfaces, de los márgenes, en lugar de un centro único o hegemónico, invitando al descubrimiento de múltiples centros. Precisamente esta disolución hipertextual del centro ofrece una diversidad de caminos posibles, revaloriza los procesos constructivos, y democratiza los procedimientos dando lugar a asociaciones conversacionales y, quizás, a la incipiente concreción de una utopía de las sociedades: que ninguna conversación, disciplina o doctrina tenga como misión dominar a las otras.

Cuadro 1. Procedimientos

	Abordaje	Procedimiento	Roles	Propósito	Reconocimiento de procesos en acción
Mediación	Para la resolución de conflictos (mediante la participación de un tercero imparcial).	Facilitación.	Participantes. Tercero imparcial	Resolución o manejo de conflictos.	Procesos de manejo de conflicto
Sistemas de mediación	Para la incorporación de objetivos y prácticas de resolución de conflictos a su funcionamiento habitual, mejorando las posibilidades de trabajar colaborativamente. Para la resolución de conflictos (sin un tercero).	Entrenamiento y educación para incorporar prácticas de la mediación a su propio funcionamiento.	Formador, capacitador o educador. Personas, equipos, organizaciones o grupos comunitarios.	Mejorar posibilidades de trabajo colaborativo, el entorno.	Aprendizaje e implementación de habilidades. Monitoreo de su utilización
Sistemas mediadores	Para la promoción de formaciones y redes sociales que operen con consenso y coordinación.	Instalación de una ecología social donde las personas, organizaciones o programas puedan coordinar entre sí.	Organizaciones, comunidades o personas.	Incrementar la capacidad de coordinación y la organización de redes colaborativas.	Facilitación y aprendizajes para la coordinación, y para la resolución, y manejo de conflictos.
Sistemas generativos	Utilización de dispositivos mediadores para crear posibilidades y enlaces inéditos. Oportunidades para el aprendizaje.	Enseñanza, *coaching*, consulta, facilitación.	Facilitador, *coach*, *mentor*. Participantes (personas, organizaciones, comunidades).	Creación de lo posible a partir de lo existente. Favorece la creación de sistemas que aprenden.	Aprendizajes en todos los niveles. Enlaces para construir lo inédito.

La resolución alternativa de conflictos ha abordado situaciones complejas a nivel internacional donde se presentaron conflictos difíciles de dirimir –los casos Israel/Palestina, Irlanda, Yugoslavia. Esta dimensión internacional se ve incrementada en los últimos años con nuevos desafíos. Asistimos a una serie de cambios a nivel mundial: la informatización creciente de la sociedad, la globalización de la economía, el traslado masivo de trabajo y poblaciones de una región del planeta a otra, la creciente concentración económica –a nivel internacional y dentro de cada sociedad–, la desintegración del bloque socialista, los cambios en la función del estado y la creciente importancia de la economía virtual, el papel problemático de la educación tal como la conocemos y la incertidumbre que estos procesos sociales crean.

Estos cambios a nivel global vienen asociados con conflictos novedosos –como los que surgen en las nuevas geografías regionales, los mercados mundiales, el cuidado global del planeta, entre otros– que en algunos casos se superponen e intersectan con conflictos preexistentes –étnicos, interculturales, empresariales, grupales, sociales, familiares– y con sus resonancias relacionales.

Si los nuevos paradigmas no son sólo formas novedosas de pensar el mundo sino también de intentar intervenir en él –y las prácticas de resolución alternativa de conflictos son comprendidas en este marco como procesos emergentes– llevarán implícito el proyecto de contribuir de alguna manera a un mejor abordaje de estos problemas humanos.

En diferentes lugares del mundo surgen así contribuciones vinculadas con la resolución alternativa de conflictos que abordan las problemáticas enunciadas, algunas de las cuales están presentes en este volumen, cuyo propuesta es, precisamente, la expansión de contextos. La presentación de esos desarrollos aspira a contribuir a un proceso de construcción de mejores condiciones sociales para enfrentar los problemas con un incremento de la copartición y la responsabilidad relacional. Como sugieren Becker y otros (en este volumen): "Cada vez es mayor nuestra certeza de que el diálogo es esencial para una sociedad democrática a fin de preservarla no sólo en la ley sino en el espíritu y la práctica, dotarla de sensibilidad ante sus diversos integrantes y hacer que no excluya a nadie que viva en ella. Consideramos que nuestra labor en este proyecto es una de nuestras formas de participar en la democracia".

El volumen que aquí presentamos propone aproximarse al diseño de programas con perspectivas que integran reflexión y acción. Una noción de estrategia compleja como la que propone Edgar Morin (1994), permite mantenerse al timón en circunstacias cambiantes para encontrar soluciones generativas que maximicen los recursos existentes, orientando la búsqueda compleja de eficacia en la organización de sistemas en los que se negocia permanentemente la coordinacion de objetivos.

Una propuesta de este tipo aparece incorporada en los artículos de Becker y otros, y de Pearce y Pearce en el diálogo en temas de interés público, Primavera en el campo de la gerencia social, Barker y Domenici en los equipos de trabajo, Lang en el *coaching* sistémico, Fried Schnitman en el diseño de conversaciones.

Los distintos capítulos proponen diseños y prácticas que involucran una variedad de papeles sociales y nuevas funciones para el profesional: el mediador como tercero imparcial, la incorporación de destrezas de mediación y destrezas generativas por las personas o equipos como recurso para la colaboración, la coordinación y la innovación, el *coaching* como proceso que expande la capacidad de resolver problemas en un grupo u organización, la prevención, la facilitación y el aprendizaje con el objeto de promover conversaciones amplias y responsables. Estas prácticas emergentes reconstruyen relaciones, profesiones, campos del saber, interfaces disciplinarias y transdisciplinarias, recursos e identidades profesionales, y promueven asociaciones conversacionales novedosas en todos estos niveles.

Algunos capítulos de este volumen señalan la importancia de especificar las características de las prácticas de resolución de conflictos y los nuevos papeles sociales a los que encuadran en el marco de nuevas prácticas disciplinarias y, en otros, se integran y expanden en una arborización de prácticas y procedimientos posibles.

El lector encontrará capítulos que remiten a diseños de mediación propiamente dicha, de sistemas de mediación, de sistemas mediadores y de sistemas generativos. Otros capítulos presentan diseños conversacionales que promueven la co-creación y entienden a la conversación misma como un sistema generativo, o conforman sistemas para maximizar generativamente los recursos existentes.

El lector dispone en el Cuadro 1 de una grilla que puede recorrer como procedimientos diferenciados o como niveles de acciones posibles, también le permite identificar objetivos, contextos y procedimientos primarios, y combinaciones de éstos. De este modo, procedimientos que se inician a nivel de una resolución de conflictos pueden operar como núcleos de cambio que promuevan aprendizajes, la adquisición de nuevas destrezas, nuevas formas de coordinación o de innovación. En la dirección inversa, los nuevos aprendizajes pueden facilitar la adquisición de destrezas específicas e incrementar la capacidad para resolver conflictos.

Para concluir, el propósito de este volumen es presentar prácticas y diseños que permitan enfrentar eficazmente los problemas concretos que se presentan en el manejo y resolución de conflictos y otras situaciones problemáticas. Los diferentes capítulos que lo conforman pueden resultar de utilidad tanto al estudio de la relación entre comunicación y conflicto, como al diseño de programas innovadores y al desarrollo de prácticas y procedimientos. Estamos convencidos de que todos los capítulos contribuirán a que los interesados en el manejo de conflictos –profesionales de muy diversas disciplinas, administradores, consultores, especialistas en trabajo comunitario, investigadores, docentes o lectores en general– puedan encontrar herramientas útiles para diseñar y construir mejores contextos y mundos sociales para sí, para otras personas y para las comunidades que habitan.

Referencias bibliográficas

Fried Schnitman, D. (Comp.) (1994), *Nuevos paradigmas, cultura y subjetividad*. Buenos Aires: Paidós.

Fried Schnitman, D. (2000a) "New Paradigms, New Practices". En: D. Fried Schntiman y J. Schnitman (Comps.). *New Paradigms, Culture and Subjectivity*. New Jersey: Hampton Press.

Fried Schnitman, D. (2000b), "Introducción. Nuevos paradigmas en la resolución de conflictos". En: D. Fried Schnitman (Comp.). *Nuevos paradigmas en la resolución de conflictos: perspectivas y prácticas*. Buenos Aires: Granica.

Fried Schnitman, D. y Schnitman, J. (2000), "La resolución alternativa de conflictos: un enfoque generativo". En: D. Fried Schnitman (Comp.). *Nuevos paradigmas en la resolución de conflictos. Perspectivas y prácticas*. Buenos Aires: Granica.

Morin, E. (1994), "Epistemología de la complejidad". En: D. Fried Schnitman (Comp.). *Nuevos paradigmas, cultura y subjetividad*. Buenos Aires: Paidós, págs. 421-442.

CAPÍTULO 1

TRICIA S. JONES Y ANDREA BODTKER

HACIA UNA MEDIACIÓN EXITOSA ENTRE PARES: LÍNEAS DIRECTRICES

No hace mucho tiempo, suponíamos que las escuelas eran las encargadas de enseñar a los niños los conocimientos básicos en las materias tradicionales de los planes de estudio, como la lectura, la escritura y la aritmética, y que la familia y la comunidad tenían la responsabilidad de enseñarles las habilidades sociales y conocimientos de la vida que, sumadas a su instrucción escolar, los preparaban para ser buenos ciudadanos, trabajadores productivos y padres dedicados.

Pero los tiempos han cambiado. Un examen meticuloso, exhaustivo de las razones de dicho cambio, sobrepasaría los alcances de este capítulo. La mayoría de nosotros nos damos cuenta, sin embargo, de que estas modificaciones tienen su origen en una compleja combinación de cambios en la estructura básica y el grado de estabilidad de la familia, la erosión de las bases comunitarias y el impacto de una aceleración tecnológica que amplía pero, a la vez, restringe nuestra conexión con los demás.

En la actualidad, se espera que las escuelas asuman una responsabilidad activa en enseñar a los niños destrezas útiles para la vida, que contribuyan a su desarrollo social y personal. Un foco primordial de estos esfuerzos se ha puesto en la enseñanza de habilidades para manejar los conflictos. Varios son los tipos de programas que abordan estas habilidades, pero los más comunes (y, según algunos, también los más viables) son los que involucran la mediación entre pares.

En este capítulo compartiremos con los lectores las enseñanzas que ha dejado la experiencia estadounidense en materia de programas de mediación entre pares, pues ella apunta a algunos principios fundamentales para la instrumentación y mantenimiento de programas exitosos, que confiamos puedan aplicarse a los esfuerzos que se realicen en otros países y sociedades. Más concretamente, compartiremos nuestra experiencia relacionada con el desarrollo del Proyecto de Mediación entre Pares de Filadelfia (PMPF), y daremos algunas sugerencias en cuanto al rumbo en que podría encaminarse este tipo de programa, con el fin de incrementar sus efectos positivos. Comenzaremos con una breve explicación de la naturaleza de la mediación entre pares, seguida de un panorama acerca del PMPF y, por último, nuestro modelo y las líneas directrices que provee para la creación de programas exitosos de mediación entre pares, basados en la experiencia del PMPF así como de otros programas que se llevan a cabo en los Estados Unidos.

Características de la mediación entre pares

La mediación entre pares es un proceso que incluye a uno o dos estudiantes que actúan como terceros neutrales, ayudando a sus pares en el manejo de sus conflictos. Es un proceso voluntario que permite a los disputantes llegar por sí mismos a un acuerdo sobre el modo de manejar el conflicto. Con este propósito, los mediadores utilizan habilidades de comunicación y mediación para facilitar que las partes puedan dialogar con mayor eficacia sobre su conflicto y se involucren en procesos de resolución de problemas.

Iniciados a fines de la década del setenta y comienzos de la siguiente por los cuáqueros, en escuelas de la ciudad de Nueva

York, como proyectos en favor de la no violencia, estos programas se hicieron extensivos a otras comunidades gracias al surgimiento de organizaciones como Educadores para la Responsabilidad Social y la Asociación Nacional para la Mediación en la Educación (National Association for Mediation in Education, NAME) (Jones, 1994). La cantidad de programas, que a comienzos de la década del ochenta eran aproximadamente entre trescientos y cuatrocientos, se incrementó exponencialmente y a principios de la década del noventa ya son más de ocho mil (Baker, 1996).

Valores subyacentes de los programas

Estos programas valoran el *empowerment*. La mayoría de los educadores interesados en la mediación entre pares la ven como un medio de potenciar (*empower*) a los estudiantes de modo que asuman un mayor control de sus capacidades y de su vida –y, por cierto, de sus conflictos. Está implícita la idea de que dentro de límites razonables es mejor que los estudiantes manejen sus propios problemas, aunque ello signifique que los docentes y directivos deban sacrificar parte del control que ejercían sobre determinados conflictos y su manejo. Esta concepción entiende al conflicto como algo inevitable y esencial, que brinda oportunidades y desafíos para el crecimiento. Percibir el conflicto como algo negativo que debe ser erradicado es contrario al concepto de la mediación entre pares.

Los programas de mediación entre pares no son aplicables a todos los contextos, ni adecuados para todo tipo de disputas. Un sello distintivo muy importante de cualquier programa es su capacidad para establecer criterios que permitan diferenciar en qué casos es aplicable la mediación y en qué otros no lo es. Los criterios sobre los conflictos potencialmente mediables pueden establecerse de un modo acorde con el de otras medidas y procedimientos disciplinarios. No se pretende reemplazar con la mediación entre pares otros sistemas disciplinarios, sino complementarlos. Por ejemplo, la mayoría de los establecimientos educativos establecen en sus políticas que la mediación queda exclui-

31

da en los siguientes casos: peleas físicas con uso de armas, ataques sexuales, ataques físicos graves con o sin uso de armas, disputas en que cualquiera de los disputantes se vea disminuido a raíz del consumo excesivo de alcohol o drogas, o aquellas disputas en que uno de los bandos revele incapacidad psíquica o emocional para controlar sus actos.

Procedimiento de la mediación entre pares

La mecánica efectiva de un programa de mediación entre pares difiere según el modelo aplicado (como explicaremos en las secciones siguientes), pero todos los modelos presentan elementos comunes que exigen establecer ciertos "puntos fundamentales".

Selección de mediadores: Debe disponerse de un cuadro de estudiantes dispuestos a ser instruidos como mediadores y a actuar luego en ese carácter. El modo en que se realiza su selección difiere según los programas. En algunos programas, simplemente se recurre a la presentación voluntaria: cualquier alumno que desee ser mediador puede serlo. La mayoría de las escuelas seleccionan al grupo de mediadores, ya sea a través de una nominación de sus compañeros, un ponderamiento de los profesores o directivos, o a través de algún método aleatorio que reduzca la cantidad de mediadores a la magnitud necesaria. Como luego veremos, no es conveniente seleccionar como mediadores sólo a los "mejores" alumnos; es preferible elegir a diversos alumnos, concentrándose en quienes ejercen algún liderazgo informal sobre sus pares, de modo que, a través de toda la escuela, los alumnos puedan identificarse con los mediadores y estén más interesados en emularlos.

Equipo de coordinación local. Introduciremos este elemento aquí para luego explayarnos sobre él en la sección siguiente. El equipo de coordinación local (ECL) es un grupo de miembros adultos del personal del establecimiento (docentes, directivos, consejeros escolares, etc.), que asume la responsabilidad de supervisar los aspectos administrativos del programa. Cuanto más eficaz sea el ECL, mayores son las posibilidades de que el programa tenga éxito.

Entrenadores. En mediación entre pares, el entrenamiento necesita, usualmente, ser provisto por alguien ajeno a la escuela –habitualmente una organización que realiza este tipo de formación o un centro comunitario. El entrenamiento también puede ser provisto por un entrenador o formador que pertenece a la escuela, un/a docente, personal familiarizado con la mediación, con conocimientos sobre cómo implementar un programa de mediación entre pares.

Procedimientos de admisión. Los procedimientos de admisión son normas para recibir las derivaciones en que se propone mediación, evaluar si corresponde al caso aplicarla (o si las partes realmente la desean) y tomar las medidas para llevarla a cabo. Una vez que se evalúa si la mediación es aplicable al conflicto, el procedimiento de admisión determina quién o quiénes actuarán como mediadores en ese caso específico, en dónde tendrá lugar la mediación y quién supervisará los trámites administrativos y registros del caso. Estos trámites son muy variados pero los más comunes son aquellos que documentan quiénes están involucrados en la disputa (quiénes son los disputantes y los mediadores, quién derivó la disputa, y cuándo se llevó a cabo la mediación, si es que ésta se produjo), así como su resultado (si se alcanzó o no un acuerdo, cuál fue su naturaleza, si se indicó una suspensión o alguna otra medida disciplinaria para una de las partes o para ambas). En suma, los procedimientos de admisión son el motor administrativo del proceso de mediación. Por lo general, se los considera una responsabilidad común del personal que supervisa el programa o bien el de alguna otra oficina administrativa (como la del vicedirector o el regente del establecimiento [*disciplinary office*]).

Promoción publicitaria del programa. Es menester que exista algún mecanismo para publicitar el programa de mediación entre pares, entre otros miembros de la escuela o en la comunidad externa. Si los maestros y alumnos no conocen el programa, es improbable que le deriven casos y no prosperará. Hay muchas formas innovadoras de publicidad, entre las cuales cabe mencionar los afiches, volantes, camisetas o chaquetas con leyendas alusivas para los mediadores, anuncios en el establecimiento, reuniones de orientación, exhibiciones explicativas en el salón de actos o en las aulas, programas de radio o de televisión en los establecimientos que cuenten con la tecnología necesaria, artículos en los boletines o periódicos escolares, concursos para "elegir el nombre del club de mediadores". Cuanto más se publicite el programa, más probable es que tenga éxito.

Elementos logísticos. Decidir en qué momento o lugar tendrán lugar las mediaciones puede ser una decisión compleja. En la elección de los elementos logísticos hay que tener en cuenta el nivel de la escuela (primario/elemental o secundario/intermedio) y los recursos de que dispone la misma. Para decidir el momento en que se realizarán debe considerarse el espacio disponible, de qué manera se permitirá que los mediadores abandonen otras clases para ello, y si los alumnos pueden quedarse en la escuela antes o después del horario de clase, o si la mediación debe realizarse forzosamente en dicho horario. Hay tres opciones: 1) la escuela puede establecer que el programa se instrumente "en horas extra", de modo que todas las mediaciones se produzcan fuera del horario escolar. En tal caso, es necesario que estén disponibles en dicho horario tanto los disputantes como los mediadores y miembros del ECL; 2) puede decidirse que la mediación tenga lugar "dentro del horario escolar" pero "fuera del horario de clases", por ejemplo, durante el almuerzo u otros períodos de recreo. En las escuelas en que hay varios períodos destinados a comidas, este enfoque es relativamente el más conveniente para todos; 3) por último, puede aplicarse el programa "en horario de clase", lo que significa que en cualquier momento de la jornada los mediadores deberán dejar su clase u otras actividades si se los necesita para que se ocupen en forma inmediata de la disputa. Por supuesto, la decisión relativa al momento de la mediación influye también en el lugar en que se la realizará. Si el programa se instrumenta "en horas extra", deberá asignarse algún aula u otro espacio a los encuentros y las sesiones de mediación. Si se lo instrumenta "dentro del horario escolar" pero "fuera del horario de clases", puede llevárselo a cabo en el patio de juegos, el comedor o algún salón destinado especialmente a tal efecto. Si se lo instrumenta "en horario de clase", es indispensable que haya un espacio especialmente designado, que sea la "sala de mediación". Con respecto al nivel de la escuela, el enfoque "dentro del horario escolar" pero "fuera del horario de clases" (también llamado el modelo del "patio" o del "comedor") es el más corriente en las escuelas primarias o elementales, en donde los alumnos tienen más tiempo libre disponible y pueden aplicarse métodos más simples e informales de mediación, en los que los adultos supervisen el proceso. Los otros dos enfoques son más comunes en las escuelas secundarias o intermedias.

Etapas de implementación. No todo lo que abarca un programa de mediación puede (o debe) suceder al mismo tiempo. La mayoría de los programas que tienen éxito siguen ciertas etapas comunes de implementación, que se sintetizan en el Cuadro 1.

El Proyecto de Mediación entre Pares de Filadelfia

El PMPF fue un esfuerzo conjunto del Programa de Mediación "El Buen Pastor", la Oficina para la Promoción de la Integración (*Office of Desegregation*) del Distrito Escolar de Filadelfia y la Temple University. El PMPF inició programas de mediación en 43 escuelas elementales, intermedias y secundarias del Distrito Escolar Público de Filadelfia en los períodos lectivos de 1992 a 1995. El Programa de Mediación "El Buen Pastor" es una entidad educativa que se ocupa del conflicto, reconocida tanto en el plano nacional como internacional. Su responsabilidad básica en este proyecto consistió en ayudar a las escuelas a instrumentar sus programas de mediación entre pares y en proporcionarles capacitación y apoyo permanente. Se trata de un amplio distrito escolar urbano del noroeste de los Estados Unidos, que abarca unas doscientas escuelas y cubre las necesidades en materia de enseñanza pública de millones de personas de distinta procedencia étnica o racial que viven en la ciu-

Cuadro 1. Etapas de implementación

Etapa	Descripción
Evaluar las necesidades	Identificar los objetivos y recursos con que cuenta la escuela. Evaluar el grado de interés y la adhesión potencial al programa por parte de los alumnos, el personal y los miembros de la comunidad.
Orientar al personal	Dar detallada información sobre la índole de la mediación entre pares y los resultados de la evaluación de las necesidades a todo el personal. Realizar debates abiertos sobre la utilidad del programa y el modo en que mejor puede adaptárselo a la escuela. Además, aclarar las expectativas del personal en cuanto a su participación o apoyo.
Seleccionar el ECL	Identificar a los miembros del personal que desean comprometerse trabajando en el programa. En esta etapa debe discutirse profundamente el compromiso de tiempo y recursos que se espera de los miembros del ECL.
Orientar a los estudiantes	Exponer el programa a los alumnos, con el fin de estimular su interés y alentarlos a entrenarse como pares mediadores.
Seleccionar a los mediadores	Mediante el mecanismo que se decida.
Capacitar a los mediadores y al ECL	Proveer entrenamiento en mediación entre pares y un programa adicional para la implementación del entrenamiento al ECL.
Publicitar el programa	Utilizar la mayor publicidad posible para que tanto los alumnos como el personal comprendan bien el programa y sepan cómo aplicarlo.
Utilizar el programa	Iniciar y sostener el programa atendiendo regularmente la coordinación, la actualización de las habilidades de los mediadores y la conservación de un alto perfil positivo dentro de la escuela.
Evaluar el programa	Evaluar de manera periódica, al final de cada semestre o año, cómo funciona el programa, si es preciso modificar algo y si hay interés o posibilidades de expandirlo.

dad y el condado de Filadelfia. Al igual que la mayoría de los grandes distritos escolares, lidia permanentemente con los problemas de la insuficiencia de recursos, la gran rotación de maestros y directivos, las altas tasas de ausentismo y deserción de los alumnos, y los conflictos que se presentan entre éstos. La participación de la Oficina para la Promoción de la Integración se debió principalmente al interés de ofrecer a los estudiantes formas más eficaces de abordar los conflictos ligados a la diversidad étnica y cultural. La Temple University proporcionó el equipo de evaluación para verificar el progreso del proyecto, estudiar su grado de eficacia e informar sobre lo sucedido con el fin de contribuir a que los esfuerzos futuros fuesen lo más eficaces que resultare posible.

Inicialmente, El Buen Pastor y la Oficina de Promoción de la Integración fijaron diversos objetivos para este proyecto: 1) la idea era institucionalizar la mediación entre pares en el distrito escolar de Filadelfia, para que finalmente hubiera programas de este tipo en todas sus escuelas y las autoridades del distrito pudieran comprometerse a conseguir o proporcionar los recursos necesarios para mantenerlos. 2) Al igual que en muchas otras ciudades norteamericanas, en Filadelfia se estaba asistiendo a un aumento alarmante tanto de los actos de violencia cometidos por niños o jóvenes como de la cantidad de niños o jóvenes que eran víctimas de actos de violencia (*Philadelphia Inquirer*, febrero de 1996). Esta tendencia llevó a procurar disminuir los incidentes de violencia en las escuelas. 3) Se confiaba, asimismo, en ofrecer una alternativa frente a las suspensiones y expulsiones como medio de tratar los problemas disciplinarios. Algunos especialistas estiman que en las escuelas norteamericanas los docentes dedican hasta el 60% de su tiempo a esos problemas (Jones, 1994). La experiencia en el distrito de Filadelfia era muy semejante, y se buscaba una manera de controlar la conducta disruptiva de modo de no apartar a los alumnos de su entorno de aprendizaje. 4) Se especulaba con que si los programas reducían la conducta conflictiva y disociadora, los estudiantes se sentirían más seguros en la escuela, y esto, probablemente, disminuiría el ausentismo. 5) De manera más global, se procuraba proporcionar a docentes y alumnos habilidades vinculadas con el manejo de conflictos que son propias de la mediación: de comunicación, interpersonales, de liderazgo, de resolución de problemas, entre otras.

Panorama sobre el programa de mediación entre pares

La capacitación sobre mediación entre pares ofrecida por El Buen Pastor incluía a los alumnos y a los adultos que no eran instructores de mediación (docentes, directivos, consejeros escolares, personal de seguridad, auxiliares no docentes, etc.), en un programa de cuatro días consecutivos, a razón de seis horas por día, aproximadamente. La capacitación era conjunta e incluía ejercicios, juegos de roles (*role-playing*) y otras técnicas vivenciales destinadas a enseñar a comprender y a aplicar el proceso de mediación.

A las escuelas participantes se les solicitó firmar un acuerdo que las comprometía a brindar su apoyo al programa de mediación durante tres años como mínimo. Este apoyo abarcaba: 1) designar por lo menos tres coordinadores locales para que participaran en el curso de capacitación y supervisasen el programa (este compromiso exige, por cierto, la provisión de recursos, con el fin de cumplir con las obligaciones normales del docente o miembro del personal mientras toma el curso); 2) destinar un espacio a las reuniones de capacitación y las sesiones de mediación subsiguientes; 3) reunir la información básica y realizar todos los trámites administrativos y el mantenimiento de los registros vinculados a la cantidad de sesiones de mediación realizadas y sus resultados; y 4) promover el uso de la mediación para resolver los conflictos entre los alumnos.

El Buen Pastor suministró diversos servicios a las escuelas participantes. En primer lugar, brindó orientación a sus alumnos, docentes y personal; esta orientación normalmente incluía alguna actividad de reclutamiento de interesados (conferencia sobre mediación en una asamblea o en el salón de actos) y sesiones de orientación a los docentes y al personal (v. gr., exposiciones en las reuniones del personal). En segundo lugar, El Buen Pastor brindó la capacitación en mediación a cada escuela durante dos semestres, con la expectativa de que la capacitación futura (durante el segundo y tercer años) fuera efectuada en forma autónoma por las escuelas. En tercer lugar, brindó apoyo y asesoramiento permanente a los programas de mediación mediante visitas semanales de un formador de su equipo a cada lugar. Cada escuela era visitada dos veces por semana durante medio día a lo largo del período, el cual abarcaba el semestre en que se instrumentó el primer curso de capacitación y el que le seguía inmediatamente. El propósito era que a fin del segundo año cada escuela pudiera administrar su programa de modo independiente. En cuarto lugar, El Buen Pastor ayudó al equipo de evaluación de la Temple University para que reuniera los datos destinados a informar a las escuelas sobre el grado de éxito de sus esfuerzos.

El estudio de evaluación

La evaluación de la eficacia de los programas de mediación entre pares realizada por la Temple University consistió en un estudio longitudinal de campo, en el que se recopilaron datos cualitativos y cuantitativos. Con el objeto de identificar los factores decisivos para las investigaciones evaluativas posteriores, en las primeras etapas de la evaluación se puso mucho énfasis en los datos cualitativos. Esta información se tradujo luego a mediciones cuantitativas para ser utilizadas en los años subsiguientes.

Para la recolección de los datos se usó un método múltiple de triangulación. Los datos derivaron de entrevistas cualitativas focalizadas, realizadas con grupos de pares mediadores, entrevistas cualitativas individuales y/o grupales con los directivos y los coordinadores locales, observaciones de procesos de capacitación, análisis *in situ* del contenido de los juegos de roles (*role-playing*) implementados durante la capacitación, mediciones cuantitativas de la eficacia del entrenamiento, mediciones pre-test y post-test e instrumentos cuantitativos para que tanto los mediadores como los disputantes evaluaran las sesiones de mediación y sus resultados.

Puede encontrarse una descripción minuciosa de los métodos utilizados (incluida la copia de los protocolos) y los resultados concretos del estudio en el informe del PMPF (Jones, 1996; Jones y Carlin, 1994). En lugar de reproducir aquí esa información, pasaremos a exponer las conclusiones generales extraídas de este proyecto, bajo la forma de nuestro modelo para programas exitosos de mediación entre pares.

Un modelo para la mediación exitosa entre pares

Nuestro modelo general se presenta en la Figura 1. Como veremos en las próximas páginas, cada elemento del modelo de-

Figura 1. Modelo para la mediación exitosa entre pares

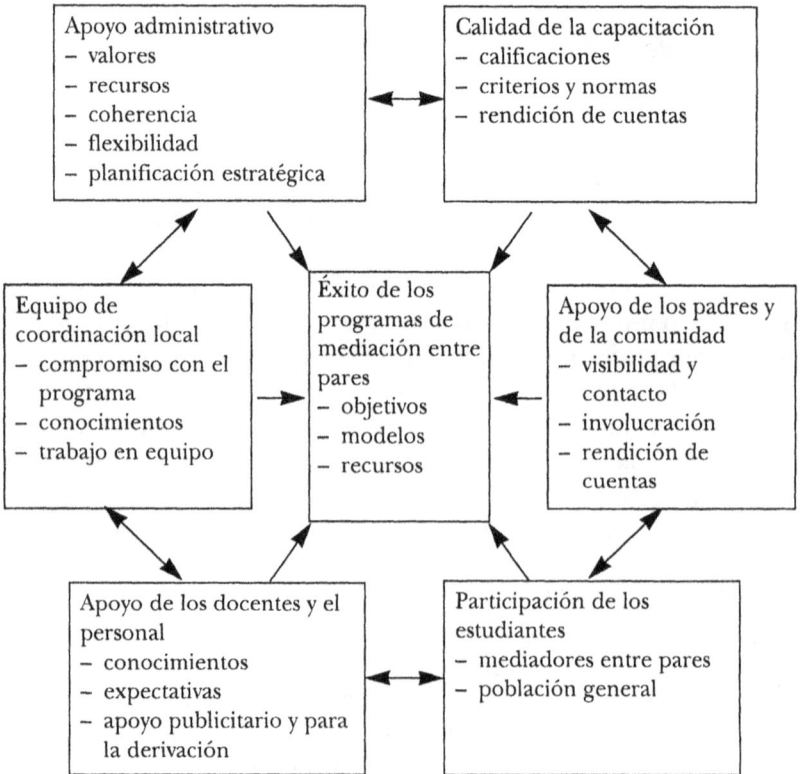

Apoyo administrativo – valores – recursos – coherencia – flexibilidad – planificación estratégica	Calidad de la capacitación – calificaciones – criterios y normas – rendición de cuentas

Equipo de coordinación local – compromiso con el programa – conocimientos – trabajo en equipo	Éxito de los programas de mediación entre pares – objetivos – modelos – recursos	Apoyo de los padres y de la comunidad – visibilidad y contacto – involucración – rendición de cuentas

Apoyo de los docentes y el personal – conocimientos – expectativas – apoyo publicitario y para la derivación	Participación de los estudiantes – mediadores entre pares – población general

40

sempeña un papel importante en la adopción del programa, su instrumentación, su mantenimiento y el hecho de que pueda adaptárselo a las cambiantes necesidades de la escuela en el transcurso del tiempo.

Tipos de programas de mediación entre pares

Los programas de mediación entre pares adoptan una variedad de formas según sus objetivos y alcances. Cada una de esas formas tiene ventajas y desventajas. Para diseñar un programa destinado a una escuela específica es preciso evaluar las necesidades de dicha escuela, para determinar cuál es el modelo que más se ajusta a esas necesidades, a los recursos disponibles y a los objetivos que persigue la escuela y/o la comunidad. Sobre la base de tal evaluación, puede crearse una nueva versión específica y propia, modificando alguno de los modelos de programas que se examinan a continuación.

Identificación de los objetivos del programa: Como sugiere la descripción que hicimos del PMPF, los programas suelen apuntar a múltiples objetivos, entre los cuales los más comunes son: 1) lograr que disminuyan los incidentes de violencia y conflictos antisociales en la escuela; 2) enseñar a los alumnos habilidades proactivas para manejar los conflictos; 3) mejorar el desarrollo social y la idoneidad de los alumnos (incluido su pensamiento crítico, su capacidad para la resolución de problemas y sus habilidades de comunicación); 4) mejorar la conducta ante los conflictos intergrupales, sobre todo de los adolescentes; 5) reducir la cantidad de recursos (v. gr., tiempo del docente) dedicados a ocuparse de cuestiones disciplinarias y no de la educación; 6) mejorar el clima imperante en la escuela; 7) reducir el ausentismo y la deserción (sobre todo entre los estudiantes "de riesgo"); y 8) crear dentro y fuera de la escuela un entorno sensible a los conflictos, de modo tal que tanto el personal de la escuela como los miembros de la comunidad promuevan en el establecimiento, en el hogar y en el vecindario un manejo productivo de los conflictos.

Estos objetivos difieren entre sí en cuanto a que su foco sea

41

remediar problemas importantes para la escuela (v. gr., reducir los incidentes de violencia, reducir el ausentismo y las suspensiones), impedir que se produzcan (v. gr., mejorar la conducta ante los conflictos intergrupales como medio de evitar las tensiones entre grupos y pandillas, reducir el monto de recursos destinados a cuestiones no educativas para aumentar los disponibles para la instrucción o la orientación), mejorar el desarrollo de las habilidades de los alumnos tanto en el corto como en el largo plazo (v. gr., su pensamiento crítico, su capacidad para la resolución de problemas y sus habilidades de comunicación) y crear un mejor entorno interno y externo (v. gr., mejorar el clima imperante en la escuela, lograr que la comunidad apoye un manejo productivo de los conflictos). Si bien todos estos propósitos pueden operar en forma simultánea, por lo común hay algunos que tienen prioridad, y los de mayor prioridad deben determinar la elección del modelo de programa de mediación entre pares.

Selección de un modelo de programa. Actualmente, existen en uso muchos programas educativos relacionados con los conflictos. La clasificación siguiente es semejante a la empleada por la NAME, aunque nuestros rótulos y subcategorías difieren levemente de los de ésta, con el fin de incluir un mayor número de tipos de programas.

Programas de formación de cuadros para la mediación entre pares. A menudo conocidos como programas "autónomos", son la forma más corriente de mediación entre pares en los Estados Unidos. En ellos se instruye a un pequeño número de mediadores (por lo común entre 20 y 30), tras lo cual el éxito del programa depende del grado en que los docentes, directivos, personal y estudiantes decidan derivarle conflictos para su resolución.

Programas escolares integrales. Estos programas combinan la mediación entre pares con otros esfuerzos de capacitación e intervención destinados a brindar a "la totalidad de la escuela" información que permita mejorar las conductas relacionadas con los conflictos. Sin embargo, el rótulo de "integrales" es algo equívoco, ya que si bien algunos de ellos lo son, otros, incluidos en esta categoría, no son tan amplios.

- Capacitación adicional para grupos de estudiantes: la versión menos amplia es aquella en la que una escuela provee habilidades básicas para manejar el conflicto sólo a ciertos grupos (como los atletas, los miembros del consejo estudiantil, los alumnos suspendidos) a medida que lo necesiten.
- Capacitación adicional para el personal: a partir de la filosofía de que los niños suelen imitar lo que ven, estos programas procuran mejorar la forma en que el personal adulto del establecimiento (incluidos los docentes, el personal no docente y los directivos) maneja sus propios conflictos, brindándole habilidades para ello. Algunos de estos programas abarcan incluso a los miembros de la asociación cooperadora y otras asociaciones de padres.
- Incorporación al plan de estudios: estos programas combinan la mediación entre pares con alguna forma de incorporación de las habilidades y conceptos para una interacción constructiva a los planes de estudio (v. gr., en materias como lengua o ciencias sociales). En esos cursos se enseña a los alumnos, más prolongada y concretamente, de qué manera la mediación y las habilidades para el manejo de los conflictos repercuten en una gran cantidad de conductas y emprendimientos.
- Programas escolares integrales auténticos: como es obvio, estos programas abarcan todos los componentes mencionados. La mediación entre pares es sólo un componente de un amplio y duradero empeño por brindar a todos los integrantes de la comunidad escolar el acceso educativo y el desarrollo de sus habilidades. En algunos casos, como sucede en las iniciativas vinculadas con los programas de educación cooperativa, estas intervenciones abarcan todo un distrito escolar y tardan años en establecerse.

Programas de vinculación con la comunidad. Son los más ambiciosos. Normalmente, están configurados para ser la extensión lógica de un programa escolar integral, pero también pueden ser nexos comunitarios con programas de formación de cuadros para mediación entre pares.

- Programas de vinculación a través de los cuadros: en algunas escuelas, los mediadores entre pares se relacionan con grupos de la comunidad externa sin que intervenga ningún otro miembro del establecimiento. Por ejemplo, los mediadores entre pares pueden actuar como instructores en mediación o mediadores en un centro de mediación vecinal. Esto aumenta la experiencia de los mediadores y permite que ciertos sectores de la comunidad conozcan qué significa la mediación a cargo de los jóvenes. No obstante, estos programas no están destinados a introducir grandes cambios en la comunidad o en la cultura escolar conflictiva.

- Redes de paz y seguridad: estos programas –cuyo nombre deriva de un proyecto piloto instaurado en Filadelfia por El Buen Pastor abarcan a un cierto número de miembros y entidades de la comunidad, relacionándolos con los programas y actividades de la escuela. Empresas, entidades religiosas y organismos públicos suelen trabajar en común con la escuela, con el fin de generar formas innovadoras de difundir la mediación y la resolución constructiva de los conflictos, establecer tipos de aplicaciones de la mediación y alentar a los miembros de la comunidad a que participen.

Tener en cuenta los recursos reales. Como ya indicamos, la selección de los modelos de programas debe guiarse, ante todo, por los objetivos del establecimiento, pero éste no es el único factor determinante. Hay reales e inevitables problemas de recursos que es preciso enfrentar. Para poner en marcha y mantener los programas se precisa dinero, así como el tiempo y la dedicación de muchas personas. Por otra parte, distintos modelos de programas requieren diferente cantidad de recursos. Por ejemplo, en una ciudad del noroeste de los Estados Unidos, el coste de la capacitación (sin incluir el tiempo del personal, los costes de los materiales del programa, etc.) que exige un modelo de formación de cuadros para mediación entre pares puede representar la tercera parte del coste de un modelo de incorporación al plan de estudios y una quinta parte del coste de una red de paz y seguridad.

Una regla general es que cuanto más complejo es el modelo de programa, más recursos se necesitan para hacerlo viable.

Sobre todo en el caso de las escuelas que padecen escasez de recursos, el mejor consejo es seguir el principio de la economía de recursos, tratando de escoger el modelo de programa que garantice la focalización en los objetivos prioritarios y, *al mismo tiempo*, el uso de los menores recursos. Con suma frecuencia, hemos visto escuelas que comienzan prometiendo un programa escolar integral o un programa de vinculación con la comunidad, de grandes alcances, y que, más tarde, comprueban que lo que pueden gastar es mucho menos. Las expectativas de la gente han sido elevadas y no podrán satisfacerse; y, tal vez, esta experiencia la disuada de implementar un programa en una fecha posterior. Es mucho mejor planear las cosas con cuidado, atendiendo a los recursos con que se cuenta, y partir de iniciativas más modestas, en lugar de prometer "el mundo entero" y luego decepcionar.

Una buena estrategia consiste en empezar por algo de menor envergadura y planear una expansión cuando el programa ya haya arraigado. Se concentrará la atención en las actividades iniciales, como las de un programa de formación de cuadros, y, una vez que éste haya alcanzado cierto éxito y estabilidad, podrán añadírsele otros elementos y/o participantes.

Apoyo administrativo

La experiencia del PMPF es extremadamente clara acerca de la importancia de un fuerte apoyo administrativo para los programas de mediación entre pares. Por cierto que algunos programas pueden tener éxito sin ese apoyo, pero es muy difícil y en muchos casos imposible.

¿Qué entendemos exactamente por "fuerte apoyo administrativo"? Cinco elementos son los decisivos para la puesta en marcha y sostén del programa: 1) apoyo a los valores subyacentes de los programas de mediación entre pares; 2) búsqueda y asignación de recursos para garantizar la viabilidad del programa; 3) coherencia y consistencia en el ofrecimiento de modelos y en el apoyo al programa; 4) flexibilidad en la coordinación de las actividades y necesidades del programa con las de otras actividades escolares; y 5) planificación estratégica para evitar tener que administrar una crisis.

Uno de los aportes fundamentales que pueden hacer los directivos es suscribir y exponer los valores subyacentes a los programas de mediación entre pares. Tanto los estudiantes como los docentes necesitan ver y oír que los directivos consideran al conflicto como una oportunidad, que no los asusta que los estudiantes "expandan sus alas" encontrando nuevos modos de manejar eficazmente sus propios problemas, ni que los alumnos y/o profesores recuperen poder en el curso de estos procesos. Para dar este tipo de apoyo a los programas, los directivos deben sentirse fuertes y seguros.

Encontrar y asignar los recursos necesarios es una segunda forma esencial de apoyar el programa. Normalmente, los directivos tendrán que buscar dinero para solventar los servicios de capacitación, reemplazar con maestros suplentes a los que reciben cursos de mediación o de manejo del conflicto, y costear el material publicitario o los elementos de apoyo al programa. También tendrán que disponer de otros recursos no monetarios, como un espacio privado o aula destinada a la mediación, así como donar el tiempo de los docentes o del personal que supervisa y administra dicho programa.

Una vez que se ha resuelto ofrecer esta clase de apoyo administrativo, los directivos no pueden echarse atrás, en especial durante el primer año. Los alumnos y el personal deben saber que pueden contar con cierto grado de apoyo en términos de recursos y de adhesión. En los mejores programas, los directivos se vuelven sus "adalides"; a veces hasta son capacitados junto con los alumnos y los miembros del ECL y terminan abogando por el programa en la comunidad educativa más amplia y en la comunidad externa.

Ya iniciado el programa, es preciso resolver problemas logísticos. En casi todos los casos esto significa que la gente se mantenga flexible en búsqueda de buenas soluciones. Por ejemplo, una dificultad corriente es asignar los mediadores y justificar su ausencia de ciertas clases, sin poner en peligro su tarea escolar y sin granjearse la antipatía del docente. En situaciones como éstas, los alumnos y docentes están atentos al grado de flexibilidad que muestren los directivos para ajustar las costumbres "normales" del establecimiento, con el fin de adecuarlas a los intereses tanto educativos como de la mediación.

Por último, los directivos deben realizar una planificación estratégica para proyectar las necesidades y objetivos en el largo plazo. Habitualmente, a un programa de mediación entre pares (aun con los modelos más simplistas) le lleva entre dos y tres años arraigar y ser autosuficiente. Es bueno estimular a los directivos y miembros del ECL para que confeccionen un plan "trienal" o "quinquenal" (según la complejidad del programa en cuestión), enumerando los objetivos, recursos necesarios, actividades, criterios de éxito y planes de contingencia si algo cambia.

Equipo de coordinación local

El ECL es responsable de la instrumentación diaria del programa. De acuerdo con nuestra experiencia, los mejores ECL son aquellos conformados por miembros de los diferentes sectores de la organización (v. gr., docentes, consejeros escolares, directivos, etc.), de modo tal de representar las perspectivas de los diferentes grupos en la escuela y poder coordinar diversas funciones y actividades entre los distintos sectores involucrados (por ejemplo, un maestro y un consejero escolar pueden coordinar el sistema disciplinario de la escuela con el sistema de la mediación).

El grado de compromiso de los participantes es clave. Un error común consiste en reclutar miembros para el ECL sin ponerlos bien al tanto de lo que se pretende de ellos en términos de tiempo y esfuerzo. Algunos tal vez presuman que lo único que se les pide es que brinden su apoyo "moral" al programa. La realidad es que el ECL tendrá que dedicar muchas horas (escolares y extraescolares) si quiere que el programa tenga éxito. Dadas todas sus demás obligaciones, es justo que desde el principio se les dé la posibilidad de evaluar si están en condiciones de asumir tal responsabilidad.

Cuanto mejor comprendan el conflicto y la mediación, los miembros del ECL serán más capaces de instruir y guiar a los estudiantes y al resto del personal. Lo ideal es que esos miembros conozcan bien ambas áreas, tal vez por haber recibido alguna formación previa a su participación en el programa de la escuela. Quizá su mayor comprensión derive de haber tomado cursos en la universidad local o de haber asistido a conferencias sobre programas de mediación. Si los miembros del ECL no tuvieron estas oportunidades previas, precisarán adquirir dichos conocimientos lo antes posible. Recuérdese que ellos son los que más a menudo tendrán que explicar la mediación y el programa a otros integrantes de la escuela, a los padres de los alumnos y a la comunidad en general.

Como el ELC es un equipo, debe operar siguiendo los principios de un trabajo en equipo eficaz. 1) Concretamente, el equipo debe debatir los diversos papeles y responsabilidades de sus integrantes. ¿Quién se ocupará de la admisión? ¿Quién llevará adelante la campaña publicitaria? ¿Quién tendrá a su cargo la capacitación para incorporar la mediación al plan de estudios? ¿Quién colaborará con los directivos con el fin de que haya una fluida corriente de recursos? ¿Quién conducirá las reuniones de mediación en horario extraescolar? ¿Quién supervisará los trámites administrativos y el mantenimiento de los registros de los mediadores para el programa, etcétera? 2) El equipo debe saber qué se espera de su rendimiento y a quién debe rendirle cuentas. Es conveniente que establezca ciertas reglas básicas para los miembros y se comprometa a hacerlas cumplir. Algunas de esas reglas pueden ser: todos tienen que concurrir regularmente a las reuniones del equipo; éste acepta emplear técnicas constructivas para resolver sus propios conflictos; se compromete a promover y apoyar en forma activa la mediación en las clases y en su interacción con los padres y el personal.

Apoyo de los docentes y del personal

Si los restantes miembros del personal no apoyan el programa de mediación ni lo utilizan, el derrotero de éste estará lleno de obstáculos. El PMPF mostró permanentemente que cuanto mayor sea la involucración y mejor la orientación del personal del establecimiento y los docentes, mayores serán las posibilidades de éxito. A veces la divulgación de información puede resultar repetitiva, pero es bueno que exista cierta repetición hasta que el programa se afiance y pase a ser una parte reconocida de la vida escolar.

Lo mismo que con el ECL, cuanto mayores serán los conocimientos del personal sobre la mediación y el programa, mejor será. Muchos de quienes trabajan en escuelas han tenido poco contacto o instrucción relativa a las distintas formas de pensar sobre el conflicto y de reaccionar ante él. Tal vez para ellos esto sea tan novedoso como para los alumnos. Conviene dedicar el tiempo y la energía necesarios para ayudarlos a aprender y aplicar las ideas básicas del programa. Y no se olvide la virtud de la paciencia: no es raro que, incluso en escuelas donde funcionan programas exitosos, haya docentes o miembros del personal que no los conocen ni han oído hablar de la mediación. No debe sorprendernos que lleve entre dos y tres años impregnar totalmente a la escuela con esta información.

Un elemento clave es aclarar las expectativas de los docentes y el personal, en particular las referidas a los casos que deben derivarse a mediación, a la autorización que puede dárseles a los alumnos para que tengan un "espacio propio" donde manejar sus conflictos, o al permiso concedido a los mediadores respecto de sus obligaciones escolares mientras son capacitados o cuando ya están en ejercicio de su función. Los docentes deben saber que de ellos se espera que apoyen el programa promoviendo activamente la mediación y las habilidades para resolver conflictos, colaborando en las campañas publicitarias y, quizá, disponiéndose a formar parte del ECL en el futuro.

Participación de los estudiantes

Según nuestra experiencia, ganarse el interés y la aceptación del estudiantado es la parte más fácil del programa. De hecho, incluso en programas que tienen muchas otras dificultades, los mediadores desbordan de entusiasmo por lo que están aprendiendo y la posibilidad de aplicar sus nuevas habilidades a otras situaciones.

Al principio, algunos alumnos, en particular los adolescentes varones, pueden preguntarse si la mediación es suficientemente "masculina". Les preocupa mostrarse débiles frente a sus pares, y tal vez les hayan dicho que "dialogar sobre un problema" no es tan "bien visto" como "pelearse" para resolverlo. No obstante, si algunos de los líderes informales de la escuela se vuelven mediadores, esas dudas tienden a evaporarse. Análogamente, lleva tiempo que el alumnado, en general, comprenda la mediación y recurra a la misma, pero una vez que la ha probado, la mayoría adhiere y vuelve a recurrir a ella para abordar los problemas que se le presentan en el futuro.

Apoyo de los padres y de la comunidad

La involucración de los padres y miembros de la comunidad debe darse después de que el programa se haya iniciado en la escuela y de haberse alcanzado un moderado éxito, pero es absolutamente crucial informar a los padres sobre el programa desde sus primeras etapas, sobre todo si sus hijos participarán como mediadores o en cursos incorporados al plan de estudios. Debe informárseles por escrito y en persona (por ejemplo, en las reuniones de la asociación cooperadora) de modo tal que puedan formarse una idea apropiada sobre la participación de su hijo.

Más adelante, la involucración debe ser más lenta y mejor planeada, puesto que cuanto mayor sea el número de participantes en el programa, mayores serán también las posibilidades de confusión y de falta de coordinación. Debe obrarse con cuidado, con el fin de identificar cuáles son los padres y miembros o grupos de la comunidad que comparten los valores del programa y están dispuestos a comprometerse con su desarrollo.

Una vez que los padres y miembros de la comunidad estén involucrados, deberán tratar con el personal de la escuela cuál ha de ser su respectivo aporte, así como los medios de supervisar y mejorar su rendición de cuentas. Al igual que en cualquier otro empeño colaborativo, los asociados debe saber cómo y cuándo cada uno de ellos puede contar con el otro.

Calidad de la capacitación

Aunque éste es el último elemento que discutiremos de nuestro modelo, es por cierto uno de los fundamentales. Una dura lección aprendida por muchas escuelas es el daño que pueden producir instructores de mediación poco calificados o inescrupulosos. Nos entristece saber que esto puede suceder, pero seríamos negligentes si no abordáramos resueltamente el problema.

Existe una gran variación en la calidad de los programas y la calificación de las personas que los ponen en práctica. Los debates al respecto llevaron a la National Association for Mediation in Education (1994) a establecer, en 1993-1994, normas concernientes a las condiciones que deben reunir los instructores, los elementos de la capacitación, la involucración de los estudiantes, la implementación del programa y su supervisión. Estas pautas pueden ayudar a elegir una organización a cargo de la capacitación que tenga buenos antecedentes.

En primer lugar, los instructores deben estar calificados, poseer conocimientos y experiencia en manejo del conflicto y mediación. La NAME sugiere que los formadores deberían ser expertos en las siguientes áreas: teoría de la resolución de conflictos, habilidades comunicacionales, habilidades para la resolución de problemas, técnicas de negociación, el proceso de la mediación, y sensibilidad con respecto a las diferencias interculturales. Además, deben tener formación y experiencia como formadores, y saber cómo estructurar y presentar un curso de entrenamiento para que sea eficaz. Creemos que también es muy útil que los instructores sean avezados mediadores y cuenten con antecedentes de haber trabajado en la enseñanza pública. Esto último es particularmente importante para quienes van a trabajar con alumnos de menor edad. Los instructores que han sido maestros, por ejemplo, están en mejores condiciones de evaluar cuál es el nivel de información que los niños pueden aceptar y la mejor manera de enseñarles nuevas ideas.

Amén de las calificaciones de los instructores, el programa de capacitación debe satisfacer una variedad de otros parámetros. La NAME sugiere que la duración de la capacitación sea de 12 a 16 horas para las escuelas primarias y de 15 a 20 horas para las secundarias. La formación debe incluir módulos sobre el conflicto, los estilos de comunicación, la escucha activa, el proceso de la mediación (incluida la negociación y la resolución de problemas), la conciencia de los sesgos y la apreciación de la diversidad cultural. El programa de capacitación debe aplicar un plan de estudios reconocido y avalado (hay varias currícula para capacitación de gran difusión en los Estados Unidos), o haber preparado sus propios manuales y materias para uso de los alumnos. Además, la capacitación debe dirigirse al nivel etario adecuado. Por ejemplo, no podrían usarse los mismos materiales y técnicas con alumnos de la escuela primaria que con los de la secundaria. La formación debe incluir la mayor cantidad posible de aprendizaje vivencial y de juego de roles (*role-playing*). Es esencial que se dé a los alumnos la oportunidad de practicar en situaciones realistas y seguras las habilidades que aprenden.

Por último, los formadores deben rendir cuentas de su labor. Hay que sospechar de las organizaciones de capacitación que ofrecen una jornada intensiva pero nunca más se oye hablar de ellas. Estas organizaciones sólo persiguen su beneficio económico y no saben promover el apoyo necesario para instrumentar un programa, o no les importa hacerlo. Una organización de capacitación confiable es aquella que proporcione apoyo técnico y servicios de seguimiento a la escuela durante un semestre o más, luego del período de capacitación. Sus instructores trabajarán en forma activa y conjunta con el ECL y la dirección de la escuela para ayudar a planear y coordinar la evolución del programa.

Antes de contratar a una organización de capacitación, conviene pedir referencias a otras escuelas en las que haya participado. Solicitarles todo su material de enseñanza para verlo y hablar detalladamente sobre su compromiso con la escuela, luego de finalizados los cursos. Debe ponerse mucho cuidado si prometen una solución rápida y fácil para un problema difícil. Los buenos instructores conocen los beneficios de estos programas; saben que nada que valga la pena se logra sin esfuerzo y trabajo duro, y que los programas de mediación entre pares no son la excepción.

Conclusiones

Confiamos en que nuestras pautas puedan ser útiles para todos los que contemplan la posibilidad de iniciar un programa de mediación entre pares. Las recomendaciones que aquí dimos pueden sintetizarse en ciertos principios básicos que podrían fundamentar cualquier empeño de esta índole: 1) tomarse siempre todo el tiempo necesario para hacer una evaluación cabal de las necesidades de todos aquellos que puedan tener interés en el programa. 2) No deben ahorrarse esfuerzos en lo concerniente a la información brindada a la escuela y a los miembros de la comunidad sobre la naturaleza del programa, antes de que éste sea puesto en práctica. 3) Es preciso asegurarse de que el programa sea adecuado a los objetivos que se persiguen. 4) Hay que empezar por lo pequeño y edificar a partir del éxito logrado. 5) Debe escogerse y capacitarse cuidadosamente al ECL. 6) Conviene incluir a diversos grupos de estudiantes. 7) Debe promoverse el programa con una publicidad amplia y creativa. 8) Es preciso exigir que las organizaciones encargadas de la capacitación tengan las calificaciones apropiadas y satisfagan normas de excelencia. 9) Hay que proceder con paciencia y planear un razonable grado de éxito en la instrumentación del programa a largo plazo.

Referencias bibliográficas

Baker, M. (1996), Comunicación personal con el Director Ejecutivo del National Institute of Dispute Resolution.

Jones, T.S. (1996), "Philadelphia Peer Mediation Project: Final Report". Temple University, Filadelfia, PA. (inédito).

Jones, T.S. y Brinkman, H. (1994), "Teach your Children Well: Recommendations for Peer Mediation Programs". En: J. Folger y T. Jones (Comps.). *New Directions in Mediation: Communication Research and Perspectives*. Beverly Hills, CA: Sage, págs. 159-174.

Jones, T.S. y Carlin, D.W. (1994), "The Philadelphia Peer Mediation Project: Preliminary Report for the 1992-1994 Period". Temple University, Filadelfia, PA.

National Association for Mediation in Education (1994), "Standards for Peer Mediation Training". *Conflict Resolution Network (CRENET)*. National Institute for Dispute Resolution, Washington, DC.

CAPÍTULO 2

WILLIAM C. WARTERS

LA MEDIACIÓN EN LA EDUCACIÓN SUPERIOR: EL ENFOQUE DE RESOLUCIÓN DE PROBLEMAS EN LAS "ANARQUÍAS ORGANIZADAS"[1]

Introducción

En este artículo examinaré el uso de la mediación en la educación superior. Pese a la imagen prevaleciente de que las instituciones de enseñanza superior son idílicas torres de marfil, el conflicto es sorprendentemente habitual en ellas, como lo sabe cualquiera que haya trabajado o estudiado en una universidad. Comenzaré por exponer los fundamentos para el uso cada vez mayor de la mediación en los ámbitos universitarios, luego revisaré rápidamente la gama de prácticas de mediación actualmente vigentes en los Estados Unidos y, por último, examinaré los desafíos que podría plantear la aplicación de estos modelos en el contexto latinoamericano.

La educación superior es un ámbito en el que la práctica de resolución de conflictos está creciendo con rapidez, pese a lo cual aún es relativamente desconocida. Mi perspectiva en este campo deriva de mi experiencia como fundador y coordinador de tres servicios universitarios de mediación (University of California en

---

1. El autor desea agradecer a sus colegas Nora Femenia y Gonzalo Bacigalupe por los útiles comentarios que le hicieron llegar sobre una versión previa de este artículo.

Santa Cruz, Syracuse University y Nova Southeastern University), así como de mi condición de director de la Comisión de Educación Superior que integra la Asociación Nacional para la Mediación en Educación (National Association for Mediation in Education, NAME). El artículo abreva, asimismo, en estudios que he realizado a nivel nacional, tratando de describir los programas existentes de mediación para los estudiantes (Warters y Hedeen, 1991), los programas de resolución de conflictos que atienden a grupos más amplios de beneficiarios potenciales universitarios (Holton y Warters, 1995) y, en fecha más reciente, los programas académicos que ofrecen diplomas específicos para especialistas en resolución de conflictos (Warters, 1996).

Mis conocimientos acerca de los esfuerzos de mediación llevados a cabo en las universidades estadounidenses son bastante amplios; en cambio, mi familiaridad con el contexto latinoamericano de la educación superior no lo es tanto. En este momento, creo que en los contextos universitarios latinoamericanos tiene lugar muy poca actividad de mediación debido a la estructura de la mayoría de las universidades y a que el interés por la mediación de la sociedad en su conjunto es allí relativamente reciente. Los lectores me perdonarán si me explayo sobre algunos puntos que son importantes en el medio estadounidense, pero que no pueden transferirse fácilmente a América Latina, y tendrán que aceptar el carácter provisional de algunas de mis afirmaciones sobre los problemas y perspectivas futuras de la mediación en las universidades latinoamericanas. La verdadera aplicación de estas ideas sólo se conocerá cuando los propios investigadores de las universidades latinoamericanas se interesen en el tema y comiencen a experimentar con diversas técnicas, modificando su práctica a través de la reflexión y la práctica misma. Me complacería mucho poder establecer un diálogo colaborativo con las personas que emprendan esta importante tarea.

Definición de algunos términos

Las personas intervinientes en los conflictos pueden desempeñar una amplia variedad de papeles en cualquier disputa dentro de una comunidad. Por ejemplo, Laue (Laue y Cormick, 1978) identificó cinco posiciones principales para estas personas: activista, defensor, mediador, investigador y encargado de las normas. Las personas intervinientes pueden cumplir uno de esos papeles a lo largo de toda la disputa o pasar de un papel a otro a medida que avanza el proceso. Cada uno de estos papeles es valioso por distintas razones. Si bien aquí nos centraremos en el papel del mediador, todos los otros (y aun más) actúan en los conflictos universitarios y su cometido merecería ser objeto de un ulterior examen. No obstante, pienso que la mediación posee un valor particular en los establecimientos de enseñanza superior, y que sería positivo que tuviera una aplicación más amplia. No es menos importante dejar en claro que mantenemos la perspectiva sobre el uso de la mediación como una de las múltiples formas de intervención posibles.

Como atestigua este mismo volumen, la palabra "mediación" tiene en sí misma numerosas connotaciones, a veces antagónicas. Para adoptar un punto de partida común, la definiré, en rasgos generales, como las intervenciones conciliatorias de una o más partes no involucradas directamente en un problema o disputa, que trabaja(n) con las otras partes involucradas, con el fin de facilitar el logro de una solución compartida ante un problema, que sea aceptable para todos. La práctica efectiva de la mediación en la educación superior varía enormemente según el grado de formalidad o informalidad, apertura o cierre del proceso, cantidad de tiempo que las partes están cara a cara, tipo de persona o personas elegidas como intervinientes mediadores, y énfasis relativo puesto en la transformación –tanto individual como sistémica–, o en la resolución de problemas. A los fines de este panorama me referiré a la mediación en general, dando cuenta de las variantes significativas en la práctica, cuando sea pertinente.

La educación superior como marco para la práctica de la mediación

Para mis propósitos actuales, designaré con la expresión "educación superior" cualquier medio educativo posterior al nivel secundario, incluidas las universidades, las escuelas técnicas terciarias, los colegios terciarios comunitarios y los institutos de formación profesional. Las entidades terciarias y universitarias son organizaciones complejas y en muchos aspectos difieren de las organizaciones industriales, los organismos oficiales y las empresas. Victor Baldridge y sus colaboradores (Baldridge, Curtis, Ecker y Riley, 1977) han descripto algunas de las características especiales de los medios de educación superior, comparándolos con otras organizaciones que persiguen "finalidades más racionales", como las empresas. Si bien estos modelos se desarrollaron observando las universidades norteamericanas, las ideas correspondientes tienen aplicación más general. A mi juicio, estas características son las que hacen también que las universidades constituyan un terreno fértil tanto para la existencia de conflictos como para el surgimiento de servicios universitarios de mediación.

Baldridge y sus colaboradores señalan que, en el caso típico, las universidades se enfrentan a las siguientes circunstancias:

1) Existe en ellas considerable ambigüedad en torno a sus objetivos, ya que rara vez su misión ha sido claramente explicitada. De ahí que deban crear procesos de decisión destinados a abordar un alto grado de incertidumbre y de conflicto.

2) Son instituciones "procesadoras de personas", cuya clientela –los estudiantes y la población en general– a menudo pretende ser incluida en los procesos de toma de decisiones.

3) La tecnología que utilizan es compleja y puede ser problemática, pues con el fin de atender a su clientela –sobre todo a los estudiantes– debe ser holística y adaptable a un vasto espectro de necesidades individuales.

4) Son organizaciones profesionales cuyo personal pretende tener un alto grado de control sobre los procesos institucionales de decisión. Tanto los profesores como los estudiantes valoran su autonomía, y su partici-

pación en las decisiones es importante en la mayoría de las universidades.

5) Se están volviendo cada vez más vulnerables a los problemas políticos y económicos del entorno y deben adoptar decisiones difíciles que afectan muchos aspectos de la organización.

Éstas y otras características similares han llevado a los teóricos de la educación superior a describir la mayoría de las universidades como "anarquías organizadas" y "sistemas de ensamble laxo" (Weick, 1976). Este modelo puede utilizarse para describir también las universidades latinoamericanas, si bien en éstas la tendencia a adoptar estructuras burocráticas más rígidas que en los Estados Unidos, así como el mayor grado de politización de los conflictos, pueden obligarnos a modificar en parte algunos conceptos. Sin embargo, en líneas generales, la caracterización de las universidades como "organizaciones de ensamble laxo" se basa en que, más que otras entidades, las universidades poseen una amplia diversidad de subdivisiones y "subculturas" comparativamente fuertes, que coexisten y a menudo están en pugna unas con otras. Estas diferentes culturas organizativas giran en torno a la experiencia de las personas en su papel primario como estudiantes, miembros del personal, miembros del claustro docente, autoridades directivas, especialistas de ciertas materias académicas o integrantes de un partido político o de un grupo étnico o religioso. Peterson y Spencer (1991) sostienen que:

> Hay una amplia bibliografía sobre las percepciones divergentes de los administrativos, los directivos, los profesores y los estudiantes, así como sobre las diferencias entre las disciplinas y profesiones. Es importante que cualquiera que trabaje en este campo sea sensible a la existencia potencial de subculturas y subclimas (pág. 16).

La existencia de estas fuertes subculturas convierte los ámbitos universitarios en singulares "laboratorios del conflicto", donde personas con grandes diferencias en sus percepciones y valores deben coexistir en un medio que se aferra a las normas supremas de la colegialidad y del razonamiento persuasivo, mientras alberga un disimulado autoritarismo. Los puntos de vista y perspectivas diferentes, con frecuencia conflictivos, que desarrollan los individuos al cumplir sus diversos papeles hacen que el empleo de la mediación en las instituciones de educación superior sea un desafío y, a la vez, un elemento potencialmente valioso. Las universidades, como instituciones "procesadoras de personas", requieren flexibilidad y pueden beneficiarse de un servicio de mediación capaz de responder adecuadamente a las inevitables excepciones que se presentan frente a todo intento de estandarización de los procedimientos. Esto es especialmente válido para las instituciones nuevas, que aún están elaborando sus políticas y procedimientos, y que procuran pasar de estructuras jerárquicas verticales a otras más participativas y democráticas.

El investigador de la educación superior William Tierney (1988a) ha recurrido a una metáfora teatral para examinar la importancia de la cultura y el conflicto en las instituciones de educación superior. Comenta que en una oportunidad en que al actor de cine Spencer Tracy se le pidió un consejo para los actores, señaló: "Apréndete bien lo que tengas que decir y no choques contra los muebles del decorado". Tierney se explaya sobre esta respuesta, diciendo:

> En el escenario de la cultura organizacional, ese consejo resulta totalmente improcedente. Los participantes en estas culturas colegiadas carecen de un libreto preparado por un autor al cual atenerse. Y en cuanto al decorado, los elementos más visibles de la utilería (los papeles y los instrumentos de gobierno) no son aquellos contra los cuales uno pueda darse de bruces. Más bien, uno choca con percepciones y actitudes, con esos factores intangibles que escapan a nuestra atención, por más que componen la trama de la vida diaria de una organización (pág. 2).

El concepto de cultura organizacional es particularmente importante para quienes intervienen en los conflictos universitarios, dado que la cultura estructura la manera en que las personas perciben las situaciones y afecta la gama de opciones que consideran legítima cuando enfrentan un conflicto. Como señala Tierney, las culturas organizacionales tienden a mantenerse invisibles y a darse por sentadas, de modo que, tal vez, no apreciemos su influencia hasta haber transgredido ciertas convenciones y haber experimentado como consecuencia alguna secuela negativa. Quizá sea difícil prever un futuro conflicto organizacional basado en la cultura, pero una vez que se está inmerso en él, uno cuenta con la oportunidad de aprender mucho sobre la forma en que otros individuos y grupos ven las situaciones, y qué entienden por una práctica apropiada.

Estos aspectos de la cultura académica sugieren, asimismo, la conveniencia de que quienes diseñan los sistemas para abordar el conflicto investiguen mejor y se sensibilicen ante la necesidad de considerar legítima en los ámbitos universitarios la diversidad de puntos de vista. Según Tierney (1988b):

> El análisis de la cultura organizacional de una universidad o institución de enseñanza terciaria debe proceder como si la entidad fuese una red interconectada que no puede comprenderse a menos que se indague, no sólo en la estructura y leyes naturales de dicha red, sino también en la forma en que los actores la interpretan (pág. 4).

Esto sugiere que para funcionar eficientemente, los servicios universitarios necesitan mayores aportes desde todas las perspectivas. Mi convicción es que más allá de ser servicios útiles para resolver los conflictos cotidianos, los programas universitarios de mediación pueden servir como puente o eslabón entre distintos ámbitos de la institución. En su condición de abridores de fronteras, los mediadores pueden ayudar a entrelazar estos "sistemas de ensamble laxo", de una manera que reduzca o impida el conflicto destructivo. De hecho, la mediación puede ser un elemento clave en una universidad manejada con eficacia que procura encarnar los valores de la participación, la diversidad y el respeto por la autodeterminación de los estudiantes.

El argumento de la eficacia administrativa

Los administradores y autoridades universitarias en busca de diferentes canales para la inclusión de las perspectivas del personal, de los estudiantes y las propias, y para el *feedback* acerca de dichas perspectivas en la toma de decisiones, verán con beneplácito los abordajes y enfoques de la resolución alternativa de disputas (RAD). Como señalan Girard, Townley y Rifkin (1985), así como otros autores, muchas inquietudes de los administrativos y autoridades pueden potencialmente abordarse mediante programas de mediación. Desde el punto de vista de un administrador, la mediación puede ser útil por las siguientes razones:

1) La resolución interna de las disputas con un bajo nivel de conflicto es claramente preferible a opciones más costosas, como la disputa, la mala publicidad, los motines internos o incluso el cierre del establecimiento. Los miembros del personal que se hallan en conflicto sin duda preferirán, a menudo, un enfoque de la resolución de conflictos que les brinde múltiples opciones, entre ellas una respuesta informal.

2) En las universidades privadas, cuando hay competencia con otros establecimientos por la matrícula o la duración de las carreras, aumenta la preocupación de las autoridades por su habilidad para captar y retener los alumnos. La mediación es un instrumento que puede ayudar al personal y a los administradores a mantener a los buenos estudiantes que deciden quedarse en el establecimiento en lugar de irse a raíz de penosas o irresueltas experiencias de conflicto, y puede ayudar a que los alumnos no demoren su graduación o ésta les lleve más tiempo del previsto.

3) La mediación puede tratar de remediar los quiebres del contrato social dentro de la universidad, a la vez que brinda a los participantes una oportunidad educativa, con lo cual fomenta la misión educativa del establecimiento. Los participantes en una disputa suelen

extraer importantes enseñanzas de los conflictos que son manejados de manera apropiada. El proceso ofrece, además, un modelo de resolución de las disputas sin recurrir al enfrentamiento –que es algo que todos necesitan.

4) Los estudios sobre administración han comprobado que un administrador típico pasa entre el 25 y el 30% de su tiempo respondiendo a conflictos (Dana, 1984). Cuanto mayor sea el número de disputas que puedan resolverse en los niveles donde se originaron, menos tiempo administrativo se perderá ocupándose de las mil disputas producidas entre el personal y los alumnos.

5) La mediación puede contribuir a desarrollar y promover buenas relaciones entre distintos individuos y grupos de la universidad, así como entre ésta y la comunidad local. Éste es un objetivo importante para la mayoría de los administradores universitarios, que a la larga facilita su tarea.

La mediación puede ser un instrumento transformador que ayude a desarrollar y promover los valores democráticos en una sociedad, merced a la presentación deliberada de nuevas pautas de conducta como modelo. Este enfoque exige que los administradores innovadores corran ciertos riesgos, pues, a menudo, contraría las prácticas corrientes. Debe encuadrárselo como un empeño consciente por enseñar a la gente un tipo de interacción respetuosa, centrada en la reciprocidad/mutualidad de beneficios (ganar/ganar) y no simple o primariamente competitiva y destructiva.

El argumento de la satisfacción de los estudiantes

Los estudiantes son los "clientes" principales de la mayoría de las universidades y es oportuno señalar que la mediación puede contribuir a su satisfacción. Desde el punto de vista del estudiante, optar por la mediación puede ser importante porque:

1) Los estudiantes no quieren tener que denunciar a los profesores como medio para resolver problemas que puedan tener con ellos.

2) Los estudiantes valoran los servicios que se ocupan tanto de los problemas universitarios como de los extrauniversitarios, así como los que les brindan un apoyo efectivo, concreto, y entrenamiento en las destrezas necesarias para resolver conflictos.

3) Mediante la mediación pueden abordarse los problemas "menores" que, de lo contrario, deberían recorrer los vericuetos burocráticos.

4) La mediación puede impedir la escalada y la prolongación de los grandes conflictos que desquician la vida social y académica de los alumnos.

5) Los estudiantes aprovechan y disfrutan las oportunidades de aprendizaje que se les dan cuando se capacitan como voluntarios o internos de un centro.

6) La mediación permite empezar a reconstruir relaciones que han sido dañadas por un conflicto.

7) La mediación brinda una herramienta más a los estudiantes que estén lidiando con conflictos con los miembros de otras organizaciones a las que pertenezcan, cuyos antecedentes y estilos de vida son muy diferentes de los suyos.

En los Estados Unidos, los estudiantes han sido, en muchas ocasiones, los defensores más elocuentes de los programas de mediación. Varios de éstos han sido desarrollados por agrupaciones de alumnos. A medida que aumenta la cantidad de egresados de escuelas secundarias que tienen programas de mediación (otro ámbito en crecimiento), se incrementa también el interés de los estudiantes por la mediación universitaria y el apoyo que dan a estos programas.

Otros argumentos en favor de la mediación universitaria

Hay una diversidad de argumentos que sustentan el uso de la mediación en el ámbito universitario. Por ejemplo, las universidades suelen defender y promover un sentimiento comunitario muy definido, con límites relativamente claros y muchas normas sociales compartidas. A los miembros de la comunidad se los alienta a sentirse orgullosos de su institución, y suele haber rituales anuales característicos que confieren a cada establecimiento su carácter particular. Esta condición de pequeña comunidad es semejante, de un modo bastante inusual, a la de los medios tribales y agrarios en que los antropólogos estudiaron por primera vez la mediación en las décadas del cincuenta y el sesenta (Felstiner, 1974; Gulliver, 1979). Según descubrieron estos investigadores, en estas comunidades pequeñas y muy interconectadas no es fácil abandonar la comunidad o hacer caso omiso del oponente cuando surgen conflictos, por lo que se torna importante encontrar medios informales y no destructivos para resolverlos.

Otro factor destacado es que la mayoría de las clases están atestadas, y esto hace que el personal del establecimiento y los alumnos deban convivir en espacios próximos entre sí. Invariablemente, esto da origen a numerosas situaciones en las que una población de alta densidad, y con frecuencia de muy diversa procedencia (urbana y rural, rica y pobre, etc.), necesita interactuar asiduamente (compañeros de cuarto, de oficina, de clase, etc.) y de manera interdependiente, con lo cual se crean situaciones de conflicto que es preciso resolver en forma productiva.

Los valores y la ética de un centro de mediación universitario

He llegado al convencimiento de que también es muy importante la forma especial en que se estructura y promueve el programa. En los proyectos universitarios en los que participo, trato de que impere lo más posible la colaboración y la interrelación (*domain crossing*), y suelo sugerir que haya personal pago y personal voluntario. Dado que los programas de mediación tocan un aspecto tan central de nuestra vida (el conflicto), pueden gravitar mucho en un cambio de la cultura. Además de ser un servicio para la resolución de conflictos particulares, un centro de mediación puede proporcionar una experiencia educativa significativa, tanto a los disputantes como a los voluntarios, así como a la cultura general en que está inmersa la universidad.

Mi labor en el desarrollo de programas de mediación universitarios se vio apuntalada por un conjunto de valores básicos que creo esenciales para que el esfuerzo resulte significativo. Muchas de mis creencias al respecto surgieron o se robustecieron en mis primeras experiencias de mediación, las del programa del San Francisco Community Board (Consejo Comunitario de San Francisco) –uno de los primeros emprendimientos de mediación barrial puestos en práctica en los Estados Unidos. Tal como yo los concibo, los programas de mediación universitarios brindan a quienes los sustentan la oportunidad de transmitir a la comunidad universitaria en su conjunto valores que le sirvan como modelo. Algunos de estos valores fundamentales son los siguientes:

1) *Los conflictos forman parte de la vida y poseen un valor positivo.*
   El conflicto no es la excepción en nuestra vida, sino la norma, y un hecho familiar a todo el mundo. Los conflictos tienen un propósito y un significado. Si este significado es comprendido, los disputantes tienen la oportunidad de comprender mejor sus propios fines y de hallar otros medios no destructivos de alcanzarlos.

2) *La expresión pacífica del conflicto dentro de la comunidad universitaria es un valor positivo.*
   Quizá la forma más directa en que una comunidad universitaria puede ayudar a resolver un conflicto es promover su expresión pronta y pacífica, y no esperar a que se produzca una escalada y no se pueda evitar la toma de medidas extremas.

3) *El hecho de que la responsabilidad por un conflicto sea asumida tanto por los individuos como por la comunidad universitaria es un valor positivo.*

La comunidad universitaria puede demostrar su voluntad de compartir la responsabilidad en la resolución de conflictos, poniendo a disposición de las personas un equipo de mediadores comunitarios competentes y bien capacitados. Sin embargo, los mediadores deben dejar la responsabilidad final de la expresión y resolución efectivas del conflicto a quienes la tienen, los disputantes, ya que el conflicto es de ellos. Al establecer en el predio universitario una nueva estructura, como es el centro de mediación, la comunidad da su apoyo a un mecanismo vital de la expresión directa y la disminución de los conflictos, a la vez que provee una alternativa contra la tendencia de las personas a buscar siempre a alguien más poderoso que maneje sus conflictos en lugar de ellas.

4) *La resolución voluntaria del conflicto entre los disputantes es un valor positivo.*

Ofrecemos un modelo de las ventajas de la cooperación y la asunción mutua de responsabilidades cuando sostenemos la participación voluntaria y el trabajo conjunto, hacia la elaboración de un acuerdo que satisfaga a ambas partes.

5) *La diversidad de pareceres existente dentro de la universidad, así como la tolerancia de las diferencias, son valores positivos.*

El proceso de mediación, sobre todo cuando se emplean equipos de co-mediadores, puede servir como modelo del respeto a la diversidad y ayudar a crear un espacio en que los disputantes aprendan a tolerar sus diferencias. Sin embargo, esto sólo es posible cuando la propia universidad resuelve adherir públicamente a la diversidad de perspectivas y apoyarla.

Aplicación de la mediación en las universidades de los Estados Unidos

Ya expuestos algunos de los argumentos corrientes en favor de la mediación en el ámbito universitario, repasaré brevemente las aplicaciones que se les está dando a métodos conciliadores como el de la mediación. Éste es un avance relativamente nuevo. Antes de 1980, eran muy pocas las universidades estadounidenses que utilizaban formalmente la mediación para resolver disputas; en lugar de ello, confiaban en las decisiones administrativas, los organismos judiciales, la política del poder o diversas clases de arbitraje. Si bien en la actualidad muchos programas de mediación están al servicio de múltiples beneficiarios potenciales, a los fines de nuestro examen me ocuparé, en primer lugar, de los proyectos focalizados en los estudiantes; luego, de los orientados a los profesores y el personal, y finalmente de los que se definen más claramente como dirigidos a múltiples beneficiarios potenciales.

Mediación en los conflictos estudiantiles

Muchos conflictos estudiantiles involucran a otros estudiantes o a miembros de la comunidad local. A menudo, en estos conflictos las partes son interdependientes (compañeros de cuarto, dueños de viviendas e inquilinos, parejas de novios), y pueden girar en torno de problemas personales que, en rigor, no entrañan la violación de ninguna norma universitaria. En los últimos quince años se asistió en los Estados Unidos a un espectacular aumento del uso de la mediación como herramienta para dirimir esta clase de disputas, en especial en aquellos casos que no se amoldaban bien a los procedimientos disciplinarios existentes (Warters, 1991). El crecimiento de este tipo de programas en los Estados Unidos fue impulsado por la publicación, en 1985, de *Peaceful Persuasion: A Guide to Creating Mediation Dispute Resolution Programs for College Campuses* (Girard et al., 1985), así como por una serie de congresos nacionales sobre la mediación en la universidad, que comenzaron a realizarse anualmente, desde 1990, en la Syracuse University. Esta organización de conferencias anuales se fusionó ahora con la Asociación Nacional para la Mediación en Educación (NAME) y pasó a convertirse en la Comisión de Educación Superior.

Es difícil determinar el número preciso de proyectos de mediación universitaria que existen para estudiantes hoy, pero sabemos que ese número va en aumento. En la época del primer congreso nacional sobre mediación universitaria había 18 programas de esa índole. Basándome en varios estudios sobre los resultados de estos programas (Beeler, 1985; Folger y Schubert, 1985; Holton y Warters, 1995; Warters y Hedeen, 1991), así como en consultas personales con los iniciadores de programas nuevos, mi estimación actual es que hay aproximadamente 120 facultades, universidades e instituciones de enseñanza terciaria en los Estados Unidos, que poseen programas bien establecidos de mediación para estudiantes. Alrededor de dos terceras partes incluyen centros de mediación o programas que tienen personal y presupuesto propios (aunque todavía son pequeños). El resto son opciones agregadas a los sistemas judiciales que no necesariamente son consideradas programas de mediación separados. Estas cifras no comprenden los programas de defensores públicos (*ombudsmen*) ni las "clínicas de mediación" con sede en las facultades de derecho, las que componen un ámbito adicional significativo al que le dedicaremos una sección más adelante.

La situación de cada universidad en esta materia es peculiar y lo bastante diferenciada como para impedir establecer una receta predeterminada sobre el desarrollo de los programas. Los ya existentes operan en sitios muy diversos, como centros de asesoramiento psicológico, oficinas de defensores públicos, organizaciones estudiantiles, programas académicos, clínicas de investigación, programas de internado, oficinas de consejeros estudiantiles, sistemas judiciales de los contextos universitarios, viviendas extrauniversitarias y cooperativas de estudiantes. Los tipos de casos tratados también varían mucho, e incluyen conflictos entre estudiantes, entre los estudiantes y el personal, entre los municipios y las universidades, casos de acoso sexual, problemas de grandes grupos, y hasta los que se presentan cuando una universidad es tomada por los estudiantes y cuando se la cierra (Volpe y Witherspoon, 1992). También el origen y monto de los fondos para estos centros es muy variable; hay entidades que se manejan con dinero menudo sobre la base del voluntarismo y el uso de alguna fotocopiadora prestada, hasta otras cuyo presupuesto supera los cien mil dólares anuales. Entre los programas relativamente bien conocidos se encuentran los de la Universidad de Syracuse, la Universidad de Oregon y la Universidad de Massachusetts, en Amherst.

Mediación en los conflictos entre profesores

La mayoría de las universidades estadounidenses tienen hoy sistemas formales de presentación de reclamos para abordar los conflictos entre los profesores. Algunos de estos sistemas incorporan medidas conocidas como "esfuerzos mediadores", en las que un panel de profesores designado a tal efecto procura mediar en la disputa investigando los temas en cuestión y trabajando con ambas partes con vistas a alcanzar una solución aceptable. La Asociación Norteamericana de Profesores Universitarios (American Association of University Professors, AAUP) apoya estos "esfuerzos mediadores" y puede convocar a representantes de su filial local, quienes, tras revisar el caso, tal vez ofrezcan su ayuda en la mediación. En el libro *Managing Faculty Disputes*, de 1984, Jane McCarthy (McCarthy, Ladimer y Sirefman, 1984) hizo especial hincapié en el papel de la mediación para resolver los conflictos entre los profesores, dando ejemplos concretos de varias políticas de presentación de reclamos que incluyen etapas de mediación. Como ejemplos de estos tipos de programas pueden mencionarse el Proyecto de Mediación entre Profesores de la Universidad de Cincinnati, y el Programa de Mediación por Presentación de Reclamos, que funciona en el Servicio de Extensión de la Universidad de Minnesota.

Mediación en los conflictos del personal

Los Programas de Asistencia a los Empleados, hoy corrientes en numerosas universidades, así como las oficinas de los defensores públicos universitarios, ofrecen servicios de mediación muy informales; pero también parecen ir en aumento los servicios especiales de mediación para conflictos entre empleados. La mayoría de estos proyectos son relativamente nuevos y comprenden la formación especializada de un sector del personal, el que luego se pone a disposición para mediar en las disputas. Algunos ejemplos son el Programa de Mediación entre Empleados del Briar Cliff College, en el estado de Iowa; la Comisión de Consulta y Conciliación de la Universidad de Michigan; y el Servicio de Mediación Universitaria creado en la Oficina de Desarrollo del Personal en la Universidad de Manitoba. En el nivel de los centros centros municipales de educación universitaria (*community college*), un ejemplo de un esfuerzo innovador para la resolución de conflictos no vinculado a ningún servicio de mediación es el Proyecto ENHANCE (mejoramiento), auspiciado por el Sistema del Centro de Educación Popular de Houston, estado de Texas. Este proyecto brinda al personal una amplia formación en habilidades para la resolución de conflictos individuales y laborales.

Programas de los defensores públicos

Quizás el modelo más exitoso y duradero para la resolución de conflictos en el ámbito universitario, destinado a múltiples beneficiarios potenciales, ha sido el desarrollado por los "defensores públicos universitarios" (*college ombudsperson*). La función del "defensor público" comenzó a surgir en las universidades de los Estados Unidos a fines de la década del sesenta. A mediados de 1969 ya había veinte universidades y establecimientos de enseñanza terciaria que contaban con defensores públicos entre los miembros de su claustro docente. Los primeros programas de este tipo (como los de SUNY Stonybrook, Michigan State University y San Jose State College) surgieron como respuesta directa a los disturbios estudiantiles en las universidades, aunque también fueron impulsados por otros factores. En la actualidad, la Asociación de Defensores Públicos Universitarios y de la Enseñanza Terciaria realiza un congreso nacional anual para sus asociados y es una fuente significativa de capacitación y de información sobre el desarrollo de programas para los nuevos proyectos vinculados con los defensores públicos.

Un programa para defensores públicos está destinado específicamente a manejar las situaciones conflictivas combinando la investigación sobre los hechos con la mediación y la conciliación. Además, ayuda a aclarar las dudas en torno de ciertas cuestiones divulgando información precisa y congruente sobre las medidas y procedimientos universitarios. Un elemento esencial del éxito del defensor público es que debe mantener una posición "no alineada" con las estructuras jerárquicas de la universidad, así como su capacidad para moverse libremente dentro de la organización. Por la índole misma de su cargo, el defensor público no ejerce poder o facultades administrativas. No puede dar órdenes a los funcionarios administrativos ni a los miembros del claustro docente, como tampoco revertir sus decisiones. Más bien, el poder anexo a su cargo deriva de la facultad que posee de tener acceso a los archivos y documentos administrativos; de investigar las medidas y decisiones contra las que se han presentado quejas; de negociar entre las partes involucradas con el fin de llegar a una solución satisfactoria del problema; y, en los casos en que esto se justifique, de dar a publicidad los casos de abuso para favorecer su enmienda. Aunque los primeros programas se ocupaban fundamentalmente de las quejas presentadas por los estudiantes, hoy, la mayoría de las oficinas han ampliado sus alcances para incluir, asimismo, el manejo de los problemas de los profesores, del personal y administrativos.

Servicios extrauniversitarios

Una extensión interesante de las iniciativas universitarias vinculadas con la resolución de conflictos ha sido el desarrollo de una serie de proyectos que alcanzan con sus servicios a la comunidad que rodea a la universidad. Algunos de estos programas se centran en las disputas entre propietarios e inquilinos y están asociados con las comisiones de viviendas extrauniversitarias, como la Housing Arbitration Board de la Brigham Young University, mientras que otros son patrocinados en forma conjunta con las municipalidades locales, como el Servicio de Mediación para Vivienda, que es patrocinado por la Universidad de Ontario Occidental, el Fanshawe College y el municipio de la ciudad de Londres; y el Instituto de Justicia Comunitaria, coauspiciado por el Servicio de Mediación del Stockton State College y el gobierno municipal. Otros proyectos tienen como objetivo mejorar las relaciones entre la universidad y el municipio a través de la mediación y de intervenciones tendientes a la resolución de problemas. Ejemplos de este tipo son el Consejo de Coordinación del Centro Universitario de Educación Popular del North Adams State College, el Servicio de Reconciliación del Manchester College y el proyecto de intervención en la resolución de conflictos interculturales auspiciado por la Universidad de California, en Los Angeles.

Otro modelo cada vez más difundido es el de las "clínicas de mediación" de las facultades de derecho, integradas por estudiantes de derecho en formación. Una nómina reciente de la División para la Resolución Alternativa de Conflictos de la Asociación Norteamericana de Facultades de Derecho enumera más de treinta facultades que están desarrollando clínicas de mediación para intervenir en casos derivados por los tribunales locales o la policía (McDonald, 1994). La mayoría de estos programas operan en casos derivados por los tribunales, pero algunos, como el de la Facultad de Derecho SUNY, en Albany, ofrecen sus servicios para los conflictos que se presentan en los proyectos de viviendas municipales.

Iniciativas para la RAD que comprenden asesoramiento jurídico universitario

Han aumentado también los cursos y seminarios de mediación para asesores jurídicos de universidades e instituciones terciarias. Los esfuerzos en este campo han sido encabezados por la Comisión de RAD de la Asociación Nacional de Abogados Universitarios (National Association of College and University Attorneys, NACUA). Dicha Comisión ha auspiciado cursos de formación en métodos no litigiosos de resolver conflictos destinados a asesores jurídicos universitarios, y tiene planeados otros. La tendencia de abarcar el asesoramiento jurídico universitario es evidente, asimismo, en el número creciente de seminarios sobre mediación que se dan en los diversos congresos anuales de derecho y educación superior.

Programas académicos y centros de elaboración teórica

Junto con la creación de servicios cada vez más sofisticados de resolución de conflictos, se ha producido un crecimiento concomitante de los programas académicos centrados en el estudio de la teoría y la práctica de la pacificación y la resolución de conflictos. A menudo, estos programas precedieron al establecimiento de servicios de mediación universitarios más formales, legitimando las iniciativas incipientes y brindando la pericia de sus especialistas.

En los Estados Unidos, los estudios sobre la paz y el conflicto comenzaron en un nivel previo a la licenciatura luego de la Segunda Guerra Mundial, y desde 1980 aproximadamente, comenzaron a surgir programas de licenciatura dedicados específicamente a la resolución de conflictos. La Comisión de Educación Superior de la NAME dio a conocer recientemente una lista de 17 universidades e instituciones de enseñanza superior que ofrecen diplomas, licenciaturas o doctorados sobre algún tipo de resolución de conflictos, y su número continúa en aumento. Como ulterior ejemplo del aumento de estos planes de estudio universitarios, hace poco dirigí un *delphy study* en tres rondas titulado "Delineando el perfil de los estudios superiores en resolución de conflictos", en el que un grupo de especialistas examinó las disciplinas y prácticas consideradas esenciales en este campo emergente (Warters, 1996). A todas luces, se trata de una creciente e importante área de práctica profesional.

En el desarrollo de investigaciones sistemáticas y teorías sobre el conflicto y su resolución, en los Estados Unidos han tenido un papel central los esfuerzos de la Fundación William y Flora Hewlett. Desde 1984, esta Fundación ha proporcionado subsidios financieros fundamentales para apoyar la creación de "centros de elaboración teórica" sobre la resolución de conflictos en diversas universidades. Hasta la fecha, han recibido este apoyo financiero 17 universidades estadounidenses. Dichos subsidios dieron a académicos y profesionales, que antes permanecían aislados en distintos departamentos universitarios, la oportunidad de trabajar conjuntamente en el desarrollo del estudio del conflicto como campo académico.

Otra importante iniciativa académica fue la del Instituto Nacional para la Resolución de Conflictos (National Institute for Dispute Resolution, NIDR). Desde alrededor de 1990, el NIDR comenzó a brindar pequeños subsidios para desarrollar módulos curriculares que pudieran utilizarse en facultades de derecho y de administración de empresas, con el fin de promover la RAD en esas esferas profesionales. Si bien ahora el otorgamiento de fondos se ha interrumpido, hace poco el NIDR y la NAME comenzaron a colaborar en un proyecto destinado a establecer un plan de estudios para las facultades de educación que incorpore la resolución de conflictos como materia de la formación básica de los maestros.

La mediación en las universidades de América Latina: consideraciones contextuales

Por lo anterior, es evidente que en los últimos tiempos ha habido en los Estados Unidos gran actividad vinculada con la mediación en las universidades. Sin embargo, queda por verse si sucederá algo análogo en las universidades latinoamericanas. A partir de los datos limitados con que cuento, parecería que varias características diferencian las universidades latinoamericanas de las estadounidenses, y que estas diferencias pueden influir en el éxito o fracaso de la mediación universitaria. En mi opinión, la mediación puede ser muy provechosa para la educación superior en América Latina, pero si pretende tener éxito tendrá que adoptar otras formas.

Una distinción importante es que en la mayoría de las universidades latinoamericanas no hay una gran población de estudiantes residentes, debido a que no existe la tradición de que los estudiantes vivan en residencias universitarias. Allí, la mayor parte de los alumnos viajan diariamente a sus facultades pero residen y trabajan en otros lados. En contraste con ello, en los Estados Unidos, una de las principales áreas en que tuvo lugar el crecimiento de los programas de mediación ha sido la de las residencias universitarias, donde se aplica a la resolución de las disputas entre los compañeros de habitación. Es probable que si en América Latina los programas de mediación destinados a estudiantes quieren atraer el interés de éstos, tendrán que hacer hincapié en otro tipo de servicios. Tal vez, las disputas entre compañeros de habitación sigan siendo un motivo de inquietud, pero lo son mucho más otras cuestiones, como las rencillas entre los dueños de propiedades y sus inquilinos, o entre los alumnos y el personal de los establecimientos, o entre los alumnos y los directivos; o bien los conflictos relacionales (en parejas o familias).

Otra diferencia es que en América Latina se pone mucho más el acento en los programas que llevan a la obtención de un título profesional. Esto sugiere que los programas de mediación y de resolución de conflictos tal vez tengan que destacar el valor que tiene la enseñanza de las habilidades de mediación, en general, para el empleo futuro de los estudiantes, en lugar de destacar meramente su valor como herramienta para la solución de conflictos personales. Además, en las universidades latinoamericanas puede ser más factible la creación de "clínicas de mediación" cuyo personal sean los propios alumnos que en los Estados Unidos, donde ya existe fuera de la universidad una creciente colectividad de mediadores.

Un problema que aqueja tanto a las universidades estadounidenses como a las latinoamericanas es la tasa de deserción del alumnado, pero en América Latina esta tasa es mayor: algunas estimaciones indican que sólo un 20%, aproximadamente, del total de alumnos que comienzan la universidad termina sus estudios y se diploma. Como la mitad de los alumnos universitarios trabajan en jornada parcial o completa, y no es raro que tarden diez o más años en graduarse, el apoyo económico que pueda brindárseles para completar su carrera es sin duda un motivo de preocupación (Pujadas, 1995). Esto insinúa la creciente utilidad e importancia de la mediación en las universidades latinoamericanas (en especial las privadas) para asegurar que los alumnos realmente buenos sean retenidos y logren diplomarse.

Otra preocupación estrechamente ligada a la anterior en muchas universidades latinoamericanas es mantener un claustro de profesores calificados, frente a las tentaciones que éstos reciben para dejar sus puestos actuales en busca de mejor paga o de una posición más prestigiosa en otros establecimientos superiores, ya sea del propio país o del extranjero. Las universidades no pueden sino beneficiarse con la profundización de los intentos de tomar decisiones en común con los profesores, en lo relativo a la asignación de los recursos, con el fin de impedir que se desmoralicen totalmente o que aumenten los conflictos sociales entre ellos y los directivos. Los establecimientos que procuran crear y mantener un cuerpo estable de profesores pueden aprovechar el uso de la mediación para que los ayude a resolver los conflictos entre éstos, que si no se abordan quizás los insten a abandonar sus puestos o a iniciar una escalada tanto directa como indirecta de tales conflictos.

El alto grado de politización en las disputas que sobrevienen en muchas universidades latinoamericanos es otro aspecto diferencial en relación con los Estados Unidos. Los sistemas de gobierno universitario suelen establecer que las autoridades tienen que ser elegidas por consejos integrados por profesores y personal del establecimiento, con lo cual la tasa de rotación en los cargos es considerable. Hay un marcado sentimiento de inestabilidad, que se complica porque la mayor parte de los docentes tiene dedicación parcial. Esto ha provocado desencanto y cierto grado de organización entre los profesores, y en muchas zonas aumentó su sindicalización. Por su propia naturaleza, estas condiciones hacen que muchas decisiones y disputas que tienen lugar en las universidades se mezclen con cuestiones políticas. Estos aspectos políticos de la vida universitaria pueden llevar a los posibles usuarios de la mediación a considerarla un método usado para "aplacar" a los disputantes o para acordar opciones conjuntas, y no para abordar las cuestiones estructurales fundamentales. Esto indica que, quizá, los esfuerzos de mediación realizados en las universidades latinoamericanas tendrán que modificarse en la práctica, en comparación con los estadounidenses, de modo de poder manejar disputas entre múltiples bandos y aun el cierre de una universidad o medidas de protesta en gran escala, y de hacer frente no sólo a los problemas interpersonales, sino también a los estructurales. Por añadidura, lograr que se deposite confianza en los programas de mediación puede ser más arduo en América Latina, y los posibles mediadores deberán ser cuidadosamente escogidos, bien capacitados, y tener garantizada su fuente de ingresos y su independencia económica.

La mediación como herramienta para hacer frente a la decadencia o el cambio

Las notables modificaciones que han sufrido las leyes oficiales acerca del financiamiento y acreditación de las universidades latinoamericanas, tal vez lleven a algunos de los establecimientos más antiguos de la región a experimentar una "decadencia institucional" a raíz de fluctuaciones en la matrícula, problemas financieros o la creciente competencia de otras instituciones (Pujadas, 1995). En períodos como éstos, los directivos suelen recurrir a tácticas más centralizadas para la toma de decisiones. Según los teóricos de la educación superior (Zammuto y Cameron, 1985), apelan cada vez más a las medidas discrecionales y cada vez menos a los procedimientos de consulta. Algunas de las posibles secuelas negativas de estas circunstancias son las siguientes:

1) Los conflictos que ya existían en forma latente se exacerban como consecuencia de la reducción de los recursos.
2) Los conflictos se tornan más intensos y frecuentes debido a la diversidad de intereses insatisfechos.
3) Aumenta el papel de la fuerza política de diversos grupos como factor que influye en la asignación de los recursos.
4) Se ve afectado el clima institucional.

5) Disminuye la cohesión interna de la organización.
6) Decae el compromiso de las personas con la organización.

Esta tendencia a la centralización y la burocratización de la toma de decisiones irrita a los miembros del claustro docente, quienes siguen sintiendo que son profesionales y que, en tal carácter, deberían estar relativamente a salvo de toda decisión arbitraria tomada por los directivos sin consultarlos. Kim Cameron (1983), investigador de la educación superior, aduce que cuando enfrentan la decadencia de su institución, los directivos tienden a centrarse en la eficiencia a expensas de la eficacia, y a reaccionar de manera conservadora en lugar de hacerlo innovadoramente. Cameron esboza algunas de las razones por las que, según él, los directivos pueden reaccionar en forma rígida. Explica que el estrés que impone enfrentarse con la decadencia los impulsa a inclinarse por los comportamientos destinados a reducir su angustia, en vez de hacerlo por los comportamientos destinados a la resolución de problemas; reducen el riesgo de cometer errores tornándose mucho más prudentes, restringiendo la red comunicativa, cumpliendo más al pie de la letra con los reglamentos, rechazando con pocos miramientos toda información que refute o contradiga lo que ellos piensan, y percibiendo un mayor grado de dificultad en todas las tareas. También pueden procurar aferrarse a ciertas fuentes de apoyo político, ya sea que éstas adopten o no decisiones correctas. Estas tácticas tienen como inevitable resultado la creación de un mayor grado de tensión y tirantez en la comunidad universitaria, y pueden de hecho reducir la calidad de las decisiones adoptadas e incrementar los conflictos bloqueando simultáneamente el desarrollo de los enfoques de la RAD.

Las universidades latinoamericanas que enfrentan estos desafíos tienen buenos motivos para instituir pautas y métodos acordados en común, con el fin de superar los conflictos y tomar decisiones. En este empeño, la mediación puede representar un recurso esencial. Como los programas de mediación se centran expresamente en la resolución de problemas, pueden contribuir a mejorar la comunicación, otorgar a las partes un mayor sentido de participación en las decisiones, reducir las tensiones y aumentar la comprensión mutua y la cooperación. Quizás, cuando los directivos de las universidades latinoamericanas descubran la amplia variedad de aplicaciones de la mediación, resuelvan que es un enfoque complementario muy valioso para manejar la universidad en tiempos de cambios rápidos. El propio proceso de establecer pautas conjuntas para la resolución de conflictos en diversos ámbitos universitarios y de instrumentar los mecanismos de mediación apropiados puede contribuir a convocar la participación y aumentar la cohesión de los miembros de la institución, lo que a todas luces se convierte en un problema esencial en los períodos de reestructuración y achicamiento y/o de dificultades financieras. A medida que aumente la tensión en las universidades, también aumentará por cierto la necesidad de expertos en la resolución de conflictos. Si se brindan a la población más modelos útiles para la resolución pacífica de sus conflictos, también puede librársela de la violencia y el autoritarismo que imperaron en el pasado, los que no hacen sino desmoralizar a la gente y socavar sus intentos por mejorar su vida.

Resulta claro que el uso de la mediación en la enseñanza superior está creciendo aceleradamente en los Estados Unidos. Pareciera que iniciativas similares podrían ser muy valiosas en América Latina, por toda una serie de razones que hemos examinado. Es probable que a medida que aumente la conciencia de la mediación en otros sectores de la sociedad latinoamericana, ella se difunda asimismo a las universidades. Los estudiosos de vanguardia podrían hacer mucho para nutrir y estimular este crecimiento, y, a mi juicio, sería una manera muy buena de utilizar su tiempo y energía.

Referencias bibliográficas

Baldidge, J.V.; Curtis, D.V.; Ecker, G.P. y Eilwy, G.L. (1977), "Alternative Models of Governance in Higher Education". En: J.V. Baldidge y T.E. Deal (Comps.). *Governing Academic Organizations*. Berkeley: McCutchan Publishing, págs. 2-25.

Beeler, K.D. (1995), *Institutions with Identified Conflict-Resolution (Mediation) Programs*. Charleston, IL: Eastern Illinois University.

Cameron, K. (1983), "Strategic Responses to Condition of Decline". *Journal of Higher Education, 54* (4), 359-380.

Dana, D. (1984), "The Cost of Organizational Conflict". *Organizational Development Journal* (otoño), 5-6.

Felstiner, W.F. (1974), "Influences of Social Organization on Dispute Processing". *Law and Society Review, 9* (1), 63-94.

Folger, J. y Schubert, J. (1985), "Resolving Student Initiated Grievances in Higher Education: Dispute Resolution Procedures in a Non-adversarial Setting (Reporte de Investigación Nº 3)". National Institute for Dispute Resolution.

Girard, K.; Townley, A. y Rifkin, J. (1985), *Peaceful Persuasion: A Guide to Creating Mediation Dispute Resolution Programs for College Campuses*. Amherst, MA: The Mediation Project.

Gulliver, P.H. (1979), *Disputes and Negotiations: A Cross-Cultural Perspective*. Nueva York: Academic Press.

Holton, S. y Warters, W.C. (1995), "Conflict Management Programs in the United States and Canada" (Apéndice). En: S. Holton (Comp.). *Conflict Management in Higher Education*. San Francisco, CA: Jossey-Bass, págs. 97-122.

Laue, J.H. y Cormick, G. (1978), The Ethics of Intervention in Community Disputes. En: G. Bermant, H.. Kelman y D. Warwick (Comps.) *Ethics of Social Intervention*. Nueva York: Halsted Press.

McCarthy, J.; Ladimer, I. y Sirefman, J. (1984), *Managing Faculty Disputes*. San Francisco: Jossey-Bass.

McDonald, C.B. (1994), "ADR Clinic Directory (Law Schools)". Documento de trabajo, Pepperdine University.

Peterson, M.W. y Spencer, M.G. (1991), "Assesing Academic Culture and Climate". *New Directions for Institutional Research, 68*, 1-21.

Pujadas, C. (1995), "Higher Education Reform in Argentina". *International Higher Education*, (diciembre).

Tierney, W. (1998a), "Dimensions of Culture: Analizing Educational Institutions". *Viewpoints, ERIC ED, 296*-484.

Tierney, W. (1998b), "Organizational Culture in Higher Education: Defining the Essentials". *Journal of Higher Education, 59* (1), 2-21.

Volpe, M. y Witherspoon, R. (1992), "Mediation and Cultural Diversity on College Campuses". *Mediation Quarterly, 9* (4), 341-351.

Warters, B. (1991), "Mediation on Campus: A History and Planning Guide". *The Fourth R, 45* (junio/julio), 4-5.

81

Warters, B. (1996), "Graduate Studies in Dispute Resolution: Results of a Delphi Study". En: *Mapping the Contours of Graduate Study in Dispute Resolution*. Fort Lauderdale, FL: Nova Southeastern University.

Warters, B. y Hedeen, T. (1991), *Campus-Based Mediation Programs Survey*. Syracuse University.

Weick, K.E. (1976), "Educational Organizations as Loosely Coupled Systems". *Administrative Science Quarterly, 21* (1), 1-19.

Zammuto, R. y Cameron, K. (1995), "Environmental Decline and Organizational Response". *Research in Organizational Behavior, 7*, 223-262.

CAPÍTULO 3

MELINDA SMITH

LA RESOLUCIÓN
DE CONFLICTOS PARA NIÑOS,
JÓVENES Y FAMILIAS*

Mucho se ha escrito sobre las crisis de los jóvenes y la familia en los Estados Unidos. La escalada de violencia juvenil y de las pandillas, así como el creciente número de divorcios y disfunciones familiares, son algunos de los indicadores de la crisis social. En su informe de 1991, titulado "Más allá de la retórica: un nuevo temario norteamericano para los niños y las familias", la Comisión Nacional del Niño solicitó un renovado esfuerzo de colaboración por parte de los organismos públicos y privados de las comunidades de los Estados Unidos, para responder a las necesidades de los niños y las familias.

En respuesta a esas necesidades se ha creado una serie de programas de mediación y resolución de conflictos para niños, jóvenes y familias. La variedad de estos programas es notable y los resultados preliminares de las investigaciones realizadas indican que están produciendo un impacto positivo en los jóvenes y en las familias. En el presente artículo se resumen algunos de esos programas y se analizan sus potencialidades para hacer frente a las necesidades de los niños y las familias.

---

* Publicado en *Dispute Resolution Magazine*, *3* (1), 11-15.

Programas de mediación y resolución de conflictos en la escuela

Resolución de conflictos y mediación escolar

La aplicación más generalizada de la mediación y la resolución de conflictos para los niños y jóvenes se presenta en el ámbito de la escuela. Desde sus comienzos, en Nueva York y en San Francisco, los programas de mediación escolar han proliferado hasta abarcar más de seis mil escuelas en todo los Estados Unidos. Estos programas tienen un papel de prevención sumamente importante: crear nuevas normas de interacción social en la cultura de la escuela y promover el concepto de que la pelea física y la violencia son métodos inaceptables para resolver conflictos. En algunos modelos de programas de mediación escolar se capacita a un grupo de alumnos seleccionados para mediar en las disputas escolares de los niveles primario y secundario. En otros modelos se ha ido más lejos y se capacita a clases enteras como mediadoras, con el fin de que todos los alumnos se beneficien con las habilidades y la práctica de la mediación.

Muchos modelos de programas incluyen la incorporación de habilidades para la resolución de conflictos en los planes de estudio de los niveles primario y secundario, para proporcionar a todos los alumnos la oportunidad de desarrollar destrezas comunicacionales y de resolución de problemas. Cada vez hay más consenso en cuanto a que los programas escolares de resolución de conflictos exigen un cambio en la totalidad de la escuela, no sólo en los alumnos. El personal docente se debe comprometer a actuar como modelo de dichas habilidades y a reforzarlas en los alumnos, así como a crear una comunidad escolar que promueva la expresión positiva y la resolución de los conflictos. Algunos modelos de programas han ampliado este abordaje y han incluido el concepto de aplicar valores y procedimientos democráticos en el aula y en toda la escuela, incorporando estrategias de toma de decisiones y aprendizaje cooperativo en la totalidad del sistema escolar.

Un tema fundamental es la continuidad de estos programas, teniendo en cuenta que muchas innovaciones educativas gozan de un breve período de popularidad y luego se desvanecen. Por esta razón, el Centro de Nuevo México para la Resolución de Conflictos (New Mexico Center for Dispute Resolution, NMCDR) ha trabajado con los distritos escolares con el fin de incorporar la mediación como parte de sus políticas disciplinarias actuales, y de ayudarlos a capacitar instructores y formar equipos de implementación con el objeto de expandir los programas en todo el distrito. En última instancia, quizá la única manera de institucionalizarlos plenamente sea mediante decretos estaduales. En el estado de Illinois, por ejemplo, se ha establecido recientemente la obligatoriedad de enseñar resolución de conflictos y prevención de la violencia en todas las escuelas públicas a partir de cuarto grado y hasta el final del secundario. En Nuevo México, el NMCDR ha persuadido a la secretaría de la juventud para incorporar y financiar la mediación escolar como una importante medida de prevención dentro del espectro de los programas de asistencia social y de los tribunales de menores.

¿Cuál es el efecto de estos programas en la violencia escolar y las peleas? Los profesionales e investigadores de todo el país están de acuerdo en que para responder a esta pregunta se requiere una investigación a largo plazo. En Nuevo México, al igual que en otros estados donde se implementan programas de mediación escolar, se conocen numerosos casos que parecen indicar que los programas tienen efecto positivo tanto en el ámbito escolar en general como en los estudiantes participantes en particular. Los directores de escuelas que implementan la mediación indican que el mayor efecto del programa se aprecia en el hecho de que los alumnos aprenden a tener más confianza en sí mismos y adquieren habilidades para la resolución de problemas. El director de una escuela primaria de Albuquerque, comentó: "Antes de empezar a implementar el programa, en el patio teníamos entre cien y ciento cincuenta peleas por mes. Al finalizar el año, teníamos apenas diez".

Los comentarios de los padres de los mediadores también son positivos. En un programa de mediación desarrollado en una escuela secundaria de Albuquerque, con gran población de riesgo, se realizó una encuesta entre los padres de los mediadores para saber si se había producido algún cambio en el comportamiento de los alumnos en el hogar. La madre de una mediadora dijo lo siguiente: "Mi hija se comporta mejor que antes. Ya no se involucra en problemas... no pasa el tiempo con amistades negativas. Trata de ayudar a sus amigos, a sus sobrinos y a su familia. Se ha convertido en un modelo de conducta en nuestra familia. Recomiendo el programa de mediación para tener una comunidad y una escuela mejores".

La mediación y las pandillas

El problema de la violencia de las pandillas continúa siendo un tema importante para muchas escuelas en todo Estados Unidos. Los directivos ensayan regularmente una serie de estrategias para disminuir la rivalidad y la violencia entre las pandillas, incluyendo suspensiones, expulsiones, detectores de metales, restricciones en la indumentaria y restricción de las reuniones de más de cuatro o cinco alumnos. Aunque estas medidas se han aplicado con distintos grados de éxito, algunos de los temas subyacentes de la rivalidad entre las pandillas –la necesidad de seguridad y protección, de respeto y sentido de identidad que tienen los jóvenes integrantes de una pandilla– no desaparecen.

El interés en la mediación y su uso para manejar conflictos multipartes entre pandillas en el ámbito escolar ha aumentado; sin embargo, quienes utilizan estos procesos aún han escrito poco. El NMCDR ha diseñado varias intervenciones en conflictos multipartes de pandillas en los últimos siete años. En la primera de esas intervenciones, el personal de una escuela secundaria de Albuquerque solicitó al NMCDR que mediara en un conflicto entre tres pandillas rivales, relacionado con el "territorio" de cada una y sus quejas contra la administración de la escuela. El conflicto había llegado a tal punto que el alumnado y los docentes temían por su seguridad. Todos los días se confiscaban pistolas y cuchillos; los miembros más antiguos de las pandillas del vecindario se reunían cerca de la escuela y amenazaban a los alumnos cuando salían de ella. Los alumnos tenían miedo de estar solos en los baños y en los pasillos, y los padres habían comenzado a solicitar el traspaso de sus hijos a otros colegios debido al acoso de las pandillas.

En esa escuela, la existencia de un programa de mediación entre pares alentó al personal de la misma a buscar mediación para intervenir en los conflictos más serios entre pandillas. Además de apelar a los mediadores del NMCDR, la escuela solicitó la participación de especialistas en pandillas de un organismo de Albuquerque dedicado a promoción de la juventud; se les pidió que actuaran como intérpretes de los alumnos que no hablaban inglés en forma fluida y que apoyaran y alentaran a los miembros de las pandillas participantes en el programa de mediación. El proceso se inició con reuniones con cada pandilla por separado, con el fin de identificar los temas clave y estimular su participación en el programa. Cada pandilla eligió un equipo de tres representantes y tres suplentes. También se solicitó a la escuela que seleccionara un equipo de tres docentes para sentarse a la mesa de negociaciones.

Se realizó una serie de reuniones durante un período de cuatro semanas, dentro del ciclo escolar. Los mediadores establecieron los procedimientos para crear un espacio digno y serio destinado a la resolución de los conflictos: mesas en círculo, etiquetas con los nombres, jarras de agua, papel para apuntes, papel borrador; resumiendo, toda la parafernalia de cualquier mediación multipartes importante. En el proceso se establecieron las preocupaciones que afectaban a todas las pandillas, incluyendo el temor a las armas y la preocupación por la seguridad de las familias y los hogares, la ira cuando eran intimidados y menospreciados por los miembros de pandillas rivales y la inquietud por lo que ellos percibían como un trato injusto por parte de los directivos.

La mediación dio lugar a dos acuerdos importantes. El primero se refería a "no dar el primer golpe"; por él, los integrantes de las pandillas se comprometían a no provocar peleas. Acordaron no generar rumores, no insultar, no amenazar, no estropear los *graffiti* de otras pandillas ni provocar con la mirada. El segundo acuerdo tuvo que ver con la vestimenta impuesta por la dirección. Si durante dos semanas no se registraban peleas de pandillas, se permitiría a sus integrantes usar el atuendo identificatorio de su pandilla los días viernes.

El resultado de la mediación fue inmediato. Las peleas y las situaciones violentas se redujeron notablemente. Algunos integrantes de las pandillas fueron entrenados para ser mediadores en el programa de mediación entre pares. Los consejeros escolares siguieron mediando en los conflictos relacionados con pandillas y la escuela se transformó en una zona neutral para los integrantes de las mismas. Tres años más tarde, se realizó otra mediación entre pandillas para evitar potenciales estallidos de violencia. Además, se creó en la escuela un consejo de líderes de pandillas, que se ha reunido bimestralmente, con el fin de proporcionar un foro en el que se discutan las diferencias y se traten los conflictos a través de la comunicación. El proceso de mediación ayudó a esa escuela a transformarse en un ambiente educativo más seguro.

Naturalmente, los partidarios de la tolerancia cero con las pandillas se mostrarán escépticos con respecto a este enfoque, dado que al reconocer a las pandillas incorporándolas a la mediación, aparentemente se aprueba su existencia y su accionar. Sin embargo, el empleo de la mediación para responder a los conflictos de pandillas en las escuelas tiene numerosos beneficios. El proceso de mediación brinda a los jóvenes una experiencia de aprendizaje de métodos constructivos y no violentos para resolver conflictos. Muchos de estos jóvenes nunca han conocido alternativas a la violencia relacionada con los problemas de las pandillas. El proceso de mediación enseña modelando y reúne a todas las partes involucradas en el problema. Permite que se dialogue abiertamente sobre todos los temas y que se discutan profundamente los asuntos subyacentes. Por último, puede unir a los grupos escolares y comunitarios, tales como los centros comunitarios de mediación y los organismos dedicados a la juventud, para que compartan sus recursos colectivos y su experiencia para mejorar la calidad de vida de los jóvenes.

Sobre la base de la experiencia del NMCDR, la mediación puede reducir la violencia de las pandillas integradas por alumnos del nivel secundario. El compromiso con un programa continuo de mediación entre pares, la presencia de personal capacitado para monitorear y manejar los conflictos que puedan surgir entre las pandillas, y la colaboración con los organismos comunitarios tienen una importancia fundamental en el éxito a largo plazo de tales intervenciones. Si pueden –o no– ser eficaces para los jóvenes de más edad, o en el ámbio de la comunidad, es un desafío para las escuelas, las entidades de mediación comunitaria y los trabajadores sociales dedicados a la juventud.

Programas de prevención de la violencia

El creciente reconocimiento de la violencia como un tema de salud pública ha incrementado el interés por la aplicación de métodos y materiales diseñados para los programas de mediación escolar para la prevención de la violencia. En el ámbito escolar, comunitario y de los planes de libertad condicional, se está enseñando a los jóvenes, dentro de los planes de estudio, el control de la ira, las técnicas para la resolución de problemas, a pensar en las consecuencias (*consecuential thinking*), la empatía, la comunicación de sentimientos y la resolución de los conflictos.

En el condado de Guilford, estado de Carolina del Norte, los alumnos suspendidos por posesión de armas deben participar en un curso de resolución de conflictos para poder volver a ingresar a la escuela. En las escuelas de Boston se ha adoptado un plan de estudios desarrollado por la Dra. Deborah Prothrow-Stith, que se centra no sólo en la resolución de conflictos, sino también en los efectos de las drogas y el alcohol sobre la violencia, y en el impacto que ejercen la pobreza y el racismo en la ira y los actos violentos.

Mediación padres-hijos

Los alumnos no sólo llevan a la escuela los conflictos de las pandillas sino también los efectos de los conflictos familiares. Los conflictos familiares no resueltos y las disfunciones familiares en general son las principales causas de los problemas de conducta en la escuela. Por otra parte, lo más probable es que los alumnos que actúan en forma agresiva en un conflicto escolar hayan aprendido ese comportamiento en su hogar, donde recibieron ese ejemplo o incluso promovieron ese tipo de conducta. Es probable que los progenitores que no han aprendido técnicas para controlar la ira empleen la agresión física o verbal con los miembros de su familia, y que establezcan ese modelo de comportamiento para sus hijos. Por otra parte, muchos padres alientan a sus hijos para que peleen en respuesta a los actos agresivos de otros niños.

La mediación padres-hijos ha probado ser un proceso altamente efectivo, no sólo para ayudar a las familias a resolver en forma constructiva los conflictos de la vida diaria, sino también para enseñar a padres e hijos nuevas formas de manejar las fuertes emociones implícitas en la mayoría de los conflictos familiares. En el proceso de mediación padre-hijo, las familias trabajan con mediadores voluntarios calificados para discutir temas tales como la asistencia a la escuela y el rendimiento escolar, la violación de los horarios estipulados, la vida social, los quehaceres domésticos, la privacidad, la actividad sexual y los patrones de interacción familiar. La familia intenta llegar a un acuerdo concreto que resulte justo y realista a cada uno de sus miembros. El proceso se basa en la premisa de que cumplir los acuerdos de la vida diaria aumenta la confianza entre padres e hijos, y facilita la negociación de temas más importantes en el futuro. Los estudios que han hecho un seguimiento de los programas de mediación padres-hijos han demostrado que existe un alto índice de observancia de los acuerdos mediados, y que se produce una mejora en el funcionamiento familiar.

Mediación en suspensiones

En Santa Fe, Nuevo México, el NMCDR está introduciendo en las escuelas secundarias mediadores voluntarios de la comunidad para que medien en los conflictos entre alumnos a los que se ha suspendido durante tres días por peleas graves. Estas escuelas tienen programas continuos de mediación entre pares, pero estos conflictos van más allá del espectro de problemas que pueden manejar tales programas de mediación.

En muchos casos, las peleas son conflictos de la comunidad trasladados al ámbito escolar. Para regresar a la escuela, luego de una suspensión por motivos relacionados con la violencia, los alumnos y sus padres deben participar en un proceso de mediación. A menudo son mediaciones multipartes, con varios grupos de alumnos y de padres. Los padres siempre defienden el accionar de su hijo y a veces se muestran hostiles hacia sus adversarios y también hacia las autoridades de la escuela. El proceso de mediación permite tanto a los padres como a los hijos experimentar la resolución de problemas en forma constructiva. Los participantes se escuchan entre sí, sus respectivos puntos de vista y crean acuerdos destinados a poner fin a las hostilidades. La participación de los padres es decisiva porque pueden llevar tales destrezas al hogar, ponerlas en práctica y reforzarlas con sus hijos. Además, al igual que en otros tipos de mediación, favorece que todas las partes compartan la responsabilidad por el conflicto y su solución. El director de una escuela que participa en este programa refiere que éste ha mejorado la conducta posterior de los alumnos suspendidos, y ha reducido significativamente las peleas en general.

Mediación por ausentismo escolar

Relacionada con la mediación en suspensiones se encuentra la mediación en los casos de ausentismo, que ha sido implementada por organismos de mediación en colaboración con las escuelas y los tribunales de menores. El modelo más apropiado para la mediación por ausentismo es que el alumno y sus padres, junto con los docentes y los consejeros o representantes escolares involucrados, participen en un proceso de resolución de problemas conducido por un mediador neutral. Aunque el tema principal que se trata es la asistencia a la escuela, también se discuten los problemas subyacentes que provocan el ausentismo, tales como los conflictos familiares, el comportamiento o el rendimiento en el aula, o temas relacionados con los compañeros. Se llega a un acuerdo para tratar las causas del ausentismo y asegurarse de que el alumno asista a la escuela. Si la familia atraviesa problemas importantes se la deriva a organismos de asistencia social para que reciba ayuda.

Uno de los mayores obstáculos para implementar un programa de mediación por ausentismo es que quizás el personal docente no pueda participar debido a limitaciones horarias. Posiblemente, los docentes no puedan o no deseen dedicar un tiempo adicional durante el horario de clases o fuera del mismo para estar presentes en las mediaciones, en particular si muchos de sus alumnos faltan a clase. Algunos programas resuelven este tema contando con la presencia de una autoridad que represente a la escuela en la mediación. Otros programas hacen participar en la mediación sólo a los padres. Ambos modelos limitan la posibilidad de abarcar todos los asuntos importantes; sin embargo, incluso esas intervenciones pueden ser eficaces.

Programas de tribunales de menores

En los últimos diez años, se ha apreciado un creciente interés por incorporar la mediación al sistema de tribunales de menores. En muchas jurisdicciones de los Estados Unidos, los tribunales de menores se ocupan de delitos tales como el ausentismo, los comportamientos incorregibles y la fuga del hogar. Si los padres o las escuelas presentan una petición, la mediación padres-hijos o la mediación por ausentismo pueden servir como una opción adecuada para los jueces y los funcionarios de la *Provation Office* a cargo de la libertad condicional. Tanto si los jóvenes son derivados por las escuelas o por los tribunales de menores, los servicios de mediación son más eficaces cuando están conectados a una red mayor de recursos y entidades comunitarios, lo que proporciona continuidad en la atención de los adolescentes y sus familias. Las familias pueden ser derivadas a otros servicios comunitarios cuando sea necesario, tales como los de asesoramiento psicológico o los de tratamientos por abuso de sustancias químicas.

Mediación víctima-ofensor

El uso más generalizado de la mediación con los delincuentes juveniles es la que se da entre el agresor y su víctima, con el objeto de negociar algún tipo de compensación para la segunda. Este proceso proporciona un modelo de responsabilidad y de resolución de problemas. Ayuda a los transgresores juveniles a entender el efecto humano de sus acciones, la violación emocional junto a los daños o pérdidas materiales que los delitos habitualmente provocan. Al agresor se lo responsabiliza por sus acciones de una manera constructiva y humanitaria.

La víctima y el agresor pueden negociar algún tipo de servicio a la víctima o a la comunidad, además de una indemnización monetaria, o en lugar de ésta. El servicio a la víctima puede estar directamente relacionado con la naturaleza del delito. Por ejemplo, si el agresor causó daños a la propiedad de la víctima, ambos podrían negociar que los repare el agresor. Si se negocia un servicio a la comunidad, puede tomar la forma de un servicio a una obra benéfica elegida por la víctima, o las formas de servicio más tradicionales establecidas en los tribunales de menores.

El proceso generalmente logra cambiar los estereotipos que sostienen tanto la víctima como el agresor. Las víctimas tienden a pensar que el agresor es un demonio, y, por lo general, se sorprenden al encontrar del otro lado de la mesa de mediación a un adolescente atribulado. A su vez, los agresores habitualmente no tienen idea de la repercusión emocional que su accionar tuvo en la víctima, y el proceso de mediación humaniza su agravio.

Recientes investigaciones realizadas en Albuquerque y otras tres ciudades de los Estados Unidos han demostrado que tanto los transgresores juveniles como sus víctimas tienen más probabilidades de que el sistema de tribunales de menores sea justo con ellos si participaron en una mediación. Además, es mucho más probable que los agresores cumplan su obligación de indemnización cuando hay mediación que cuando los tribunales ordenan pagar indemnizaciones sin que la haya. La investigación también puso en evidencia una importante reducción en los delitos posteriores entre los agresores que participaron en una mediación, comparados con aquellos que no lo hicieron. Aunque la diferencia no fue estadísticamente significativa, este hallazgo indica que se debe investigar con más profundidad el impacto del programa en la reincidencia.

Mediación en los conflictos entre menores

Relacionada con la mediación víctima-ofensor se encuentra la mediación de disputas entre menores, en las que no resulta claro quién es la víctima y quién el agresor. Ya sea que una de las partes presente una queja contra otra, o que ambas lo hagan, estos conflictos por lo común involucran peleas, daño a la propiedad, hostilidad, conflictos relacionados con pandillas o conflictos multipartes surgidos en la escuela o en el vecindario. En estos casos, por lo general, las partes se conocen y tanto una como la otra son responsables conjuntamente por la ofensa. Estos conflictos se pueden derivar a una mediación desde diversas instituciones, incluyendo la policía, las escuelas y la comunidad, o el sistema de tribunales de menores, antes o después de una decisión judicial.

La mediación en los institutos de menores

Este modelo acerca la mediación y la resolución de conflictos a los menores detenidos en institutos. El objetivo de estos programas es cambiar el enfoque institucional para manejar los conflictos internos pasando de un sistema punitivo a otro que emplee métodos de resolución de problemas. Las destrezas que se enseñan y el acceso al proceso de mediación por parte del personal y de los residentes tienen un efecto atenuante tanto de los conflictos entre el personal y los residentes como de los que se producen entre los mismos residentes. Cuando las relaciones entre el personal y los residentes mejora, el clima social cambia; la violencia y los ataques disminuyen, y aumenta la satisfacción en el trabajo. Estos factores contribuyen a que no haya tanta rotación de personal y a que el clima institucional sea positivo.

Programa de prevención de la violencia para delincuentes juveniles

En Nuevo México, se ha desarrollado un programa de prevención de la violencia para jóvenes condenados por delitos violentos. Sus objetivos son proporcionar una opción comunitaria redituable para los transgresores juveniles que probablemente sean encarcelados por delitos relacionados con drogas o violencia; promover la seguridad pública proporcionando estrategias de vigilancia y control de riesgos para los transgresores juveniles y mejorar las habilidades cognitivas y sociales de los transgresores (*offenders*) y de sus progenitores con el de mejorar su capacidad para funcionar con eficacia en las relaciones interpersonales.

El diseño del programa consiste en un período intensivo de libertad condicional vigilada y en un programa educativo para los transgresores y sus padres, como condición para la libertad condicional. Los funcionarios a cargo de la libertad condicional eligen a los jóvenes que participarán en el programa. Los transgresores participan en un plan de estudios de doce semanas que propone ejercicios para adquirir destrezas comunicacionales, resolución de problemas, razonamiento lógico, manejo de los conflictos, manejo de la ira, comunicación autoafirmativa y negociación. Se hace participar a los padres en un plan de estudios similar, con el fin de que aumente la capacidad de toda la familia para interactuar en forma más eficaz y funcional.

Las investigaciones preliminares acerca del programa han demostrado que se produjo una reducción en la posibilidad estimada de que los participantes intervengan en discusiones familiares, un mejoramiento en su capacidad para controlar su conducta violenta en los conflictos familiares y un aumento del uso de técnicas para la disminución de conflictos entre los jóvenes.

Necesidades futuras

A medida que los programas de mediación y resolución de conflictos para jóvenes siguen proliferando, surgen ciertas necesidades. En primer lugar, existe la necesidad de continuar demostrando cómo estos programas favorecen los objetivos propuestos por los especialistas más destacados en el tema de las políticas para los jóvenes. Las tendencias actuales de esas políticas resaltan que es indispensable considerar a los jóvenes como recursos y no como problemas a resolver. Michael Sherrade, experto en políticas para la juventud, sostiene que los jóvenes no sólo constituyen una población "en riesgo", sino también una población que tiene "toda la fuerza". Quienes nos dedicamos a diseñar o implementar programas de mediación y resolución de conflictos debemos destacar que estos programas pueden captar las energías y habilidades de los jóvenes para permitirles aumentar su responsabilidad y favorecer su funcionamiento social.

Aunque los expertos están de acuerdo en que el programa debiera focalizarse en la prevención, aún se necesita más información de campo sobre la eficacia de estos programas. Se deben destinar fondos de investigación y desarrollo para diseñar programas preventivos de mediación y evaluar sus efectos a largo plazo en los niños, las familias, las escuelas y las comunidades.

Por último, los profesionales deben tener presente que si bien muchos enfoques y programas de mediación han probado ser eficaces, no se los debe ofrecer como una panacea. Los programas de mediación y resolución de conflictos se han popularizado debido al aumento de la violencia juvenil y a la necesidad imperiosa de reducirla, pero hay un consenso generalizado en cuanto a que estos programas no alcanzan por sí solos para revertir la violencia presente en nuestra sociedad.

CAPÍTULO 4

RENATA FONKERT

MEDIACIÓN PADRES-ADOLESCENTES: RECURSO ALTERNATIVO A LA TERAPIA FAMILIAR EN LA RESOLUCIÓN DE CONFLICTOS EN FAMILIAS CON ADOLESCENTES

Introducción

El presente artículo propone a la mediación padres-adolescentes y a la terapia familiar como recursos alternativos en la resolución de conflictos en familias con adolescentes. Surge de un deseo de profundizar dos recursos que se presentan como importantes para la resolución de conflictos en estas familias: la terapia familiar y la mediación familiar. Si bien hace algún tiempo la terapia era la primera indicación en casos de conflictos familiares, hoy la mediación se presenta como otra alternativa posible.

Existe un debate entre distintos autores que cuestionan hasta dónde la mediación familiar debe involucrar un componente terapéutico. Algunos jerarquizan las diferencias (Kelly, 1983) y otros las integran planteando que el cambio terapéutico generalmente es parte de un proceso de mediación (Gadlin y Ouellette, 1986-87). Este artículo participa de la visión integradora y propone que ambos procesos son recursos potenciales para el crecimiento, la transformación y el cambio.

Si bien terapia y mediación tienen sus particularidades e indicaciones, algunas veces sus técnicas pueden ser utilizadas de forma complementaria. Creo también que existen casos que pueden beneficiarse con ambos procesos, cada uno a su vez, y con diferentes profesionales.

Un modelo sistémico de base construccionista social para trabajar en resolución alternativa de conflictos, al igual que en psicoterapia, procura integrar una visión transformadora de los conflictos con otra focalizada en la resolución de problemas. La terapia familiar y la mediación padres-adolescentes se presentan como importantes recursos alternativos que trabajan con la diversidad de los sistemas involucrados. Desde este marco teórico podemos pensar que en nuestra práctica contamos con ambos recursos, para elegir en cada caso el proceso más útil para facilitar el cambio de acuerdo a la especificidad de cada conflicto.

El construccionismo social, marco teórico del presente estudio, sostiene que las personas construyen su mundo en múltiples relaciones, diálogos y contextos de los cuales participan durante su vida. La vida es un proceso continuo de evolución y posibilidades de cambio en el que participamos de diversos contextos, desde los más simples hasta los más complejos. El sentimiento de imposibilidad de coexistencia de dos o más puntos de vista demandará reorganizaciones de parte del sujeto, de la familia como un todo, y de los diversos contextos en que participa. Dichas reorganizaciones se elaborarán de manera "subjetiva", y/o se negociarán "más objetivamente", ya sea espontáneamente por parte de las partes involucradas o a través de la intervención de terceros.

Dado que la terapia y la mediación se ofrecen como importantes recursos alternativos para encarar la resolución de conflictos teniendo en cuenta la diversidad de los sistemas comprometidos, el profesional que decida trabajar en ambas áreas deberá desarrollar estudios sistemáticos, tanto para alcanzar claridad respecto a la especificidad de ambos recursos, para su indicación, elección y conducción, así como también con relación a su papel y su función al emplearlas.

Este artículo incluye algunas reflexiones sobre las diferencias entre ambos recursos, que consideran los interrogantes más frecuentes: las metas, el diseño, la duración de los procesos, el lugar de expresión de las emociones, etc. Cabe adelantar, sin embargo, que en el contexto familiar algunos temas y necesidades de cambio son aptos para ser negociados, mientras otros pueden requerir una elaboración más compleja y prolongada.

Conceptualización de los conflictos

Los conflictos son inherentes a la vida humana, porque las personas son diferentes, poseen descripciones singulares de sus realidades y, consecuentemente, exponen puntos de vista distintos, a veces encontrados. La manera de manejar tales conflictos aparece como una cuestión fundamental en el momento de coordinar las relaciones cotidianas.

Podemos decir que los conflictos ocurren cuando por lo menos dos partes interdependientes perciben que sus objetivos son incompatibles y que la otra parte interfiere para alcanzar sus metas (Hocker y Wilmot, 1991). Donohue y Kolt (1992), a su vez, afirman que los conflictos pueden ser manifiestos –se dan de forma abierta– o latentes –cuando las personas evitan determinados temas y evidencian su incomodidad o desagrado.

Felizmente es posible tener una visión positiva del conflicto, en lugar de una visión negativa, como algo amenazador o destructivo. Cuando el conflicto se entiende como una posibilidad de crecimiento y cambio, se convierte en la base para generar soluciones participativas, satisfactorias y creativas. Algunos autores (Bush y Folger, 1994; Kolb, 1994; Littlejohn, 1996) brindan una visión más amplia y menos polarizada, facilitando la mirada hacia la resolución constructiva y la connotación positiva de los conflictos. La visión positiva del conflicto contempla la posibilidad de dar un rumbo constructivo a las diferencias y vislumbrar una variedad de opciones en la forma de administrarlos. El construccionismo ofrece un modelo distinto para la comprensión de los conflictos, al trazar una perspectiva transformadora de los mismos:

> ...los conflictos se construyen y manejan socialmente mediante la comunicación de la realidad en su contexto socio-histórico, en la que ambos –conflictos y realidad- influyen y son influidos en su significado y comportamiento por el contexto (Folger y Jones, 1994).

Esta administración implica ocuparse tanto del conflicto mismo como de la situación más amplia en la que éste se produce. Una visión positiva del conflicto también permite focalizarse en resultados positivos; las personas pueden elegir el método de resolución que mejor se adecue a ellas y al conflicto. El conflicto puede ser visto como una señal para el cambio.

Familias con adolescentes

Investigadores de la familia han caracterizado el decurso de la vida familiar en términos de ciclo de vida, proceso en el que distinguen estadios y transiciones gatillados por cambios de diferente índole: desarrollo evolutivo de sus miembros, cambio en la composición familiar, cambios en los papeles y funciones, crisis y otros, para los cuales tanto la mediación como la terapia pueden ser recursos útiles para resolver los conflictos y dilemas que se presentan. En toda transición entre etapas del ciclo vital familiar pueden surgir conflictos de naturaleza objetiva o subjetiva. Nos referimos aquí específicamente a la etapa del ciclo vital familiar caracterizada por la presencia de hijos adolescentes, fase en la que pueden ser frecuentes los conflictos tanto "objetivos" –las dificultades de los padres para enfrentar el proceso de independencia e individualización que generan problemas de disciplina, de responsabilidades domésticas, relacionados con los estudios, los horarios, etc.– como "subjetivos" –menos pasibles de negociación, que la familia puede tener, o no, flexibilidad y creatividad para manejarlos.

La adolescencia es una etapa evolutiva del desarrollo de importancia fundamental en la constitución de la identidad del ser humano y un momento crucial del ciclo vital. Es una fase que ofrece grandes oportunidades de crecimiento y para obtener resultados positivos. Se caracteriza por diversos cambios y crisis cuyas resoluciones determinan en gran medida la calidad de la vida adulta. La adolescencia conlleva una alteración en la organización existente, en la cual los recursos habituales se tornan insuficientes o inadecuados para enfrentar las nuevas situaciones de mayor exigencia. El desarrollo se va logrando con la "superación de la crisis" y la adquisición de nuevos recursos.

En ese proceso los factores ambientales intervinientes son muy importantes. Las dificultades y complejidades de las diversas situaciones varían de acuerdo al sujeto y su circunstancia socio-cultural, y a las características psicológicas del individuo y de su familia. La superación de la crisis y la adquisición de nuevos recursos son problemas que el adolescente puede resolver en las situaciones cotidianas en estrecho contacto con el ambiente familiar y socio-cultural; sin embargo, a veces, el adolescente o la familia necesitan buscar alguna ayuda externa.

Los estudios sobre la adolescencia vienen ocupando un espacio más destacado en la clínica debido a su importancia y características particulares. Esta etapa incluye cambios tan significativos en la experiencia, identidad y estructura de la familia que ésta ve transformados sus parámetros básicos. A medida que se incrementa la experiencia de los jóvenes respecto a sus roles e identidad, ellos y sus familias experimentan sentimientos intensos y también importantes movimientos de cambio. La reorganización de las relaciones padres-hijos adolescentes sobre una nueva base se constituye en uno de los eventos significativos de ese período. La familia debe aprender a renegociar reglas de autoridad y empezar a aceptar una mayor individualidad (Rhodes, 1977). Una negociación satisfactoria provee una base fuerte para el logro de las mayores metas de la fase adolescente: formación de identidad, modelo de sexualidad, individuación y diferenciación.

Terkelsen (1980) define el presupuesto básico de la familia como la provisión de un contexto de apoyo para las realizaciones individuales que sus miembros necesitan lograr. Mientras las necesidades de sobrevivencia permanecen básicamente inmodificables, las necesidades de desarrollo del adolescente son claramente distintas de las del niño. A pesar de que los procesos de formación de la identidad y diferenciación ocurren a lo largo de toda la vida, éste es un momento de aceleración.

La terapia familiar sistémica considera a las familias como unidades con sus propias características de desarrollo. Esta visión condujo a la teoría de que las familias tienen su propio ciclo vital con transiciones previsibles e identificables (Carter y McGoldrick, 1988). Estos autores proponen que existen características de cada estadio que necesitan ser manejadas, y que la transición de un estadio al otro es siempre acompañada por una cierta dosis de "crisis" normal. El modo en que las familias realizan esas tareas y lidian con las "crisis" tendrá un efecto importante en el desarrollo individual.

La adolescencia es una etapa creativa, excitante y turbulenta del ciclo vital familiar. Las características del adolescente desafían la estabilidad del sistema familiar por presentar nuevas expectativas y demandas. Los patrones familiares pueden experimentar disturbios súbitos y abruptos en la medida en que los jóvenes rechazan y cuestionan valores, y desafían las normas mientras emprenden su individualización. Se mueven fuera de la casa para explorar el mundo externo y poner a prueba su independencia, pero todavía la necesidad de ser protegidos y educados es tan auténtica y fuerte como la necesidad de ser independientes. Ese constante conflicto dependencia-independencia confunde y desafía a los adolescentes y sus familias; ese período tumultuoso puede posibilitar la construcción de renegociaciones creativas de las relaciones intergeneracionales, pero también puede conducir al estrés y a conflictos prolongados y difíciles. Diversas variables y factores afectan la habilidad familiar para manejar esos acontecimientos, la flexibilidad y la creatividad para lidiar con esos temas son centrales.

Conflictos en familias con adolescentes

Como hemos visto, la adolescencia es una fase de importantes cambios y apertura de nuevas posibilidades. Los jóvenes y sus familias pueden manejar bien las demandas de este período, pueden tener dificultades pero no buscar ayuda, o pueden buscar alguna ayuda externa –por ejemplo en una consulta médica, participando en grupos de autoayuda o en actividades religiosas, o a través de los recursos que considera el presente estudio.

Smetana (1989) comenta que los conflictos en la adolescencia han sido estudiados, fundamentalmente, como efectos de los cambios biológicos en la pubertad. Critica que pocos fueron los estudios que relacionaron los cambios socio-cognitivos con los cambios en las relaciones familiares en este período. Basada en investigaciones conducidas en los Estados Unidos, la autora dice que para una porción significativa de adolescentes, la transición de la infancia a la adolescencia incluye conflictos menores pero persistentes entre padres y adolescentes, referidos a detalles de la vida cotidiana familiar que frecuentemente involucran temas ligados con ruptura de las reglas y falta de colaboración con los pedidos de los padres.

Otros estudios se focalizan en detectar cúales son los conflictos identificados por las familias con adolescentes, en tipos específicos de conflictos, o en programas desarrollados para intervenir en estos conflictos.

a) Conflictos identificados por las familias con adolescentes:

Lam, Rifkin y Townley (1989), desarrollaron una investigación en The Franklin-Hampshire Community Mental Health Center, en Northampton, Massachusetts. Identificaron conflictos motivados por: 1. ociosidad, convivencia y ausentismo escolar; 2. abuso físico; 3. abuso emocional; 4. negligencia; 5. incumplimento de horarios; 6. vida social del joven, 7. fugas del hogar; 8. problemas con drogas y alcohol del joven; 9. elección de amistades, novios o novias del joven; 10. tareas domésticas; 11. problemas con hermanos/as; 12. actitud irrespetuosa y/o irresponsable del joven; 13. problemas de conducta en la escuela; 14. bajo rendimiento escolar; 15. actitud de los padres (insultos, reprimendas, gritos); 16. punición-instrucción; 17. privacidad del joven; 18. falta de confianza; 19. discusiones y peleas; 20. comunicación; 21. dinero, mesada y pertenencias del joven; 22. uso de los recursos de la familia (teléfono, automóvil, etcétera); 23. problemas con drogas y alcohol de los padres.

Smetana (1989), a su vez, identificó los siguientes conflictos: 1. tareas escolares-rendimiento escolar; 2. tareas domésticas; 3. apariencia; 4. personalidad/estilo comportamental; 5. relaciones interpersonales; 6. elección-regulación de actividades; 7. vida social y amistades; 8. regulación de horarios; 9. salud e higiene personal; 10. finanzas.

b) Tipos específicos de conflictos:

Bijur, Kurzon, Hamelsky y Power (1991) estudiaron los conflictos entre padres y adolescentes relacionados con algún tipo de violencia física. Vissing, Straus, Gelles y Harrop (1991) investigaron casos de agresión verbal en familias con adolescentes. Evans y Warren (1988) se ocuparon de comportamientos agresivos de los adolescentes hacia sus padres en conflictos relacionados con responsabilidades en el hogar, dinero y privilegios. Gadlin y Ouellette (1986-87) trabajaron con conflictos referidos a la disciplina en el hogar, fugas y casos derivados por servicios para menores con necesidades de intervención externa.

c) Programas desarrollados para intervenir en estos conflictos:

El "PINS" (Programa de mediación de la sociedad de auxilio al menor necesitado de supervisión) de Nueva York, ofrece desde 1981 la mediación como una alternativa para padres y adolescentes en conflicto. Este proyecto atiende en la actualidad de 500 a 600 mediaciones anuales. Si bien los mediadores se ubican en las cortes familiares para aceptar casos con proceso judicial iniciado, su función principal es recibir los casos antes que sean formuladas las peticiones. En este programa el mediador sostiene hasta cuatro sesiones con las familias. Su función es facilitar la comunicación entre padres y adolescentes, identificar las áreas de interés común y ayudarlos para que puedan llegar a acuerdos escritos sobre comportamientos específicos en determinadas áreas problemáticas (Shaw, 1984).

Otro programa interesante, "The Children's Hearings Project of the Cambridge Family and Children's Service", es desarrollado en Massachusetts a partir de 1981. Inicialmente, este programa era ofrecido por las cortes como alternativa para casos de menores infractores y para casos relacionados con medidas de protección (riesgo de abuso y negligencia por parte de los padres). Gradualmente, el programa se amplió incluyendo también casos no provenientes de las cortes que involucran adolescentes de entre 12 y 18 años de edad. Actualmente reciben casos de otras reparticiones públicas, de escuelas y de profesionales de la salud que ven a la mediación como un recurso alternativo para ayudar a las familias.

La terapia familiar sistémica y la visión construccionista

La terapia familiar sistémica[1] es uno de los recursos que puede utilizar una familia con hijos adolescentes para resolver determinados conflictos que surgen durante ese período de su ciclo vital.

En sus orígenes la terapia familiar sistémica se interesó por la relación entre las formas de comunicación familiar y la manera en que la gente aprende a sentir y actuar en estas redes complejas de interacciones estables y recurrentes. Cuando los patrones de interacción cambian, las conductas de las personas también cambian. Este presupuesto cuestionó las teorías sobre el desarrollo y sobre los problemas en las que se basan numerosas escuelas de la psicología moderna. La diferencia entre la terapia familiar y las terapias individuales psicodinámicas –vigentes hasta la introducción de este enfoque– está vinculada con la noción de causa u origen de los problemas y la noción de patología. Las teorías psicodinámicas adscriben los problemas a influencias tempranas que interfieren en el desarrollo psíquico normal. Las personas interesadas en una posición comunicacional –para quienes esta perspectiva no es la más relevante–, en cambio, se focalizan en lo que acontece en el aquí y ahora. A pesar de esta diferencia, durante un período, tanto la orientación psicodinámica como la familiar comunicacional estuvieron focalizadas en la patología.

La terapia familiar sistémica introdujo un importante cambio en la manera de entender los conflictos, que pasan a ser comprendidos de una forma más compleja. Se abandonan los modelos determinísticos causales para comprender los proble-

---

1. Para esta sección fue consultada la siguiente bibliografía: Cecchin, 1994; Elkaïm, 1994; Foerster, 1973; Fried Schnitman, 1986, 1989, 1996-b; Hoffman, 1987, 1990; Mirkin y Koman, 1985; Pearce, 1994; Sluzki, 1987, 1994.

mas y se pasa a estudiarlos con modelos de causalidad circular o recíproca y en relación con sus múltiples niveles de determinación. La diversidad de influencias que el individuo recibe de sus contextos –desde el familiar hasta los sociales y culturales– adquiere relevancia en un proceso continuo de intercambio individuo-medio. La persona no es un ser aislado sino un miembro activo y reactivo de grupos sociales. El enfoque sistémico no sólo observa cómo se organizan las interacciones entre las personas y sus efectos recíprocos, sino también qué patrones de relación problemática y organización conforman el contexto de cada situación. Además de las relaciones, para un enfoque sistémico, son importantes las nociones de contexto y de transformación evolutiva. La noción de contexto es primaria y fundamental para toda comunicación; no hay mensaje, evento u objeto que tenga significado fuera de un contexto. Las personas son vistas, entonces, como partes constitutivas de un sistema de relaciones donde cada miembro influye y es influido por el otro en un juego recíproco, y las acciones son complementarias en el sentido de provocar y/o resistir los cambios que surgen en cada etapa del ciclo vital. Es necesario que el sistema familiar posea flexibilidad suficiente para reorganizarse frente a las distintas demandas y exigencias que surgen durante cada período.

El desarrollo de la terapia familiar ha producido un amplio espectro de perspectivas y orientaciones terapéuticas algunas mas focalizadas que otras (estratégica, estructural, de Milán, de Roma, focalizadas en el problema, constructivistas, etc.).

Hacia fines de los '80, las escuelas llamadas construccionistas sociales –dentro de las corrientes familiares comunicacionales– abandonaron la idea de patología para orientarse hacia el trabajo focalizado en la construcción de sistemas lingüísticos colaborativos y la reconstrucción simbólica, narrativa y autobiográfica; este giro sostiene la orientación sistémica inicial que propone que la meta de la terapia es incrementar el repertorio de opciones disponibles con que cuentan los miembros de la familia para resolver los conflictos y/o problemas que los llevan a la consulta. Este pasaje hacia una modalidad lingüística colaborativa, y hacia las transformaciones narrativas y dialógicas constituye un nuevo cambio radical. Sin abandonar su enfasis en la pragmática de la comunicación humana, esta perspectiva se orienta hacia el futuro y la construcción de oportunidades y posibilidades para la resolución colaborativa de los conflictos familiares. Dicha reorientación enfatiza la idea de sistemas sociales vivientes, autogeneradores de nuevas posibilidades, y alerta a los operadores-profesionales sobre la necesidad de estar conscientes de su propio efecto sobre los fenómenos que observan y sus propias agendas al interpretarlos. También enfatiza la naturaleza constructiva y social de las realidades y relaciones alejándose aun más de las perspectivas que atribuyen los problemas y conflictos a causas emocionales o distrés mental.

El terapeuta que trabaja desde esta óptica se siente responsable de apreciar la perspectiva de cada persona y de posibilitar el surgimiento de alternativas, a partir de las cuales el proceso de cambio puede tomar un nuevo rumbo. Esa perspectiva del proceso de cambio entiende a la familia como una unidad funcional singular, organizada de forma única e irreductible. Las nociones de psicoterapia y salud mental o enfermedad como estructuras vinculadas a una perspectiva cuasi médica, desde una perspectiva vinculada a la patología, en las que un experto desde una modalidad jerárquica actua sobre un sujeto, quedan atrás.

En la terapia construccionista, el terapeuta asume un nuevo espacio de participación en la construcción de la conversación. Abandona el sitial de autoridad y de distanciamiento para establecerse en un lugar donde es parte integrante de los procesos vivenciados y construidos en el sistema. Hace uso de sí mismo en consonancia con los objetivos de creación de nuevos sentidos y de surgimiento de alternativas para el cambio. El terapeuta es curioso y cuestionador, tiene interés por lo que pueda aparecer de innovador en el contexto de la terapia. Evita las "verdades últimas", y adopta como metas el surgimiento de nuevos sentidos y significados en las historias narradas y en las relaciones vivenciadas, y la generación de posibilidades de cambio.

El proceso terapéutico, entendido como la construcción de un contexto para recrear en colaboración, permite a los miembros de la familia el interrogarse, desafiar y desligarse de versiones de narraciones de vida saturadas de problemas, deficitarias, y trabajar en la generación y recuperación de alternativas experimentadas como liberadoras y transformadoras (Fried Schnitman y Fuks, 1994, pág. 382).

Agregan estos autores que, en este contexto, la co-participación hace posible la expansión de territorios afectivos, cognitivos y de acción, así como su puesta en acto.

Para el construccionismo social la vida humana es construida socialmente. El conocimiento es resultado de diversos procesos sociales que ocurren entre individuos de numerosas comunidades específicas con sus historias y culturas particulares. Cuando se piensa desde el construccionismo social se tienen en mente las relaciones humanas en sus múltiples contextos de existencia.

Kenneth Gergen (1996) relata que eligió el marco construccionista porque su modelo de comprensión de los conflictos enfatiza su carácter *evolutivo* y su *potencial transformador.*[2] Los conflictos no son concebidos como estáticos ni necesitan ser encarados de forma negativa, pueden ser transformados y ofrecen posibilidades de cambio y crecimiento personales.

Considerar a las familias como sistemas en evolución y con capacidad para transformaciones permite al terapeuta y al mediador centrarse en las diversas posibilidades de resolución de crisis y de conflictos a partir de la construcción conjunta de nuevos caminos.

La mediación familiar

La mediación familiar es otra alternativa que se presenta a las familias con adolescentes que buscan la resolución de determinados conflictos familiares.

---

2. "Considero que todas las formas de terapia tienen una base construccionista, es decir, se basan en la producción de sentido como medio de transformación. Claro que este presupuesto no es explícito en muchas formas tradicionales de terapia (por ejemplo, la analítica, la conductista, la cognitiva, etc.), pero en la medida en que logran alguna eficacia, a mi criterio deben basarse en la negociación de sentido. Al mismo tiempo, existen un número de diferentes y más recientes formas de terapia que son más explícitas en términos de su reconocimiento de los procesos construccionistas (por ejemplo, la terapia narrativa, la orientada en la resolución del problema, las breves y, de alguna manera, algunos de los aportes constructivistas)" (Gergen, 1996).

La mediación es un recurso alternativo de resolución de conflictos en el que las partes reflexionan y dialogan con el objetivo de generar alternativas posibles para la resolución de sus conflictos. Es un proceso voluntario y confidencial donde las partes asumen la responsabilidad por la construcción de las resoluciones; las personas son autoras de la solución de sus conflictos.

La mediación familiar tiene sus peculiaridades en la medida que deriva y sintetiza diversos contextos de práctica. Teoría, técnica y práctica fueron tomadas de la negociación y la mediación laboral, del derecho, de la psicología social y de las disciplinas psicológicas que sostienen la psicoterapia y el *counseling* (Kelly, 1983).

La literatura en el campo de la mediación apunta hacia una polarización de concepciones con relación a su potencial: por un lado, el camino hacia la transformación y, por otro, hacia la resolución de conflictos. El presente estudio adhiere a una visión compleja e integradora de la mediación que privilegia tanto su carácter transformador de las relaciones humanas, como su potencial facilitador en el establecimiento de acuerdos a través de la resolución de problemas específicos. Desde ese marco el mediador crea condiciones para la búsqueda de acuerdos, pero también para la "apropiación" responsable de conocimientos, acciones y soluciones. Diversos autores utilizan el término *empowerment* para dar cuenta de esta apropiación, como una dimensión de la transformación. La polarización entre "transformación" y "satisfacción" ha sido examinada por distintos autores (Bush y Folger, 1994; Kolb, 1994; Littlejohn, 1996).

Estamos convencidos de que el principal valor de la mediación radica en su potencial no sólo para hallar soluciones a los problemas de la gente sino también para mejorar a las personas en medio del conflicto. Una y otra vez hemos visto pequeños pero significativos cambios en las personas gracias a su participación en este proceso. Estos cambios se producen porque, a través de la mediación, las personas encuentran la manera de no sucumbir a las presiones más destructivas del conflicto: actuar desde la debilidad antes que desde la fuerza y reconocerse mutuamente antes que deshumanizarse (Bush y Folger,1994, pág. XV).
Opciones creativas, acuerdos o diferenciaciones, posibilidades de

ganar conjuntamente, construir colaborativamente, descubrir op-
ciones inesperadas o diferenciarse y acordar sobre aquellas áreas en
las que se puede y es necesario coordinar, aparecen como parte de
un nuevo espectro de posibles cursos de acción creativos, amplios
más allá del litigio (Fried Schnitman, 1996a, pág.5).

La mediación procura que las partes superen sus diferencias, ofreciéndoles la oportunidad de encontrar soluciones viables que contemplen los intereses de todos. El mediador –por
su carácter de tercero neutral– centraliza las discusiones y ayuda a dar forma al lenguaje utilizado, con el interés de llegar a
una resolución mutuamente aceptable; se concentra más allá de
los problemas relacionales, focaliza las cuestiones de contenido
específico y alienta a las personas a crear sus propias soluciones.
En síntesis, el proceso de la mediación facilita el diálogo y crea
un clima positivo para la solución de conflictos, pero la responsabilidad por esa solución está en manos de los protagonistas.
Las partes interesadas identifican las áreas de acuerdo y prue-
ban las opciones con la posibilidad de un desenlace.

La mediación es un proceso en el que las partes son alentadas a ver
y esclarecer, deliberar opciones reconociendo al mismo tiempo la
perspectiva del otro. En este proceso, un posible desenlace es un
acuerdo mutuamente aceptable (Domenici, 1996, cap.2 pág.1).

La mediación padres-adolescentes

La mediación padres-adolescentes es un proceso que estimula y alienta a los participantes para que se comuniquen entre
sí y consideren la situación desde el punto de vista del otro, in-
centivándolos en la autoría de la solución de su conflicto.

Los conflictos que llegan a la mediación padres-adolescentes tienden a ser identificados como provenientes del comportamiento adolescente problemático, aunque esto ha sido cues-
tionado por autores que probaron la relación entre conflictos
padres-adolescentes y funcionamiento familiar no funcional. De
manera general, podemos decir que los conflictos más serios
que involucran a un adolescente y su familia, son multi-facéti-

cos, complejos, con componentes emocionales y que llevan algún tiempo estableciéndose.

Como otros tipos de mediación familiar, la mediación padres-adolescentes es un proceso de resolución de conflictos que permite a los miembros de la familia definir sus temas, clarificar sus necesidades y comprender las necesidades de los otros miembros de la familia, generando alternativas y encontrando soluciones que contemplan las necesidades de todas las partes. Como todo proceso de mediación se caracteriza por el respeto a la participación igualitaria, la confidencialidad, la participación voluntaria y la intervención breve.

La mediación padres-adolescentes promueve negociaciones estructuradas sobre temas concretos de la vida familiar. Está basada en el presupuesto de que el cumplimiento de los acuerdos de la vida cotidiana incrementa la confianza entre padres e hijos y estimula la negociación de temas más amplios en el futuro. Su objetivo fundamental es ayudar a los miembros de la familia en la definición de los temas importantes en el conflicto y facilitar algún acuerdo común que apunte en dirección a crear cambios en el comportamiento futuro (VanSlyck, Newland y Stern, 1992). En el proceso en que las partes sugieren y mantienen compromisos unos con otros, se construye la confianza. Un acuerdo focalizado en una tarea simple puede producir profundas implicaciones para todas las relaciones, como también orientar a la familia en una dirección positiva (Shaw, 1985).

Otro objetivo adicional de la mediación padres-adolescentes es la posibilidad de que, como consecuencia del proceso, ocurra un cambio positivo en la dinámica de las interacciones familiares (Stern, VanSlyck y Newland, 1992). Un componente subordinado a este objetivo es que los miembros de la familia aprendan técnicas positivas de resolución de conflictos, incrementando su habilidad para resolver futuros conflictos (Merry, 1987; Merry y Rocheleau, 1981).

Este recurso ayuda a los miembros de la familia a resolver sus conflictos por medio de un acuerdo referido a cambios específicos y sustantivos que dan lugar a la resolución de los problemas en cuestión. El proceso ayuda a las partes a actuar frente al otro de forma de mejorar el funcionamiento del sistema familiar.

Reflexiones sobre mediación familiar y terapia familiar

Uno de los interrogantes que hacen al empleo de la terapia y de la mediación es si existe o no una frontera neta entre estos procesos. El profesional que trabaja con ambos recursos puede utilizar algunos aportes de la mediación durante un proceso terapéutico, como también algunos de la terapia durante una mediación. La mediación ubica en primer plano el proceso de interacción entre las partes y la resolución respecto del conflicto, en tanto la terapia tiene un carácter más abarcador porque no trabaja tan focalizada en la resolución del conflicto. Los procesos son distintos pero los aportes y las técnicas de ambos procesos pueden, a veces, ser utilizados complementariamente como herramientas importantes. El carácter organizador del conflicto en la mediación, por ejemplo, puede ser útil en una terapia, así como el restablecimiento de un diálogo respetuoso puede ser "terapéutico" durante un proceso de mediación. Sin embargo, el profesional deberá ser en todo momento respetuoso en relación con el carácter del proceso pautado con sus consultantes y sostener una participación terapéutica o mediadora, según lo elegido por ellos.

Podemos examinar algunas facetas de la mediación transformativa para compararla y diferenciarla de la terapia. Estos aspectos incluyen las metas, la naturaleza del proceso, el papel del mediador y el lugar de expresión de las emociones en el proceso de mediación.

Metas de la mediación familiar. La meta explícita de la mediación es definida generalmente por la negociación de determinados temas identificados por la familia y el mediador como temas pertinentes al conflicto en cuestión.

Generalmente los conflictos que llevan a una familia a la mediación son diferentes de los que la llevan a la terapia. Finalizar una terapia iniciada por un conflicto particular es distinto de resolver un conflicto a través de la mediación. Las familias que eligen la terapia, por lo común, no quieren primariamente asistencia en negociaciones sobre un conflicto focalizado sino cambios en sus relaciones.

Mientras las metas primarias de la mediación y la terapia son diferentes, las metas secundarias de un proceso generalmente son similares a las metas primarias del otro. Por ejemplo, si una familia acude a un terapeuta debido a conflictos entre los padres y el hijo con respecto a horarios, responsabilidades domésticas y mensualidad, el terapeuta no enfatizará la resolución de estos conflictos como primer objetivo, a pesar que el fin de las disputas pueda ser visto como el producto de un tratamiento terapéutico exitoso. Del mismo modo, si la misma familia solicita un mediador, éste no tendrá como primer objetivo el cambio en la calidad de las interacciones o la mejora de la comunicación familiar, a pesar de que muchos mediadores familiares considerarían tal resultado como un producto de la mediación.

Si bien en la mediación transformativa el acuerdo no es la principal meta, generalmente una mediación exitosa tiene como cierre un "producto" específico, que es un acuerdo escrito construido por las partes. La terapia no tiene como cierre un acuerdo escrito sino que los miembros, conjuntamente con el terapeuta, deciden su término considerando qué cambios esperados fueron logrados.

Debemos reconocer que los resultados de una mediación exitosa pueden ser similares a los esperados en una terapia. El proceso de la mediación suele ser terapéutico en la medida que conduce a evidentes reducciones de la ansiedad, el dolor y el enojo que pueden generarse en situaciones de conflicto. De manera similar el mediador puede notar mayor comprensión y confianza, mejoría en la comunicación y en las actitudes colaborativas entre las personas. Algunos autores difieren acerca de las metas secundarias de la mediación, que serían la re-estructuración de la relación padres-hijos y la creación de un modelo de comunicación y resolución de conflictos que pueda servir en el futuro. Un mediador con estos objetivos debe ser cauteloso para no prolongar y descaracterizar el proceso de mediación, que es más corto y con objetivos más delimitados.

El proceso. La mediación es un proceso con temas, metas y tiempo limitados. Se focaliza en el presente y el futuro, pero no en el pasado como algunas terapias.

En mediación los temas son más "objetivos" y se trabajan de forma más acotada. En algunos casos, la mediación debe lidiar con aspectos legales que pueden influir en el proceso de toma de decisiones. Generalmente, la terapia aborda temas de carácter más "subjetivo", relacionales, y los trabaja de forma más amplia.

En mediación las respuestas emocionales son tratadas de manera limitada para que el proceso pueda seguir. En terapia, en cambio, estos temas son ampliados y explorados. Aunque el impacto de la mediación pueda incluir un cambio psicológico o relacional, el proceso no es una exploración o profundización de los temas y reacciones emocionales.

El comienzo de los procesos de mediación y terapia también es distinto. La mayoría de los mediadores realizan una sesión inicial de contrato en la que propician la verbalización de las expectativas de todos los involucrados –el mediador y las partes. El mediador informa la naturaleza del proceso, habla de los resultados esperables, de la confidencialidad y de la posibilidad de consultar algún otro profesional, si fuera necesario. La responsabilidad por la toma de decisiones y el nivel de participación de las partes son discutidos, el concepto de imparcialidad es introducido. Si las partes se deciden por la mediación, en ese momento pueden firmar un acuerdo para mediar que incluye los puntos mencionados anteriormente.

La terapia, en cambio, comienza explorando los motivos de búsqueda de este proceso. El terapeuta realiza algunas entrevistas diagnósticas de evaluación y especificación del problema con su/s cliente/s y para conversar acerca de cómo se desarrollará el proceso. En mediación, una vez que las partes aceptan mediar, el mediador facilita la identificación y clarificación de los temas, la comunicación, el desarrollo de datos y la toma de decisiones.

El papel del mediador. El papel del mediador es activo. Construye, junto con las partes, las informaciones necesarias; clarifica, redefine y organiza los datos, facilita una comunicación colaborativa; durante las sesiones promueve aperturas para poder continuar con las negociaciones; maneja el conflicto;

recomienda, si es necesario, que las partes busquen información o asesoramiento de algún experto; ayuda a las partes en el desarrollo de propuestas, a reflexionar sobre la importancia de sus decisiones y en la redacción del acuerdo, cuando es logrado. Durante el desarrollo del proceso, el mediador permanece focalizado en los temas que las partes acordaron tratar recordándoles los propósitos, procedimientos y alcances de la mediación. El mediador no decide, pero facilita el proceso de toma de decisiones de las partes. La relación del mediador con las partes es imparcial y balanceada, trabaja activamente durante el proceso con el objetivo de estimular una transformación en las relaciones y generar la posibilidad de construcción de un acuerdo.

A diferencia del terapeuta, el mediador no asume responsabilidad respecto a la mejoría de la salud mental de los clientes. El cliente tampoco llega a la mediación con ese propósito, a pesar de que pueda mirar a la mediación como un proceso menos estresante y psicológicamente más beneficioso que los procedimientos adversariales. El papel del mediador es ayudar a las personas a resolver sus conflictos, posiblemente llegando a un acuerdo satisfactorio para ambas partes.

El lugar de expresión de las emociones. Si bien los sentimientos y emociones que tienen lugar en la mediación son identificados, aclarados y considerados, no constituyen un foco mayor en este tipo de proceso. Algunos mediadores suelen alertar a las partes sobre la posibilidad del surgimiento de sentimientos fuertes durante el proceso. Algunos clientes manifiestan estas emociones pero otros no desean exponerse demasiado. El mediador trabajará de manera cautelosa con estas diferencias para que el proceso no cambie su objetivo. El hecho de que la familia haya elegido la mediación en lugar de la terapia puede servir de parámetro respecto a su disponibilidad para profundizar estos temas. Un mediador puede decidir no identificar algun sentimiento cuando considere que no es de utilidad en el proceso, mientras que el mismo sentimiento manifestado en terapia podría ser trabajado. El mediador no explora en profundidad las manifestaciones emocionales, pero sí las identifica y maneja a fin de promover la continuidad del proceso.

Comentarios finales

Creo que la terapia familiar y la mediación padres-adolescentes brindan importantes contribuciones a la resolución de los conflictos en familias con hijos adolescentes, y que ambos procesos pueden ser utilizados como recursos alternativos en la resolución de estos conflictos.

Los cambios de nuestro mundo posindustrial, con sus riesgos implícitos, guían nuestra atención hacia la necesidad de desarrollar prácticas adecuadas y efectivas para el manejo y resolución de conflictos con la consecuente disminución de agresiones y violencias. Ambas prácticas favorecen contextos donde pueden ser incrementadas o generadas opciones y habilidades alternativas de resolución de conflictos de maneras no adversariales. Ambos procesos –terapia y mediación– ofrecen oportunidades de transformación que estimulan la comunicación, la comprensión, el reconocimiento, el *empowerment* y la construcción de nuevas posibilidades para la resolución de conflictos. Existen resultados comunes a los dos procesos, aunque la tensión rodea las distinciones entre mediación y terapia familiar en el trabajo con jóvenes y sus familias, con relación al nivel de atención dedicado a los temas emocionales y a las dinámicas familiares, o a la obtención de acuerdos en temas inmediatos y específicos, con o sin cambio psicológico en las relaciones. Entre los elementos comunes a ambas aproximaciones podemos citar los siguientes: mejoramiento de la comunicación y de las destrezas para la resolución de conflictos; reconocimiento del punto de vista del otro; estimulación de un balance del "poder" entre los miembros de la familia; incremento de la autoestima; incentivo de las expectativas reales y posibles; y establecimiento de la independencia y la autonomía apropiadas para cada miembro. Adhiero a una visión integradora, donde tanto la terapia como la mediación padres-adolescentes son recursos que viabilizan el surgimiento de nuevos caminos y posibilidades para la transformación y la resolución de los conflictos.

Trabajando desde ambas funciones –terapeuta o mediador– podemos identificar numerosas similitudes entre las técnicas que utilizamos como terapeutas y como mediadores. La po-

	MEDIACIÓN	TERAPIA
Metas primarias	• Resolución del conflicto y/o cambio en las relaciones • Negociación de temas específicos • Posibilidades de acuerdo	• cambio personal y relacional • temas trabajados son menos focalizados
Proceso tiempo inicio participación	• Limitado / breve • Acuerdo para mediar • todas las partes involucradas en el conflicto (adolescentes y miembros de la familia)	• no limitado • sesiones de evaluación • puede iniciarse con parte de los miembros de la familia
orientación en el tiempo naturaleza temas	• presente / futuro • social / semilegal • más "objetivos"	• pasado / presente / futuro • psicología social • más "subjetivos"
Papel del tercero	• conducta más activa en metas primarias	• co-construcción del proceso
Expresión emocional	• reconocida y señalada	• explorada, ampliada y trabajada

sibilidad de adaptación de algunas de las técnicas y conceptos de la terapia familiar a la mediación puede incrementar y mejorar su práctica sin violar sus metas, y viceversa. A pesar de considerar esta viabilidad, creo que debemos ser muy cautelosos y leales en la elección y práctica de ambos recursos. Los procesos son distintos y tienen sus características propias: debemos ser prudentes para no descaracterizarlos y abandonar nuestros objetivos primarios.

En cuanto a la decisión entre un proceso y otro, pienso que podemos elegir la mediación cuando tenemos "urgencia" en resolver determinado conflicto y claridad sobre los temas específicos que deben ser negociados. Cuando optamos por una terapia, buscamos un proceso más flexible, con más tiempo para la elaboración de necesidades y cambios deseados, mayor disponibilidad para trabajar con las emociones y con posibilidad de estimular cambios personales y/o relacionales.

Estos indicadores pueden servir de base tanto en el caso de un mediador terapeuta, como de un mediador no terapeuta, o de un terapeuta no mediador.

En el caso de un mediador no terapeuta puede indicar una terapia cuando –antes o durante el proceso de mediación– percibe la necesidad de un cambio en las relaciones entre los miembros de la familia. Por ejemplo, cuando un conflicto de larga data genera aún fuertes sentimientos y respuestas agresivas. Otra situación en que cabe indicar terapia sería la que se presenta durante un proceso de mediación, cuando una de las partes muestra dificultades para defender sus intereses y necesidades.

Un terapeuta no mediador puede indicar, antes o durante la terapia, una mediación que ayude en la negociación de temas más 'objetivos' y urgentes, vinculados con el conflicto específico.

Finalmente, otro factor determinante en la elección son las contraindicaciones al proceso de mediación. Irving y Benjamin (1995) apuntan los siguientes: estrés intenso, rigidez respecto a expectativas y planes acompañada de un limitado repertorio de respuestas, intenso enojo, involucramiento de personas externas a la familia con influencia negativa, violencia familiar y disfunciones afectivas o cognitivas.

Referencias bibliográficas

Bijur, P.E.; Kurzon, M.; Hamelsky, V. y Power, C. (1991), "Parent-Adolescent Conflict and Adolescent Injuries". *Journal of Developmental and Behavioral Pediatrics, 12* (2), 92-97.

Bush, R.A. y Folger, J.P. (1994), *The Promise of Mediation: Responding to Conflict Through Empowerment and Recognition* (*La promesa de la mediación*, Ed. Granica, Buenos Aires, 1996). San Francisco: Jossey-Bass.

Carter, B. y McGoldrick, M. (Eds.) (1988), *The Changing Family Life Cycle. A Framework for Family Therapy*. Nueva York-Londres: Gardner Press.

Cecchin, G. (1994), "Construccionismo social e irreverencia terapéutica". En:

D. Fried Schnitman (Comp.). *Nuevos paradigmas, cultura y subjetividad.* Buenos Aires: Paidós, págs. 336-346.

Domenici, K. (1996), Material del Curso de Formación Básica y Entrenamiento en Mediación, promovido por la Fundación Interfas, marzo. (Traducción al castellano del libro de la autora: *Mediation, Empowerment in Conflict Management.* Prospect Heights, IL: Waveland.)

Donohue, W.A. y Kolt, R. (1992), *Managing Interpersonal Conflict.* Newbury Park: Sage.

Elkaïm, M. (1994), "En los límites del enfoque sistémico en psicoterapia". En: D. Fried Schnitman (Comp.). *Nuevos paradigmas, cultura y subjetividad.* Buenos Aires: Paidós, págs. 313-324.

Evans, E.D. y Warren S.L. (1988), "A Pattern Analysis of Adolescent Abusive Behavior toward Parents. *Journal of Adolescent Research, 3* (2), 201-216.

Foerster, H. von. (1973), "On Constructing a Reality. En: F.E. Preiser (Comp.). *Environmental Design Research, Vol. 2.* Strondberg: Dowdin Hutchinston and Ross.

Folger, J. y Jones, T. (1994), *New Directions in Mediation, Communication Research Perspectives.* California: Sage.

Fried Schnitman, D. (1986), "Constructivismo, evolución familiar y proceso terapéutico". *Sistemas Familiares, 2* (1), 9-13.

Fried Schnitman, D. (1989), "Paradigma y crisis familiar". *Psicoterapia y Familia, 2* (2), 16-24.

Fried Schnitman, D. (1996a), Material del Curso de Formación Básica y Entrenamiento en Mediación, promovido por la Fundación Interfas, marzo.

Fried Schnitman, D. (1996b), Conversación personal.

Fried Schnitman, D. y Fuks, S. (1994), "Metáforas del cambio: terapia y proceso". En: D. Fried Schnitman (Comp.) *Nuevos paradigmas, cultura y subjetividad.* Buenos Aires: Paidós, págs. 377-391.

Gadlin, H. y Ouellette, P.A. (1986-87), "Mediation Milanes: An Application of Systemic Family Therapy to Family Mediation". *Mediation Quarterly,* (14-15), 101-118.

Gergen, K. (1996), Comunicación personal.

Hocker, J. y Wilmot, W. (1991), *Interpersonal Conflict.* Dubuque, IA: W.C. Brown. 3ª edición.

Hoffman, L. (1987), *Fundamentos de la terapia familiar.* México: Fondo de Cultura Económica.

Hoffman, L. (1990), "Una posición constructivista para la terapia familiar". *Sistemas Familiares,* diciembre, págs. 29-43.

Irving, H.H. y Benjamin, M. (1995), *Family Mediation, Contemporary Issues.* California: Sage.

Kelly, J.B. (1983), "Mediation and Psychotherapy: Distinguishing the Differences". *Mediation Quarterly,* (1), 33-44. (Número especial sobre "Dimensions and Practice of Divorce Mediation", compilado por J.A. Lemmon.)

Kolb, D.M. y asociados (1994), *When Talk Works: Profiles of Mediators.* San Francisco: Jossey-Bass.

Lam, J.A.; Rifkin, J. y Townley, A. (1989), "Reframing Conflict: Implications for Fairness in Parent-Adolescent Mediation". *Mediation Quarterly*, 7 (1). 15-31.

Littlejohn, S.W. (1996), Material del Curso de Formación Básica y Entrenamiento en Mediación, promovido por la Fundación Interfas, marzo.

Merry, S. y Rocheleau, A.M. (1981), *Mediation in Families: A Study of the Children's Hearings Project*. Cambridge, Mass.: Cambridge Family and Children's Services.

Merry, S. (1987), "The Culture and Practice of Mediation in Parent-Child Conflicts". *Negotiation Journal, 3,* 411-422.

Mirkin, M.P.y Koman, S.L. (1985), *Adolescents and Family Therapy*. Nueva York: Gardner Press, Inc.

Pearce, W.B. (1994), "Nuevos modelos y metáforas comunicacionales: el pasaje de la teoría a la praxis, del objetivismo al construccionismo social, y de la representación a la reflexividad". En: D. Fried Schnitman (Comp.). *Nuevos paradigmas, cultura y subjetividad*. Buenos Aires: Paidós, págs. 265-283.

Rhodes, S.L. (1977), "A Developmental Approach to the Life Cycle of the Family". *Social Casework, 58,* 301-311.

Shaw, M.L. (1984), "Parent-Child Mediation: An Alternative that Works". *The Arbitration Journal, 39* (2), 25-29.

Shaw, M.K. (1985), "Parent-Child Mediation: A Challenge and a Promise". *Mediation Quarterly,* (7), 23-33.

Sluzki, C.E. (1987), "Cibernética y terapia familiar. Un mapa mínimo". *Sistemas Familiares, 3* (2), 65-69.

Sluzki, C.E. (1994), Participación en el diálogo sobre: "En los límites del enfoque sistémico en psicoterapia". En: D. Fried Schnitman (Comp.). *Nuevos paradigmas, cultura y subjetividad*. Buenos Aires: Paidós, 325-331.

Smetana, J.G. (1989), "Adolescents' and Parents' Reasoning about Actual Family Conflict". *Child Development,* Society for Research in Child Development, *60,* 1052-1067.

Stern, M.; Van Slyck, M.R. y Newland, L.M. (1992), "Adolescent Development and Family Dynamics: Delineating a Knowledge Base for Family Mediation. *Mediation Quarterly, 9* (4), 307-322.

Terkelsen, J.G. (1980), "Toward a Theory of the Family Life Cycle". En: E.A. Carter y M. McGoldrick (Comps.). *The Family Life Cycle: A Framework for Family Therapy*. Nueva York: Gardner Press.

VanSlyck, M.R.; Newland, L.M.y Stern, M. (1992), "Parent-Child Mediation: Integrating Theory, Research, and Practice". *Mediation Quarterly, 10* (2), 75-88.

Vissing, Y.M.; Straus, M.A.; Gelles, R.J. y Harrop, J.W. (1991), "Verbal Aggression by Parents and Psychosocial Problems of Children". *Child Abuse and Neglect, 15* (3), 223-238.

CAPÍTULO 5

ELENA INÉS HIGHTON y GLADYS STELLA ÁLVAREZ

LA MEDIACIÓN EN LA ESCENA JUDICIAL: SUS LÍMITES. LA TENTACIÓN DE EJERCER EL PODER Y EL PODER DEL MEDIADOR SEGÚN SU PROFESIÓN DE ORIGEN

1. Introducción

El concepto de justicia según nuevos paradigmas
y la resolución alternativa de disputas[1]

Si bien no puede desconocerse que el libre e irrestricto acceso a la jurisdicción constituye un postulado ideal, tal completo acceso se encuentra condicionado por la realidad práctica y por la existencia de obstáculos diversos que lo restringen. En el mundo real existen vallas económicas, como el coste del servicio y la excesiva duración de los procesos, y vallas culturales, como el desconocimiento de los derechos por parte de los ciudadanos, la falta de confianza en los resortes de la justicia y sus operadores, y la complejidad de los procedimientos judiciales (Banco Mundial, 1994).

Por ello, cuando pensamos en la resolución alternativa de disputas, lo hacemos bajo una idea de justicia más amplia que la tradicional, que excede la noción de jurisdicción y de Poder Judicial. La Resolución Alternativa de Disputas (RAD) no sólo tie-

---

1. Para mayor desarrollo del tema, ver Alvarez, Highton y Jassan,1996.

ne que ver con la descongestión de causas del sistema, sino también con el grado de insatisfacción que los integrantes de la sociedad han manifestado al sentir que no tienen acceso a una solución justa de sus conflictos.

Decimos así pues, una cosa es "acceso a la Justicia", entendida como posibilidad concreta de ingreso del problema al sistema judicial, y otra es "acceso a justicia" entendida como solución justa al problema (Davis, 1993). Este punto merece una reflexión que está conectada con el concepto de "justicia", la que puede lograrse de modos que no se circunscriben a la decisión judicial y que exceden de lo que puede dar el sistema judicial, tal cual se lo conoce ahora.

Si bien el interrogante ¿qué es la Justicia? es uno de ésos para los cuales jamás se puede encontrar una respuesta definitiva, podemos preguntarnos sobre a qué alude la gente cuando afirma "aquí no hay justicia". Y llegamos a la conclusión de que la referencia no es al sistema judicial, o por lo menos no sólo al sistema judicial, sino a muchas circunstancias tales como inseguridad jurídica, lentitud, corrupción ... (Kelsen, 1981, págs. 7-8).

Con el tiempo, es probable que los jueces se vean cada vez menos involucrados en los juicios. Aunque ello no ocurrirá de la noche a la mañana, puede pronosticarse que la sociedad se encamina hacia nuevos modos de administrar justicia, y que el papel del juez, de a poco, irá cambiando en sentido positivo, incluyendo nuevos desarrollos (Hornby, 1994; Sander, 1994; Stienstra y Willging, 1995). A efectos de no dejar vacía la democracia y saciar la necesidad de justicia y seguridad jurídica, es necesaria una reforma comprensiva de normas, procesos e instituciones, por lo que deberán implementarse políticas de transformación en todos los niveles y áreas de la organización social. El desafío que se plantea en la actual situación del sector Justicia de los países de Latinoamérica impone inevitablemente tres exigencias. Debemos ser (Hernández Valiente, 1993; Shihata, 1993, 1994):

- **sinceros**:
Porque sabemos que los problemas no se resuelven ocultándolos, embelleciéndolos con palabras sonoras o describién-

dolos con eufemismos. Es por eso que la aproximación al tema debe hacerse con el adecuado espíritu de crítica.

- **creativos**:

Para saber descubrir, precisamente, cuáles son y dónde están las oportunidades de solución que se nos ofrecen. No pocas veces padecemos más a causa de nuestra propia falta de imaginación que a causa de la falta de recursos.

- **valientes**:

Pues las circunstancias históricas nos lo exigen. Aunque son muchos quienes reclaman un cambio en la justicia, no todos están dispuestos a renunciar a las estructuras que durante siglos los han amparado y a las que están acostumbrados. Por ello, es ésta una oportunidad exigente y debemos demostrar que estamos a la altura del desafío, actuando con la audacia que sólo da la certeza intelectual aunada a la voluntad política.

Existen interrogantes fundamentales: la necesidad de incorporación de la RAD, ¿refleja el fracaso de los tribunales en cuanto a resolver su propio problema de proveer justicia? ¿Es la RAD en sí misma una solución apropiada a estos problemas? ¿Es quizás una forma superior de lograr resultados que no sólo son más baratos y más rápidos, sino también más satisfactorios? La respuesta a estos interrogantes puede variar según la perspectiva de quien haga la pregunta, pues no es lo mismo que quien responda sea un juez recargado o un litigante en búsqueda de solución a su problema, a través de un método apropiado a su caso. Sin ánimo de disminuir la importancia de los tribunales sino todo lo contrario, con la intención de realzar su valor y tarea, es menester reconocer que hay intereses sociales e individuales que no se pueden llenar salvo con métodos de RAD, pues la sentencia tradicional no tiene forma de satisfacerlos (Brazil, 1994; Schwarzer, 1994).

La mediación ingresa así dentro de un grupo de técnicas de Resolución Alternativa de Disputas, que permiten resolver un conflicto sin recurrir a la fuerza y sin que lo resuelva un juez. El movimiento RAD tiende a la institucionalización de esta variedad de mecanismos conducentes a la resolución de los conflictos, por otras vías que no son la tradicional decisión judicial.

Es preciso encarar la RAD como una nueva política necesaria en la administración de justicia. Por ello, es que la incorporación de estos mecanismos para resolver conflictos sociales es una de las funciones que el Estado moderno debe cumplir en nuestros días. La tolerancia, la solución negociada y la búsqueda del consenso son parte importante de la nacionalidad republicana. Por ello, son bienvenidas las nuevas formas de fortalecer la capacidad de diálogo y la solución civilizada de los conflictos, sin necesidad de seguir recargando los sistemas judiciales, especialmente cuando es frustrante esperar, muchas veces interminables años, para obtener la ansiada resolución del problema. La mayor participación de todos dará confianza a los ciudadanos en la solución de sus diferencias.

Al tornarse insoslayable definir los objetivos públicos en materia de justicia, se visualizan dos posiciones. Por un lado, el objetivo a alcanzar puede ser definido como el de brindar la posibilidad, a los sujetos de derecho, de acceder a la tutela judicial y, por otro lado, ese mismo objetivo puede ser definido como la posibilidad de acceder con el menor coste posible a un procedimiento efectivo –no necesariamente judicial– de tutela de los propios derechos. La diferencia entre ambas formas se aprecia fácilmente al advertir que la primera definición conduce, como objetivo de política pública, a la creación de más tribunales o a la mejora de su eficiencia, mientras tanto, la segunda definición puede conducir a diversificar las formas de resolución, alentando los mecanismos alternativos y a desjudicializar el sistema de administración de justicia en su conjunto (Peña González, 1994). Ojalá podamos dejar como legado un sistema más abierto y al alcance de todos, menos oneroso y completamente transparente: un sistema formado por un abanico de posibilidades al alcance de quien demanda justicia. La justicia es un servicio cuya cumplimentación excede de la sentencia y que puede y debe ofrecerse con más amplitud desde dentro del sistema (Brazil, 1994; Schwarzer, 1994).

Estamos convencidas de que, a raíz de los nuevos vientos que corren, debe descartarse como única solución el aumento de tribunales –o sea, de las vías estrictamente jurisdiccionales– y ello no sólo porque se trata de un camino que supone una pérdida de bienestar –medido este último como una relación coste/oportunidad–, sino, además, porque la demanda por justicia es esencialmente elástica, motivo por el que el aumento de tribunales provoca, en el corto plazo, nuevo ingreso de casos y nueva dilación. La cantidad de conflictos es potencialmente ilimitada –sobre todo en procesos sociales que tienden a relativizar las formas de control social extraestatal y a debilitar los grupos de pertenencia–, por lo que la oferta homogénea de solución por vía del sistema tradicional de resolución de conflictos a través de la sentencia no logra nunca satisfacerla. Por lo mismo, desde el punto de vista público, debe hacerse más heterogénea la oferta de protección y estimularse instituciones que disminuyan la litigiosidad social y no la exacerben. En otros términos, hay que evitar la sinonimia entre conflicto y litigio, como definición de política pública, pues ha quedado demostrado que el postulado tradicional según el cual cada agravio merece una intervención jurisdiccional, o sea que, para cada conflicto el Estado debe asegurar la posibilidad de un litigio, no satisface los criterios de bienestar ni individual ni social, ni tampoco los objetivos de una administración de justicia en un Estado democrático y moderno.[2]

Entre las razones para oponernos a la mera creación de nuevos juzgados, merece destacarse que el gasto en justicia posee un carácter regresivo. La administración de justicia no constituye, desde el punto de vista económico, un bien público que carezca de rivalidad para su consumo o no presente posibilidad de exclusiones; no es de aquellos bienes en los que el coste marginal inducido por un consumidor adicional es nulo. Al contrario, por cada sujeto que litiga hay uno o más de uno que quedó excluido de la posibilidad de hacerlo, y cada nueva demanda introduce nuevos costes marginales. Todo esto plantea el problema de corregir la función regresiva que, en punto a la distribu-

---

2. Peña González (1994) se refiere a las hipótesis, resultados provisionales y líneas de trabajo del proyecto a su cargo denominado "Equivalentes funcionales de la jurisdicción" en el que se propuso indagar acerca de la introducción de sistemas alternativos en Chile.

ción del gasto público, suelen provocar los sistemas de administración de justicia. Íntimamente vinculado con lo anterior, se hace necesario diseñar una cierta política de acceso. Sin una política de acceso, el sistema de administración de justicia simplemente reproduce las formas discriminatorias de la estratificación social, permitiendo que los más ricos excluyan a los más pobres. Una política de acceso a la justicia, entendida como acceso a la tutela eficiente y no necesariamente jurisdiccional, debe ser capaz de encarar todos los aspectos, y también de atender las externalidades que produce el aumento de información y obtener mayor confianza en el sistema.[3]

La introducción de RAD no implica dejar de lado los esfuerzos por mejorar el sistema judicial, ni pretende reemplazar a la necesaria reforma y modernización de la administración de justicia, sino que se inscribe en ella. Si uno de los logros de la democracia es la obtención de un proceso justo para todos, cualquiera sea su extracción, debe visualizarse la participación de individuos privados como terceros neutrales dentro del contexto del mejoramiento de tal sistema, y no como un abandono de dichas políticas. Debemos asegurarnos de que no se disuelvan los valores del sistema democrático, que haya un acceso igualitario a justicia (según este nuevo paradigma), que el sistema público de los tribunales no interfiera en los controles del mercado sobre la calidad de los neutrales a través de una derivación dirigida a personas en particular, y que los prestadores particulares rindan suficientes cuentas al público cuando se les otorga la responsabilidad de la resolución de disputas. Por cierto que las dificultades e imperfecciones del sistema de justicia deben abordarse directamente y no pueden obviarse por la mera transferencia de los casos a sectores privados (Paplinger y Shaw, 1993).

En el debate sobre si los valores que guían al sistema públi-

---

3. Peña González (1994) aclara que al analizar la composición del litigio es usual observar grados importantes de homogeneidad que evidencian importantes exclusiones: en Chile, por ejemplo, las fuentes primarias muestran que más del 75% de los litigios en los últimos veinte años equivalen a causas vinculadas al sistema crediticio, lo cual significa que los excluidos subsidian la litigación de las empresas vinculadas al crédito, o lo que es lo mismo, que el gasto público en justicia se distribuye, aunque no deliberadamente, en términos discriminatorios.

co de justicia permiten incluir la oferta de RAD, está ínsito el valor que se asigne al sistema adversarial y la apreciación del mérito que debe darse a lo que los litigantes realmente quieren. Las opciones para resolver los conflictos privadamente crecen día a día, y es conveniente que los tribunales alienten a los ciudadanos a utilizarlas antes de iniciar un juicio. Pero, es relevante que los tribunales también establezcan sistemas alternativos de resolución de disputas ubicados con relación a y monitoreadas con control judicial; y ello es así por tres razones (Stienstra y Willging, 1995):

- **igual acceso**

La función de los tribunales de justicia es la de ayudar a los ciudadanos a resolver sus disputas. Y para proveer este servicio deben ofrecer acceso al procedimiento que sea apropiado al caso, cualquiera que éste sea. Si existe un método más adecuado que la decisión judicial, sería escandaloso que la institución pública le dijera al ciudadano que debe volverse al mercado privado para obtener la asistencia que necesita.

- **procedimiento justo**

Los tribunales de justicia tienen un deber y una responsabilidad de garantizar un procedimiento justo y un resultado justo. Hasta que se inicie el expediente, la cuestión corre por cuenta de las partes; una vez que la causa está iniciada, el asunto es de resorte público.

- **mantenimiento de un amplio sistema público de justicia**

Los tribunales deben llevar a cabo su papel de proveedores de RAD como instituciones públicas, con el cometido de resolver las disputas de los ciudadanos y declarar y aplicar el derecho; y el cerrar la puerta de los tribunales cuando se necesita RAD por ser adecuada al caso sería subestimar la función que tiene el sistema judicial.

¿Cómo se resuelven los conflictos si no se instaura la RAD? Es decir, ¿cuál es la alternativa a la RAD? La verdadera alternativa es la decisión judicial, para quienes pueden ir a juicio; y para los demás, es la de los letrados disponiendo de su problema sin la presencia de las partes; o, simplemente, resignarse a mantener el conflicto sin poder resolverlo, por lo menos de manera civilizada. Pues los conflictos se manejan, pero puede ser por la fuerza física, por la evasión, quedándose con la frustración por la desavenencia continuada, etcétera. Si bien para los abogados el término "sistemas alternativos" posee un sentido estrecho que alude, básicamente, al arbitraje, la mediación y la conciliación, ello no ocurre desde el punto de vista del análisis social. Desde este punto de vista, todos los conflictos acaban por resolverse –sea mediante la violencia, el abandono de la relación social o la sumisión autoritaria– de manera que, en los hechos, la sociedad ya presenta una gama de alternativas; y lo que interesa, en consecuencia, no es introducir formas alternativas, sino promover sistemas alternativos adecuados a los ideales de moralidad política y social (Brazil, 1994; Peña González, 1994).

Es por ello que existen claras responsabilidades frente al justiciable, pues no es válido ofrecer cosas diversas bajo un mismo rótulo, con el riesgo de engañarlo como consumidor en busca de justicia. Y, si bien las responsabilidades y control deben ser mayores cuando la RAD se ofrece desde dentro del sistema judicial, no quedan afuera de nuestra nota crítica los proveedores privados de RAD, pues también a su respecto se presenta la necesidad de control social en favor del consumidor, quien debe saber qué va a recibir o qué debe recibir bajo un rótulo determinado, en el caso, qué puede esperar cuando lo que se le ofrece está incluido bajo una etiqueta que dice "mediación". Pues la institución está enrolada bajo el concepto de "justicia" y, por ende, en sentido amplio, pertenece al sistema de "Justicia".

2. Principios básicos de la mediación y objetivos de este trabajo

La mediación constituye un procedimiento de resolución de disputas flexible y no vinculante, en el que un tercero neutral –el mediador– facilita las negociaciones entre las partes para ayudarlas a llegar a un acuerdo. Se configura con un sello propio que consiste en expandir las tradicionales discusiones para lograr una avenencia y ampliar las opciones de resolución, a menudo más allá de los puntos jurídicos involucrados en la controversia (Paplinger y Shaw, 1993). No obstante que la palabra mediación se ha utilizado para describir un conjunto de prácticas diseñadas con el objeto de ayudar a quienes se encuentran en controversia, en general, se la utiliza para definir un proceso en el que un tercero imparcial ayuda a las partes a comunicarse y a realizar elecciones voluntarias e informadas, en un esfuerzo por resolver su conflicto (State Justice Institute, 1992).

En este ámbito, sin dejar de reconocer que nuestra opinión admite controversia, y justamente el que trataremos constituye uno de los temas más espinosos y discutidos en relación con la mediación, estamos convencidas de que debe mantenerse claro y transparente el papel profesional que juega quien se desempeña como mediador, sin contaminarlo con otras especialidades, independientemente de cuál sea la profesión, conocimiento, adiestramiento, formación o experiencia de origen del mediador. Sabemos que existen estilos y modos de ejercer la mediación, y opiniones distintas de la nuestra. De todos modos, no es el fin de este ensayo exponer los restantes pareceres sino en la medida de lo necesario, ya que el trabajo tiende a presentar nuestro punto de vista, circunscribiéndose a ello con toda nuestra fuerza de convicción.

2.1. Principio de la autocomposición vs. la solución impuesta[4]

Cuando existe autocomposición, son las propias partes las que dictan la solución al conflicto. Ningún tercero toma ni impone una decisión; a lo sumo, se valen de un tercero que actúa como facilitador de la comunicación, quien no ostenta poder decisorio. Su misión es conducir la audiencia de modo que puedan ponerse de manifiesto las verdaderas necesidades e intereses de

---

4. Los conceptos que siguen están tomados de Fundación Libra (1997). Ver también Tapia y Greco (1992), Gozaini (1992) y Alvarado Velloso (1985).

las partes, por encima de las posiciones esgrimidas, para que éstas encuentren una respuesta que favorezca a ambas.

Mas cuando este resultado no es dable, las partes deben acudir a la heterocomposición, es decir a una solución impuesta desde afuera. La actividad conciliatoria, aunque sea efectuada por
un tercero, nunca constituye ni debe constituir heterocomposición, la cual tiene lugar en ausencia de acuerdo logrado por una
auténtica autodeterminación de voluntades no coercionadas. He
aquí uno de los principios de que parte la mediación.

2.2. Principio de la autonomía de las partes para lograr su propio acuerdo[5]

En el procedimiento de mediación, el mediador como tercero neutral actúa con iniciativa suficiente para instar y facilitar
la discusión y consiguiente resolución de la disputa, mas sin indicar cuál debe ser el resultado. Es un sistema informal aunque
estructurado, mediante el cual el mediador ayuda a los contendientes a llegar a un acuerdo mutuamente aceptable. Justamente, el mediador es un intermediario; no es un juez que decide,
ni un abogado que aconseja o patrocina a las partes, ni un terapeuta que las cura. Su función es acercar a las partes, pero lo hace en un ambiente adecuado, con un procedimiento de múltiples pasos, utilizando sus habilidades expresamente adquiridas
a estos efectos, rompiendo el hielo entre los contendientes, sa-
cándolos de sus rígidas posiciones, abriéndolos –en fin–, a soluciones creativas.

La manera de actuar de la mediación apunta hacia la tarea
específica e inmediata de resolución de un asunto concreto y
puntual, y el acuerdo al que ha de llegarse dentro de tal contexto debe ser el propio de las partes.

Indudablemente, existen diversos estilos en que el mediador lleva a cabo su práctica. Si bien en teoría los propósitos de
la mediación están separados o son diferentes de los de otras in-

---

5. En Highton y Álvarez (1995) pueden encontrarse una amplitud de desarrollos teóricos y prácticos sobre la mediación y los mediadores.

tervenciones profesionales, en la realidad práctica es comprensible alguna confusión, pues las habilidades a utilizar se superponen. Pero no pueden cruzarse ciertas líneas.

La teoría sobre la resolución de conflictos que subyace la mediación se basa en la aceptación de que los seres humanos son entidades racionales y capaces de resolver sus diferencias. De ahí que, desde un punto de vista teórico, si el tercero que interviene ejerce coerción sobre una o ambas partes para que lleguen a un acuerdo, no lleva a cabo una verdadera mediación, concepto que va más allá de las meras preferencias u opiniones personales. Además, tal coerción interfiere con el derecho de cada uno a la autodeterminación, valor que sustenta y debe sustentar la profesión, siendo que la autonomía puede predicarse a varios niveles (independencia en cuanto a estar exento de coerción, libertad para elegir, posibilidad de elección informada y razonada, y oportunidad de elección basada en el reconocimiento del valor moral de la persona con dignidad propia) (Grebe, 1992).

El mediador utiliza técnicas y habilidades, escucha a las partes, las interroga, desbroza el problema, crea opciones e intenta lograr que los contendientes lleguen a su propia solución. Hace que las partes descubran cuál es verdaderamente el tema en debate, entiendan la diferencia entre lo que quieren y lo que necesitan, se hagan cargo de los requerimientos y necesidades de la contraria y consideren las opciones con realismo. El mediador motiva sin manipular e insta a lograr un arreglo sin coercionar.

Sin embargo, bajo el pretexto del desconocimiento o ignorancia de las partes, de su falta de iniciativa, del saber aventajado del profesional sobre el lego, de la especialización y superioridad, de la mayor capacidad de juzgar qué es bueno, de la dependencia del participante que puede crearse respecto del mediador, de la ansiedad de éste por alcanzar un acuerdo "mejor", se puede frustrar tal principio, llegándose a que el acuerdo que se logre sea el del mediador.

Es que, si bien se habla del principio de la autodeterminación, prevalece en la mediación una gran dosis de paternalismo, que contrasta con principios propios de la ética profesional del mediador.

Dentro de la doctrina del consentimiento informado, que de por sí lleva ínsita una polémica de carácter ético, la autonomía de cada persona para tomar decisiones se ve contrastada con el deber del profesional de usar su mejor juicio y habilidad para maximizar el servicio en general, y de cada usuario en particular. Así, el tema queda reducido a distinguir quién tiene derecho a –quién debe– tomar la decisión final. Aunque es en el campo de la medicina donde la doctrina lleva aparejada mayor influencia, el paternalismo se observa en el ejercicio de cualquier profesión liberal. En principio, el paternalismo tiende al fin de que la última determinación acerca de qué conducta seguir quede en manos del profesional, mientras que el derecho a la autodeterminación tiende a proteger a los usuarios de las posibles consecuencias de una decisión que no sea propia.[6]

3. La profesión de mediador y el conocimiento previo según su profesión de origen

La categoría profesional surge de un conjunto de actividades que constituyen la especialización del trabajador. Cada profesión se centra en un grupo de personas que están organizadas alrededor de un cuerpo especializado de conocimiento, generalmente de interés social. En el cuerpo de una profesión existen habilidades, capacidades, técnicas y competencia en cuanto a una línea de trabajo específica. Con el transcurso del tiempo y el cambio de usos sociales, varía el criterio de diferenciación de las diversas profesiones; además, aparecen constantemente otras nuevas por completo, o como resultado de variaciones en las ya existentes, para hacer frente a las necesidades crecientes de los técnicos y especialistas en una sociedad compleja (Gran Enciclopedia Larousse, 1967, t. 16, págs. 717-718; Grebe, 1992).

Justamente, el campo de la mediación brega por convertirse en una profesión unificada, con un cuerpo definido de cono-

---

6. Respecto del paternalismo, la autonomía de la voluntad, el consentimiento informado y sus límites, ver Highton y Wierzba (1991).

cimiento, habilidades y estándares propios; mientras que la mediación emergió y se desarrolló de raíces multidisciplinarias, estas raíces enriquecieron la profesión, pero también consiguieron confundir su sentido de identidad (Dworkin y otros, 1991); y, en el modo del mediador de encarar su profesión, juega un papel importante el conocimiento propio como tal, mas también hay elementos que variarán según su profesión de origen.

Es que, en tanto la mediación "toma a su personal" básicamente de otros ámbitos, en especial los jurídico-legales y de la salud mental, los mediadores tienden a aprovechar la teoría y las habilidades propias de su profesión de origen. Pero también pueden estar tentados a "importarlas" totalmente (Haynes, 1992).

El derecho está constituido por un conjunto de leyes, preceptos y reglas a que están sometidos los hombres en su vida social, de acuerdo al cual existen facultades de hacer o exigir lo que tales normas establecen a favor de cada uno. Si el mediador es abogado, será su entendimiento e interpretación de la ley y el derecho y su concreta aplicación el que le dictará posibles conductas a realizar por los participantes en el acuerdo.

La psicología estudia la actividad psíquica de la conducta humana en sus manifestaciones y en su estructura; la psiquiatría, las enfermedades mentales y su tratamiento. Si el mediador es psicólogo o psiquiatra, será su saber sobre el comportamiento y la conducta humana, la intención de que ésta sea consciente y libre, el que podrá provocar una intervención interpretativa o terapéutica que modifique la participación de alguna de las partes en un acuerdo.

Ello acontece también respecto de otras áreas profesionales, y, en definitiva, el mediador estará tentado a plasmar su óptica en el acuerdo y a obtener el –para él– mejor acuerdo, según su oficio. O tal vez, a confundir su preparación profesional previa con la preparación del mediador.

Así, la sociología analiza los fenómenos sociales y las interconexiones entre hechos de tal tipo, individualizando las leyes que los gobiernan. Si el mediador es sociólogo, será su sabiduría sobre la organización de la sociedad y la convivencia humana la que le permitirá contribuir al acuerdo con datos y eventuales vaticinios sobre elementos de cultura, educación, clases, grupos, trabajo, religión, medios de comunicación, moda, u otros que puedan constituir factores diversos en uno u otro sentido para el porvenir de las partes, y su juicio puede considerar que el modo de ver de las partes es inconveniente conforme a estos conocimientos.

La economía estudia sistemáticamente las relaciones sociales relativas a la organización de la producción y distribución de los bienes y recursos, a la explicación de las causas de las que depende el bienestar material de los seres humanos, al gasto y ahorro de dinero, tiempo o trabajo, a la planificación y transformación de las estructuras productivas y de las formas de consumo para atender diversas necesidades, o a la administración de los bienes públicos y privados o domésticos. Si el mediador es economista, su aporte puede consistir en aplicar tal análisis con un juicio de interpretación y valoración personal de ciertos factores, para hacer recomendaciones que incidan en la adopción de decisiones sobre el modo de distribuir o invertir los bienes en juego, pues de su predicción del futuro del comportamiento de los mercados involucrados puede depender la justicia, equilibrio o equidad de un acuerdo. Así, si el mediador-economista piensa que el mercado inmobiliario está en alza, o el de ciertas acciones que cotizan en la bolsa de valores está en baja, o efectúa cualquier otra apreciación propia de su conocimiento, un compromiso en que estén en juego tales elementos puede ser sustancialmente beneficioso o desventajoso para alguna de las partes.

En forma semejante y sucesivamente, puede ocurrir con todas las profesiones, o siquiera con los conocimientos de la realidad que –de acuerdo con sus antecedentes de vida– tenga (o crea tener) el mediador.

¿Es esto bueno o malo?

4. El poder del profesional frente al lego[7]

En principio, toda relación profesional-cliente es inherentemente desequilibrada, porque el cliente requiere interactuar

---

7. Haynes, 1992.

con el profesional, justamente porque éste tiene más conocimiento. El profesional, cualquiera sea su ocupación de origen, está en posición de experto conocedor frente al lego, y ello le confiere poder. La fuentes de este poder radican tanto en su real saber profesional, como en elementos adicionales que unilateralmente agrega y atribuye el cliente. El profesional –terapeuta, abogado u otro– no pide permiso por tener ni para ejercer el poder que ostenta y así, según su criterio, va dirigiendo su diálogo con el cliente, desbrozando lo que entiende es relevante con objeto de llegar a lo que es útil, para poner en práctica la especialización, conocimientos, habilidades y destrezas que le son propios, con el fin de asistir a quien requiere sus servicios. Ello también ocurre con el profesional mediador, pero sus poderes y lo que debe hacer están ubicados en un contexto y en una expectativa diferentes. En el contrato entre un terapeuta o un abogado y su cliente, queda implícito que el profesional dirigirá al cliente a la respuesta adecuada, al compartir con él y ofrecerle una interpretación legal, comentarios perspicaces, dándole recetas de conducta, es decir utilizando y aplicando en beneficio del cliente las estrategias propias de su saber.

4.1. El ámbito de poder del mediador y sus límites

La relación de poder en la mediación es menos clara y por ello más peligrosa para el cliente. El contrato implícito en la mediación presupone que el profesional asistirá a los clientes/partes para resolver sus problemas específicos de acuerdo con los propios términos de las partes. Por ello, el conocimiento o la habilidad que se requiere y se busca en un profesional dentro de la mediación, cualquiera sea su dominio de origen, es el buen manejo de la negociación, aptitud para dirigir la resolución de la disputa y que ésta se produzca de modo colaborativo, habilidad para hacer ingresar a las partes en el ámbito de la toma de decisiones; y tales conocimientos son los que constituyen la llave de una mediación exitosa. El mediador debe entonces despojarse de algo del poder que se le atribuye, definiendo el campo en que está dispuesto y es capaz de ejercer su cometido: debe controlar el proceso, pero las partes deben ser dueñas del contenido y del resultado. Por ello, corresponde a este profesional reafirmar el poder respecto del procedimiento, mientras deniega el poder en relación con el contenido.

El mediador tiene poder, lo quiera o no. Puede limitar su poder, al limitar la utilización del mismo (Haynes, 1992).

En la mediación, es ilegítimo dar consejos, recomendaciones o asesorar a las partes, las que para ello deben tener sus propios conocimientos, recursos y profesionales diferentes de los del mediador. Como excusa, dicen los mediadores: "Si yo tengo un conocimiento de fondo, si soy un experto en algún tema sustantivo, es por eso que las partes acuden a mí. ¿Por qué van a pagar a un tercero para que les dé lo que yo puedo darles? No es justo que tire por la borda 20 años de destreza y experiencia en algo y no la utilice, cuando por eso me buscan".[8]

Si ello es así, debe ser explícito, para que quede claro desde el momento inicial que lo que en último término se busca es una evaluación, asesoramiento, tratamiento o consejo del tercero neutral, pero que entonces, él no actuará como mediador sino que el procedimiento constituirá un híbrido y no una mediación.[9]

No significa que el mediador sea tan "neutral", que cualquier cosa pueda pasar ante su vista. El mediador no es neutral en cuanto al procedimiento que debe dirigir, y en ello está incluida, por ejemplo, la cuestión del equilibrio de poder entre las partes, que muchas veces no depende solamente de factores personales, emocionales, de dependencia, etc., sino del conocimiento de datos de la realidad, realidad de la otra parte que oculta un elemento o realidad objetiva y externa. Cuando una

---

8. Así lo planteó un participante del público en la presentación 3.11 denominada "Mediator Ethics: Current Codes - What do they mean for the Practitioner?" en la 24a. Conferencia Anual de SPIDR celebrada en Anaheim, California, en octubre 1996. El panel estuvo integrado por Don Weckstein de San Diego, California; Chuck Rieders de Orlando, Florida; y Wendy Trachte-Huber de Houston Texas. La moderadora fue Sharon Press de Tallahassee, Florida.

9. Ésta fue una de las más relevantes conclusiones que surgió palmaria en la mesa final de la 23a. Conferencia Anual de SPIDR (Society of Professionals in Dispute Resolution, celebrada en Washington D.C., en octubre 1995. Especial mención debe hacerse en este punto a la participación de la prestigiosa entrenadora y mediadora Zena Zumeta.

parte conoce todo sobre algo y la otra casi nada, el acuerdo será desequilibrado, sea este dato económico, social o legal. La decisión que tomen las partes a modo de acuerdo debe ser informada. Si el mediador advierte que una parte está aprovechando de la ignorancia o desconocimiento de la otra, su intervención dista de aquélla en que el mediador piensa que obtendría un acuerdo mejor; es decir no puede compararse el desequilibrio de poder con el caso en que, por el saber de su profesión, si él fuera la parte, estaría en condiciones de hacer otro acuerdo diferente. Mas, aun así, su intervención debe ser la de aspirar a re-equilibrar a través de hacer que las partes obtengan la información faltante, no la de asesorar él mismo. Su intervención deberá ser siempre de procedimiento, no de contenido.

5. Mediación y profesión de origen del mediador

Si bien los casos de mediación y terapia y de mediación y derecho son los típicos, puede repetirse el esquema con cada una de las profesiones, conocimientos o ciencias propias del mediador.

5.1. Mediación y terapia

Mientras que la mediación tiene por objeto la resolución de un conflicto preciso, la terapia apunta en una forma más generalizada hacia cuestiones de actitud y de comunicación intra e interpersonales. La mediación sirve para prevenir o resolver el conflicto: identificar cuestiones, explorar opciones y desarrollar un plan. Si el tratamiento de la parte como paciente mediante terapia integra este plan, debe llevarse a cabo fuera del contexto de la mediación; las intervenciones del mediador acerca de problemas que hacen a la relación deben estar al servicio de alcanzar un plan y destacar puntos a discutir, no de cambiar las personalidades o relaciones, excepto en la medida en que las partes se beneficien en cuanto a moldear mejores modos de comunicarse para resolver la disputa. Inclusive, si el procedimiento no avanza ni puede mejorarse la comunicación debido a un bloqueo emocional, podría ser necesaria una derivación, para reanudar la mediación en otro momento más favorable. Las partes pueden cambiar como resultado de la mediación, pero la meta de la mediación es la resolución del conflicto, la solución del problema. Una pieza de tal solución puede radicar en la búsqueda de ayuda adicional, pero fuera de la mediación (McIsaac, 1994). Muchos mediadores confunden los conflictos por cuestiones específicas y los conflictos interpersonales por distintas concepciones de vida. No es responsabilidad del mediador resolver estos últimos conflictos, reorganizar la dinámica interpersonal es tarea del terapeuta y negociar acuerdos por cuestiones específicas es tarea del mediador (Haynes y Haynes, 1997).

Cuando algo se define como terapéutico, se presume la existencia de patología, disfunción o enfermedad, y se pone la mira en el tratamiento de la enfermedad, aunque también, y con un sentido menos estigmatizante, en el crecimiento personal (McIsaac, 1994).

Si bien algunos hablan de "mediación terapéutica", los términos son ínsitamente contradictorios y constituyen un oxímoron[10] que, conceptualmente lleva a una confusión en la práctica de la mediación. Quienes han adoptado este concepto, aparentemente lo hacen sin advertir su mal uso y el problema que se presente a la mediación ante su aplicación. Inclusive, existe el riesgo de que, al combinar la mediación y la terapia, se formule un proceso híbrido que destruya las posibilidades de ambas intervenciones. El problema no difiere de la combinación entre mediación y evaluación cuando se trabaja en casos de tenencia de menores, situación en que el mediador no puede estar desarrollando en paralelo un acuerdo negociado y, al mismo tiempo, tratando de evaluar a los miembros de la pareja para arribar a conclusiones sobre sus aptitudes como padres (McIsaac, 1994).

Ello no impide que el mediador esté al tanto de lo que hace a las relaciones entre las personas, pues lo concerniente a estas relaciones constituye un punto clave para el éxito de una mediación;

---

10. Unión de palabras contradictorias para dar carácter inesperado a la expresión de una idea.

pero debe preocupar cuando el mediador se sale de su papel como tal y comienza a funcionar como terapeuta (McIsaac, 1994).

Algunas técnicas de la mediación provienen de la disciplina de la salud mental. Quizá la característica de ser "neutral" en el sentido de no emitir opinión sea similar en la mediación y en la terapia, además de la aptitud para crear la atmósfera que inste a dejar afluir todo sobre cada uno, incluyendo las emociones. De ahí que sea conveniente que tanto el mediador como el terapeuta conozcan sobre problemas de relación y de poder. Pero uno de los papeles del terapeuta que trabaja a largo plazo es establecer una relación con el paciente, en la que la persona pueda atravesar varios procesos curativos. Esto hace que el terapeuta esté colocado, de ahí en más, en posición de compromiso en vez de ajena a la relación, como lo impone la imparcialidad del mediador. Como las partes confían en el mediador, están dispuestas a dejarlo intervenir en un papel diverso, con lo cual el traspaso de papeles funciona con facilidad; y, aunque de modo encubierto, el mediador puede llegar a quedar involucrado o manejar las intervenciones de modo que beneficien a alguna de las partes.[11]

Ciertas estrategias para cambiar la interacción en un momento dado son útiles siempre que la intervención del mediador se restrinja, estando el propio mediador advertido de que utiliza una estrategia específica, y debiendo tener la habilidad para predecir cuál será el resultado de la estrategia en su aplicación al comportamiento en la negociación, más que a la dinámica del comportamiento de las partes. Pero, además, debe seguir el inmediato retorno a la mediación y negociación una vez que se ha implementado la estrategia específica. Ocurre a menudo que los mediadores terapeutas intentan una intervención estratégica y, cuando la intervención no logra su cometido, siguen con continuadas variantes de la estrategia hasta que quedan profundamente inmersos en la familia y en la terapia.[12]

---

11. McIsaac, 1994. Hay quien piensa que los roles son más intercambiables cuando se trata de terapia a corto plazo.
12. Haynes (1992) dice que cuando ello ocurre, se trata de un caso que Watzlavick llama "más de lo mismo", lo cual debe impedirse volviendo cada vez en forma inmediata a la mediación y la negociación.

Si bien es claro que nadie comenzará a suministrar terapia a quien entra por la puerta pidiendo mediación, ni intentará mediar el conflicto cuando alguien se le presente requiriendo terapia, se dan casos de falta de discusión inicial sobre el contexto en que se trabajará, incluso por inercia de quien ejerce una práctica. Para quien proviene de ese campo y tiene experiencia anterior, es más fácil actuar como terapeuta familiar aunque sea dentro del marco y contexto de una mediación, que esforzarse en superar los aspectos éticos y prácticos de trabajar como mediador (Haynes, 1992).

5.2. Mediación y práctica de la abogacía

También a quien proviene del campo del derecho y ha actuado como abogado durante cierto tiempo, le es más fácil conducir la mediación como una negociación puramente legal. Esta situación hace que, de igual modo, se sientan confortables los letrados patrocinantes de las partes que así se mueven más cómodamente en el ámbito conocido, donde son los dueños del poder. La mediación se torna en una cuestión de entendidos, donde los protagonistas son los abogados y los verdaderos interesados siguen "excluidos", tal como sucede en el sistema judicial.

Por ello, no es raro que a un abogado-mediador, sea en sesión conjunta o en sesión privada con cada una de las partes, se le pida opinión sobre la razón o sinrazón de la posición propia o del contrario. La situación es difícil en caso de insistencia, dado que el mediador no puede ni debe expresar opinión sobre el eventual resultado del pleito. De hacerlo, perdería su imparcialidad y desvirtuaría su papel, perjudicando el procedimiento en forma negativa. Su actuación nunca puede ser la de juez ni árbitro; ni siquiera la de evaluador.

Además, el pensamiento jurídico-legal no es útil en la mediación, pues éste se relaciona con el sistema judicial que tiene como fin la adjudicación y no el acuerdo. El sistema legal quita poder a las partes, al denegarles el derecho de precisar el problema. El pensamiento jurídico introducido en la práctica de la mediación sin profundizaciones sobre el papel que cumple es tan peligroso como la introducción de la terapia. En la mediación, una cuestión es importante si las partes la definen como tal. En los tribunales, una cuestión es importante solamente si el sistema judicial así lo considera. Dejar el control de contenido a los participantes ayuda a asegurar que la intervención legal del mediador-abogado sea mínima (Haynes, 1992).

Ocurre que los conflictos entre las personas no son de derechos, sino de intereses. Cuando los intereses son dignos de protección porque su satisfacción resulta útil para el individuo y para la sociedad, existen distintos medios y diversos criterios por los que, según su valor relativo, el derecho objetivo los protege (Gatti, 1975). Pero en la mediación como negociación colaborativa facilitada, se prioriza el interés, no el derecho que lo protege para el eventual caso de tener que contender en otro ámbito.

Cuando deben transferirse al sistema judicial, las disputas se traducen para hacerlas ingresar dentro de una pretensión accionable legalmente reconocida. El problema se convierte en una demanda, queda vestido de fórmulas legales de acuerdo a mandatos jurídicos, se cubre con las adecuadas alegaciones en lenguaje específico, se enmascara para poder invocar el amparo de un tribunal. Estas aseveraciones –legalmente requeridas– pueden o no ser ciertas o relevantes en el conflicto de base. Además, la cuestión se expande para incluir elementos relacionados, con el fin de abarcar todos los aspectos legales concebibles para prevenirse el abogado de no incurrir en posteriores responsabilidades. A esto se agregan debates adicionales debidos a argumentaciones procesales referidas al cumplimiento de las reglas de forma no sustantivos que, aunque nada tienen que ver con la cuestión fundamental en juego, ostentan especial significación en el resultado del juicio (Watson, 1996).

Pero el conflicto en sí mismo, especialmente en la etapa de la mediación, no es jurídico sino que se asienta en el interés de la parte.

La tarea de los letrados es valiosa y, eventualmente, permitirá obtener satisfacción judicial a través de una sentencia de adjudicación favorable. Pero no es éste el objetivo de la mediación. La posible sentencia no constituye más que un dato de la realidad, un estándar objetivo a través de cuyo prisma ha de mirarse la conveniencia o no de arribar a un acuerdo. Pero, la ley o el derecho que de conformidad a la normativa tenga el particular no es algo simple ni seguro. Y, además, debe considerarse en toda su dimensión y dentro de un sistema.

En primer lugar, no hay una norma única que rija un caso. El derecho es un marco de posibilidades y dentro del mismo cada hecho puede subsumirse en más de una norma jurídica. Al articulado de la ley se suma la interpretación judicial que del mismo se haya hecho en otros casos semejantes, no idéntica cuando proviene de distinto tribunal. Además, los litigios semejantes no son iguales. Encima, en el caso concreto es indispensable evaluar los hechos de acuerdo con el modo de exponerlos y con la prueba producida, todo en correspondencia al mejor desempeño de abogados y expertos. Muchas veces, la parte depende de la oportuna y certera declaración de un testigo o informe que puede o no llegar adecuadamente; o de la diligencia de los letrados en cuanto a presentaciones y términos procesales. Si a todo se adiciona el tiempo que insume el litigio contado por años y no por días, el dinero, energías y recursos que se requieren de la parte involucrada, el riesgo de los resultados por factores que incluyen falencias de quienes tienen que decidir o mal funcionamiento del sistema, todo ello debe tenerse en cuenta cuando se hace una evaluación del caso o se da un consejo, asesoramiento o patrocinio legal. Es evidente que esta tarea jamás puede estar a cargo del mediador, aun en un régimen con mucha seguridad jurídica en que el resultado sea relativamente homogéneo o, dentro de estos límites, predecible.

Por otra parte, la posibilidad de sugerir un concreto modo de resolver el conflicto, o el encargo al mediador de realizar un pronóstico del resultado del eventual pleito, coloca a las partes y a sus letrados en situación de contradictores y no de negociadores, convirtiendo el procedimiento, que pasará inmediatamente –o incluso desde un primer momento preventivamente– de ser no adversarial a adversarial: habrá que convencer al mediador de la razón de la propia parte y de la sinrazón de la contraria, con el fin de obtener un pronóstico a la medida de la propia posición. A más de ello, la pérdida o visualización de pérdida de la neutralidad se hará evidente en cuanto el mediador comience a dar opiniones personales sobre tal modo de conclusión de la disputa, lo que le impedirá proseguir trabajando con las partes, o incluso con los abogados, en su papel originario.

La "mediación evaluativa"[13] en la que el tercero valora, desde el punto de vista legal-judicial, las fortalezas y debilidades de las pretensiones de las partes y, en función de ello, desarrolla y propone un acuerdo empujando a las partes a aceptarlo sobre la base del resultado de una eventual demanda y consiguiente decisión judicial puede ser muy sugestiva pero consideramos no condice con las normativas de la profesión de mediador. En este sentido –al igual que en el de la mediación terapéutica– se ha dicho que la "mediación evaluativa es un *oxymoron* (Kovac y Love, 1996). El tema da lugar a discusión y existen quienes –apuntando a la diversidad de procedimientos y estilos que quedan cubiertos bajo el término mediación– la prohíjan, entendiendo que la realidad práctica supera la teoría, e incluso lo escrito como normativa de la profesión; para no escapar a las reglas, las interpretan en cuanto a su alcance y difusos límites de lo permitido y prohibido, y se refieren a la conveniencia de hacer la evaluación, especialmente cuando las partes piden una opinión.[14]

Los Códigos de Ética, y en algunos casos las normas jurídicas, dan cuenta de esta problemática de diversos modos, y lo hacen en forma básicamente prohibitiva. Así, las reglas para mediadores certificados y designados por los tribunales del estado de Florida, los Estados Unidos, prohíben al mediador conductas ta-

---

13. Estos términos también constituyen una unión de palabras contradictorias que foman un oxímoron.

14. "The Time and Place for Evaluative Techniques in Civil Trial Mediation", presentación 7.13 en la 24a. Conferencia Anual de SPIDR celebrada en Anaheim, California, en octubre 1996. El panel estuvo integrado por Larry Watson y Harry Goodheart y fue moderado por Jay Cohen de Florida. Evaluar es examinar y juzgar el trabajo, la calidad, la significación o la cantidad, tasar o estimar. De ahí que la mediación evaluativa se refiere a una técnica en que el mediador examina, tasa, juzga o aprecia la posición que toma cada participante durante la mediación. Se parte de que, en la mediación judicial o prejudicial lo que se evalúa es el posible resultado del juicio por contraste al contenido del acuerdo; y los abogados que patrocinan a las partes y son los "verdaderos clientes" de los mediadores, tienden a buscar a quienes ofrezcan una evaluación sobre tal posible resultado.

. En un muy buen trabajo Garber (1996) se refiere al tema aunque llegando a conclusiones diversas a las que propiciamos; y los casos que cuenta, sacados de autores estadounidenses, constituyen ejemplos claros en el sentido de merecer el rechazo de que la tarea llevada a cabo de la manera que indica se llame mediación y se "venda" al consumidor como mediación.

les como ejercer influencia inadecuada sobre una parte para que ingrese en un acuerdo, tomar decisiones sustantivas por las partes dentro del proceso de mediación, y ofrecer asesoramiento o consejo legal u opinión personal o profesional acerca de cómo resolvería el caso un tribunal. Lo que sí puede aconsejar el mediador a las partes es que obtengan asesoramiento legal independiente antes de firmar el acuerdo, cuando carezcan del patrocinio durante la mediación. Los criterios y estándares de conducta para mediadores provenientes de una comisión conjunta de la American Bar Association, la American Arbitration Association y la Society of Professionals in Dispute Resolution, los cuales a su vez provienen de las reglas de cada institución, en 1995 reflejan esta concepción. También las normas éticas de la Academy of Family Mediators, de la Sección RAD de la Asociación de Abogados de Texas y de la Texas Association of Mediators. Todas remarcan enfáticamente la autodeterminación de las partes.[15]

No obstante ello, la cuestión de si la mediación es práctica del derecho, está actualmente en los Estados Unidos en el foco de atención de la Commission on Ethics and Standards of Dispute Resolution, que es un cuerpo nacional en el que se encuentran representados las facultades de derecho, los jueces, firmas de abogados, empresas, grupos de interés público y proveedores de servicios RAD. Se preguntan: cuando los mediadores redactan acuerdos, predicen soluciones legales, o aplican el derecho a los hechos, ¿están inmersos en una práctica no autorizada del derecho? No hay duda de que esta preocupación ha surgido con el

---

15. Así lo indica Watson (1996); no obstante lo dicho, este mediador-abogado brega por la modificación a fin de permitir la mediación evaluativa. Ver también respecto del contenido de las reglas Grebe (1992) y Dworkin, Lynn y Scott (1991).
El tema fue motivo de especial e interesante tratamiento en la presentación 3.11 de la 24ª Conferencia Anual de SPIDR celebrada en Anaheim, California, en octubre 1996, bajo el título "Mediator Ethics: Current Codes - What do they mean for the Practitioner?". El panel estuvo integrado por Don Weckstein de San Diego, California; Chuck Rieders de Orlando, Florida; y Wendy Trachte-Huber de Houston, Texas. La moderadora fue Sharon Press de Tallahassee, Florida. Se reiteró hasta el cansancio el principio de la autodeterminación. Se aclaró que según la Academy of Family Mediators y algunas Bar Associations estaduales se puede dar información legal, lo cual puede implicar repartir un juego de las normas pero no una interpretación de la norma en su aplicación; y que si se ofrece asesoramiento se pasa a ser representante o patrocinante y se pierde la imparcialidad.

enorme desarrollo de programas de mediación anexos, relacionados o conectados con el sistema judicial, en cuya mayoría se exige que la profesión de origen del mediador sea la abogacía, y en el hecho de que algunos mediadores-abogados en la práctica recurren a procedimientos que bajo el paraguas de la mediación involucran otras técnicas RAD. Si nos atenemos a la definición de mediación que sostenemos y con los límites de poder del mediador expuestos en este trabajo, la respuesta no resulta difícil. En primer lugar, el acuerdo lo hacen las partes, la autoría es de ellas; algunas veces, el mediador lo escribe y verifica que sea claro, otras, lo redactan y controlan los abogados de las partes; predecir soluciones legales o subsumir hechos en normas legales, son funciones que excluimos del papel del mediador. El núcleo de la mediación, en su sentido primigenio y amplio, se centra en la facilitación de la negociación mediante la creación de un nuevo contexto comunicacional de apoyo y en el despliegue de otras habilidades que no involucran la aplicación del derecho. La práctica de la *"mediación evaluativa"* está trayendo confusión y poniendo en riesgo a la *"mediación pura"* o *"mediación facilitativa"*. Para Carrie Menkel-Meadow, presidenta de la comisión mencionada más arriba, la respuesta a la pregunta que estamos analizando es: "*Mediators who evaluate the merits of a case are giving legal advice*".[16]

De todos modos, la consideración de que lo legal es lo fundamental en una mediación no solamente pierde de vista los valores fundamentales del método de resolución de disputas diverso al juicio, sino que pretende reivindicar el ámbito como algo exclusivo de los abogados, cuando el elemento jurídico es un elemento más para ayudar a resolver un conflicto. No pretendemos que no se trate de un elemento importante, pero no es el único; y, según quién sea la parte y según su interés, no es el más importante. Los valores tiempo, energía, paz, trabajo, libertad, alegría, tranquilidad, también existen y son relevantes para las personas, además del valor de lo jurídico, el que ni siquiera es sinónimo de "lo justo" en un sentido amplio e integral.

---

16. Los mediadores que evalúan los méritos de un caso están dando consejo legal. (Menkel-Meadow, 1996)

6. La contratación del servicio de mediación

La mediación ocurre a puertas cerradas, por lo que es fundamental que el consumidor esté debidamente informado acerca del servicio de mediación que desea contratar, o que esté debidamente informado sobre sus características si el mismo se presta en un programa relacionado con los tribunales. El requirente debe saber con anterioridad de qué se trata, qué se le ofrece y qué se le da. El marco ético y jurídico debe ser transparente. La mediación supone la participación de personas con aptitud para resolver sus propios conflictos. La relación con el cliente debe ser exclusiva y excluyente, ya sea ésta de: mediador, terapeuta, abogado o asesor. En otras palabras, no es posible la simultaneidad de actuación profesional en la misma persona que asiste al cliente. La cuestión será determinar para qué ingresaron las partes al programa o cuáles fueron los requerimientos de la intervención profesional; es decir, si las partes fueron a una mediación, la terapia está fuera del contrato; si recurren a un abogado para que defienda sus intereses, el abogado no se puede convertir en mediador de la disputa; y si se solicita un servicio de mediación las partes deben ser informadas acerca de que el mediador no brindará asesoramiento legal. La mediación no es la práctica del derecho –mucho menos del patrocinio letrado–, aunque tiene puntos de contacto con la misma. El mediador debe tener conocimientos sobre las leyes vigentes, como lo tendrá también del manejo y comprensión de la dinámica de las emociones y conductas de las partes, para ser mejor mediador y no hacer perder tiempo a quienes acuden en busca de ayuda para intentar arribar a un acuerdo; pero no por ello ejercerá la abogacía ni someterá a las partes a terapia. Las partes deben tener durante todo el proceso dominio de la sustancia y del contenido del futuro y posible acuerdo.

La responsabilidad profesional del mediador es con respecto a la ética y la práctica adecuada de la mediación; requiere que se clarifique antes de comenzar, e inclusive por escrito, funcionando como una forma de consentimiento informado. El profesional debe conformarse, en el futuro, a tal papel, durante todo el transcurso del procedimiento con tales clientes o partes.

Puede ocurrir que un mediador esté dispuesto a cambiar de

posición, pero en tal caso, ello debe ser claro desde el principio (McIsaac, 1994). Y si existiesen casos en que pudiera ser necesaria una combinación de habilidades propias de algún proceso híbrido, tal híbrido puede proveer la satisfactoria resolución del conflicto, pero no es apropiado que se lo llame mediación.[17]

El entrenamiento ofrecido al mediador debe ser transparente con relación a su desempeño, y nunca puede dejar de resaltar el principio de la autodeterminación de las partes en cuanto al contenido y resultado de la mediación; aunque el mediador deba controlar el procedimiento para asegurarse de que todas las partes, en forma colaborativa, controlan el contenido del acuerdo. Al hacerlo, el mediador ayuda a buscar un equilibrio entre ellas. En tal sentido, los aprendices de mediación deben recibir suficiente teoría, valores y habilidades como para poder llevar a cabo una mediación propiamente dicha, en la que las fortalezas de su profesión de origen queden relegadas a ser un complemento o accesorio de la mediación y no un sustituto de ésta (Haynes, 1992).

7. La mediación en el escenario jurídico argentino

7.1. Situación previa al dictado de la ley nacional 24.573

El modelo de mediación que ha quedado delineado en este trabajo es el que han recogido las normas jurídicas y la práctica de la mediación en la Argentina desde el inicio de esta década y hasta la actualidad. El decreto 1.480/92 del Poder Ejecutivo Nacional[18] que declaró de interés nacional a la mediación, la caracterizó como *proceso informal, voluntario y confidencial*, especificó su aplicabilidad a conflictos judiciales y extrajudiciales y puso de relieve *que el mediador no decide la disputa sino que coadyuva a que las partes lo ha-*

---

17. Dworkin, Lynn y Scott (1991) traen a colación casos de familias severamente disfuncionales en que es necesaria cierta flexibilidad. Ver también Zumeta, 1995.
18. Dictado el 19/8/92. (*Boletín Oficial*, 24/8/92.)

gan.[19] Este modelo es el que sirvió de base al diseño curricular de los cursos que aprueba y homologa la Escuela de Mediadores creada en el marco del Plan Nacional de Mediación, en cuya elaboración participaron las autoras en su calidad de miembros de la Comisión Nacional de Mediación. Como claves del éxito de este plan, cabe al respecto rescatar la participación de la Fundación Libra, organización no gubernamental, que desde la sociedad civil apoyó el desarrollo de este movimiento en el que participaron numerosos jueces, académicos, y profesionales de diversas disciplinas.

Algunas de las características del modelo de mediación con el que se está trabajando en el escenario jurídico surgen del Reglamento para los mediadores certificados del Centro de Mediación del Ministerio de Justicia.[20] Allí se dice que: *El mediador actuará como facilitador de la comunicación entre las partes, sin poder de decisión, de modo que el acuerdo, sea éste total o parcial, sólo surgirá de la voluntad de ellas... Cualquiera de las partes podrá decidir la finalización de la mediación a su voluntad, cualquiera sea el estado en que se encuentre... El procedimiento de la mediación tiene carácter confidencial... El mediador quedará relevado del deber de confidencialidad cuando tomare conocimiento de la tentativa o comisión de un delito que dé lugar a acción pública o de la existencia de violencia contra un menor, violación o estado de peligro del mismo... El mediador podrá sesionar separadamente con cada una de las parte cuando lo estime necesario. Deberá sesionar de esta manera en caso de que tomara conocimiento de la existencia de violencia doméstica...*

Para ser mediadores en este Centro e intervenir en causas judiciales derivadas por los juzgados, la citada reglamentación exigió, además de la certificación como mediador, *poseer título de abogado con cuatro años de antigüedad,* y para ser co-mediador, *poseer título de psicólogo o asistente social con cuatro años de experiencia clínica.* Iguales exigencias fueron previstas reglamentariamente para los co-mediadores con otras profesiones de origen, cuando su intervención se considerara conveniente por la índole del caso... *podrán ser co-mediadores los profesionales de otras disciplinas con igual antigüedad y experiencia en el área respectiva.*

---

19. Para un detallado estudio del tema ver Álvarez, Highton y Jassán, 1996.
20. Resolución MJ 535/94. (*Boletín Oficial*, 18/5/94.)

La experiencia piloto de Mediación Conectada con Juzgados Nacionales de Primera Instancia en lo Civil (Álvarez, Highton y Jassan, 1996, págs. 289 y ss), que se realizó durante los años 1993 a 1995, funcionó con este modelo de orientación transdisciplinaria. La co-mediación de un mediador abogado con un mediador psicólogo fue obligatoria para los casos de familia que derivaban los jueces al Centro de Mediación del Ministerio de Justicia.

La prestación de servicios de mediación fuera de la experiencia piloto, o sea para conflictos no derivados por el sistema judicial, solicitada directamente por las partes no requiere patrocinio letrado.

7.2. La ley 24.573 de Mediación y Conciliación

Las lecciones aprendidas y conclusiones que arrojó la experiencia piloto de mediación conectada con los tribunales no fueron íntegramente receptadas por la ley 24.573, que instituye la mediación prejudicial obligatoria en un amplio sector de conflictos judiciales. Esta ley, que modifica el Código Procesal Civil y Comercial de la Nación, obedeció a un proyecto del Poder Ejecutivo que no siguió los lineamientos de las propuestas de la Comisión de Mediación. El proyecto sufrió modificaciones en el trámite de su aprobación con fuertes presiones de las agrupaciones de abogados que impidieron la consagración legislativa del modelo de co-mediación con orientación transdisciplinaria. Finalmente fue sancionada el 04/10/95.

Los rasgos distintivos de este cuerpo normativo, relativos a la mediación prejudicial, son los siguientes:

- Instituye por el término de cinco años –llamado de emergencia judicial en el proyecto elevado por el Poder Ejecutivo al Congreso de la Nación– la mediación previa a todo juicio con carácter obligatorio.
- El mediador debe estar registrado ante el Ministerio de Justicia e interviene por sorteo judicial o por elección (mediación privada). Cabe aclarar que a los efectos de esta ley, el mediador debe ser abogado con dos años de antigüedad en el título, tener cumplida la capacitación (curso intro-

ductorio, 40 horas de entrenamiento y 20 de pasantía de observación).

- El pedido de mediación judicial debe ser formalizado en las mesas de entradas de los tribunales respectivos (Civil, Comercial, Federal Civil y Comercial), y allí, previo pago de $15 destinado al Fondo de Financiamiento, se le sortea –de una lista confeccionada por el Registro de Mediadores del Ministerio de Justicia– un mediador, el juez y el ministerio público (fiscal y asesor) que intervendrán en el futuro.
- El pedido de mediación por sorteo suspende el plazo de prescripción desde la presentación inicial.
- Excluye cierto tipo de casos tales como causas penales, causas en que el Estado Nacional o sus entes sean parte, así como también algunas cuestiones de familia. En otras causas la mediación es optativa, tal es el caso de los desalojos.
- El plazo para la mediación se fija en 60 días corridos desde la última notificación al requerido o al tercero citado. Si el pedido de mediación es voluntario (conflictos excluidos de la obligatoriedad) el plazo es de 30 días. Ello sin perjuicio del acuerdo de partes.
- Las actuaciones son confidenciales. El mediador atiende en sus oficinas, fija las audiencias en un plazo perentorio a las que las partes deben concurrir personalmente con patrocinio letrado, bajo apercibimiento de multa. Tiene amplia libertad para sesionar con las partes conjunta o separadamente, cuidando de no favorecer con su conducta a una de ellas y de no violar el deber de confidencialidad.
- El convenio celebrado en mediación tiene fuerza ejecutoria, sólo requiere homologación judicial cuando estén en juego intereses de menores e incapaces.
- Los honorarios del mediador serán afrontados por las partes si hay acuerdo, de lo contrario, el Fondo de Financiamiento –que se crea en el ámbito del Ministerio de Justicia– otorgará un adelanto y el saldo lo cobrará el mediador cuando se impongan las costas del juicio.
- Se crea una Comisión de Selección y Contralor integrada por dos miembros de la Corte Suprema, dos del Poder Ejecutivo y dos del Poder Legislativo.

Desde su puesta en vigencia, el sistema ha evidenciado falencias cuya corrección requiere, por un lado, ajustes normativos urgentes y un cambio en el sistema de regulación de honorarios de los mediadores, por el otro, un ejercicio efectivo de las funciones de la Comisión de Selección y Contralor.

No obstante ello, algunos datos estadísticos parciales arrojan resultados *prima facie* promisorios. Así, por ejemplo, en el período del 23/04/97 al 31/07/97 el total de casos remitidos a mediación por la Cámara Civil fue de 51.396, de los cuales reingresaron al sistema judicial, por no haberse logrado un acuerdo o por incomparecencia de alguna de las partes, sólo 12.207 casos –que representan el 23,75% del total. Para igual período los números para la Cámara Comercial son: derivados a mediación 19.964, de los cuales regresaron al sistema judicial 4.805, o sea el 24,1%. La Cámara Federal Civil y Comercial que se incorporó al sistema de la mediación prejudicial obligatoria el 15/08/96 arrojó al 15/08/97 los siguientes datos: remitidos a mediación 2.230, reingresados 465, que representan el 20,86 % del total.

No se nos escapa que sólo una investigación de campo seria y exhaustiva, que mida las variables adecuadas, podrá dar cuenta del cumplimiento de los objetivos del programa y del grado de satisfacción que se está logrando con la mediación.

Finalmente, luego de siete años de trabajo intenso se puede afirmar que la mediación se instaló en la sociedad argentina. Se encuentran en pleno desarrollo programas de mediación comunitaria y escolar a todos los niveles, tal como está contemplado en el Plan Nacional de Mediación. Con la difusión de este movimiento en el entramado social, se está transitando hacia la realización de uno de los objetivos finales de la mediación: favorecer el bienestar individual y social de la población a través de una práctica social de cooperación y pacificación en la resolución de disputas.

Referencias bibliográficas

Aldao Zapiola, C.M. (1992), *La negociación*. Buenos Aires: Ed. Macchi.

Alvarado Velloso, A. (1985), "La conciliación", *La Ley*, D-1159-1173.

Álvarez, G.S.; Highton, E.I. y Jassán, E. (1996), *Mediación y justicia*. Buenos Aires: Depalma.

Amidolare, A.M. (1993), "Des-cubriendo el valor del conflicto". *Revista Libra* (3), 46-49.

Banco Mundial (1994), Informe presentado en el Encuentro sobre Reforma de la Administración de Justicia, Ministerio de Justicia de la Nación y el Banco Mundial. Buenos Aires, 5 y 6 de diciembre.

Brazil, W. (1994), *Transcript of Plenary Proceedings* (National ADR Institute for Federal Judges, Harvard Law School, 12-13 noviembre, 1993). Nueva York: Center for Public Resources.

Davis, W. (1993), Ponencia en el 1er. Encuentro Interamericano sobre Resolución Alternativa de Disputas organizado por Fundación Libra y National Center for State Courts, Buenos Aires, 7-10 noviembre (inédito).

Dworkin, J.; Lynn, J. y Scott, E. (1991), "The Boundaries Between Mediation and Therapy: Ethical Dilemmas", *Mediation Quarterly, 9* (2), 107-119.

Fundación Libra (1997), Manual de mediación para su utilización en cursos básicos de 20 horas y entrenamientos básicos de 60 horas.

Garber, C.A. (1996), "La mediación evaluativa-predictiva (que no nos tome por sorpresa)". *Jurisprudencia Argentina*, 11 diciembre, pág. 13.

Gatti, E. (1975), *Teoría general de los derechos reales*. Buenos Aires: Editorial Abeledo Perrot.

Gran Enciclopedia Larousse (1967) Edición española de 20 volúmenes. Vitoria: Larousse.

Grebe, S. (1992), "Childs, Ethics and the Professional Family Mediator", *Mediation Quarterly, 10* (2), 155-165.

Gozaini, O.A. (1992), "La conciliación". *La Ley*, E-928.

Haynes, J.M. (1992), "Mediation and Therapy: An Alternative View", *Mediation Quarterly, 10* (1), 21-34.

Haynes J.M. y Haynes G.L. (1997), *La mediación en el divorcio (Mediating Divorce*. San Francisco: Jossey-Bass Publishers). Buenos Aires: Granica. (Trad. Gabriel Zdunisky).

Hernández Valiente, R. (1993), "La justicia en Centroamérica en la década de los noventa". Ponencia en el Seminario Justicia y Desarrollo en América Latina y el Caribe, San José de Costa Rica, 4-6 febrero. Washington, DC: Banco Interamericano de Desarrollo, págs. 65-86.

Highton, E.I. y Álvarez, G.S. (1995), *Mediación para resolver conflictos*. Buenos Aires: Ad Hoc.

Highton, E.I. y Wierzba, S.M. (1991), *La relación médico-paciente: El consentimiento informado*. Buenos Aires: Ad Hoc.

Hornby, Brock (1994), "Federal Court-Annexed ADR: After the Hoopla". *FJC Directions*, (7) (Publicación del Federal Judicial Center).

Keilitz, S. (1995), Ponencia en el II Encuentro Interamericano sobre Resolución Alternativa de Disputas, organizado por Fundación Libra y National Center for State Courts, Santa Cruz, Bolivia (inédito).

Kelsen, H. (1981), *¿Qué es la justicia?* Buenos Aires: Leviatan.

Kolb, D.M. y Bartunek, J.M. (1992), *Hidden Conflict in Organizations.* California: Sage Publications, Inc.

Kovach, K. y Love, L.P. (1996), "Evaluative Mediation is an Oxymoron". *Alternatives to the High Costos of Litigation, 14* (3), 31-ss. (CPR Institute for Dispute Resolution).

McIsaac, H. (1994), "Editor's Notes". *Family and Conciliation Courts Review, 32,* (4), 420-431 (Sage Periodicals Press).

Menkel-Meadow, C. (1996), "Is Mediation the Practice of Law?". *Alternatives to the High Costos of Litigation, 14* (5), 57-ss. (CPR Institute for Dispute Resolution).

Paplinger, E. y Shaw, M.L. (Comps.) (1993), "Judge's Deskbook on Court ADR". Material del seminario organizado por el National ADR Institute for Federal Judges, Harvard Law School, noviembre 12-13. Nueva York: Federal Judicial Center (con autorización del CPR, Center for Public Resources).

Peña González, C. (1994a), "Sobre análisis económico y política judicial". Seminario organizado por Fundación Libra y Universidad de Palermo, Buenos Aires, 30 de noviembre (inédito).

Peña González, C. (1994b), "Sobre la necesidad de las formas alternativas para la resolución de conflictos". Trabajo presentado en la Reunión de Ministros de Cortes Supremas Latinoamericanas, Santiago, Chile, 2-4 de noviembre (inédito).

Sander, F. (1994), *Transcript of Plenary Proceedings* (National ADR Institute for Federal Judges, Harvard Law School, 12-13 noviembre, 1993). Nueva York: Center for Public Resources.

Schwarzer, W.W. (1994), *Transcript of Plenary Proceedings* (National ADR Institute for Federal Judges, Harvard Law School, 12-13 noviembre, 1993). Nueva York: Center for Public Resources.

Shihata, I.F.I. (1993), "La reforma judicial en los países en desarrollo y el papel del Banco Mundial". Ponencia en el Seminario Justicia y Desarrollo en América Latina y el Caribe, San José de Costa Rica, 4-6 de febrero. Washington DC: Banco Mundial, pág. 87.

Shihata, I.F.I. (1994), "Judicial Reform in Developing Countries and the Role of The World Bank" Trabajo presentado en The World Bank Conference on Judicial Reform in Latin America and the Caribbean, Washington DC, 13-14 de junio. Washington, DC: Banco Mundial.

State Justice Institute, SJI (1992) "Court Annex Mediation Programs Standards". Washington, DC. ("Normas recomendadas para programas de mediación anexos a los tribunales". Traducido por Fundación Libra con autorización del National Center for State Courts.)

Stienstra, D. y Willging, T.E. (1995), "Alternatives to Litigation: Do They Have a Place in the Federal District Courts?". Publicación del Federal Judicial Center.

Tapia, G. y Greco, S. (1992), "¿Dónde está mi adversario?", *Revista Libra* (1), 12-17.

153

Watson (Jr.), L.M. (1996), "A Time and Place for Evaluative Mediation (The Florida Experience)" Trabajo presentado en la 24ª Conferencia Anual de SPIDR (Society of Professionals in Dispute Resolution, Anaheim, California, octubre (inédito).

Weckstein, D.; Rieders, C.; Trachte-Huber, W. y Press, S. (1996), "Mediator Ethics: Current Codes. What Do They Mean for the Practitioner?". Trabajo presentado en la 24ª Conferencia Anual de SPIDR, (Society of Professionals in Dispute Resolution). Anaheim, California, octubre (inédito).

CAPÍTULO 6

CAROL BECKER, LAURA CHASIN, RICHARD CHASIN,
MARGARET HERZIG Y SALLYANN ROTH

DEL DEBATE ESTANCADO A UNA NUEVA CONVERSACIÓN SOBRE LOS TEMAS CONTROVERTIDOS: EL PROYECTO DE CONVERSACIONES PÚBLICAS*

Cuando la democracia funciona bien, cada problema político que surge estimula un amplio y abierto debate público. Los individuos y grupos interesados analizan la cuestión y un vasto espectro de defensores de cada punto de vista someten a la deliberación pública sus posiciones, cuidadosamente elaboradas. Los dirigentes políticos proponen cursos de acción amplios. Finalmente, una mayoría de la población, o sus representan-

---

* El Proyecto de Conversaciones Públicas (Public Conversations Project, PCP) es un proyecto de investigación-acción, que procura desarrollar modelos de facilitación de diálogos sobre temas políticos que dividen a la población. Su inspiradora, fundadora y directora es Laura Chasin. Tanto ella como otros tres miembros del proyecto (Carol Becker, Richard Chasin y Sallyann Roth) son terapeutas de parejas y familias, e integrantes del claustro docente del Family Institute de Cambridge. Por su parte, Margaret Herzig, directora ejecutiva del proyecto, es investigadora y escritora.
El equipo contó con la muy idónea ayuda de las asistentes de investigación Mary Hess (en el período 1991-1992) y Eliza Vaillant (desde 1992 hasta la fecha). El equipo desea expresar su agradecimiento a Kathy Weingarten por la ayuda editorial que le brindó para este artículo, así como por alentarlo a reflexionar sobre la significación de su tarea para el proceso político estadounidense.
Quienes deseen dirigir al proyecto alguna comunicación por escrito deben hacerlo a 2 Appleton Street, Cambridge, MA 02138, USA.
"From Stuck Debate to New Conversation on Controversial Issues: A Report from the Public Conversations Project". *Journal of Feminist Therapy* (The Haworth Press, Inc.), *7*, (1/2), 1995, 143-163. Número especial editado por Janine Roberts.

tes, construyen una solución aceptable, o al menos tolerable, para todos.

Numerosas controversias públicas se resuelven a través de una secuencia de definición del problema, análisis, defensa, argumentación, discusión, transacción y resolución. Sin embargo, los conflictos políticos no siempre siguen este curso. Algunas controversias se definen mediante posiciones opuestas, que giran en torno de dos polos en apariencia inconciliables. En estos casos, los procedimientos democráticos a menudo se tornan perversamente contraproducentes. El análisis se vuelve esclavo del dogma; la defensa se entreteje con vituperios; la argumentación degenera en diatriba; las discusiones degeneran en peleas estentóreas. Cada uno de los aspectos del debate público queda invalidado por la polémica. El compromiso es considerado, en general, como una renuncia y se vuelve difícil imaginar una resolución que resulte aceptable a la mayoría. Cuando las disputas dividen a las personas de esta manera, pareciera que las antiguas prácticas democráticas no hicieran sino intensificar y agravar el conflicto.

El Proyecto de Conversaciones Públicas (PCP) es una tentativa para comprender esos callejones sin salida y, lo que es más importante, descubrir y experimentar formas de debate público que eviten la polarización, de modo tal de posibilitar una resolución democrática. Nos interesa particularmente examinar qué sucede con las personas cuando se involucran o son testigos de conversaciones relativas a ciertos temas en que el debate público se ha polarizado, o cuando participan en ellas. ¿Cómo hablan, cómo escuchan? ¿Qué partes de sí mismas abren o cierran en ese proceso?

El discurso dominante
en los debates públicos polarizados

Puede decirse que las conversaciones públicas polarizadas se ajustan a un "discurso dominante". El discurso dominante es la forma más accesible y aceptable de debatir un tema en un contexto público. Por ejemplo, el discurso dominante sobre la guerra que llevó a la Revolución Estadounidense la definía cómo una guerra de liberación colonial. No suele describírsela en los Estados Unidos como una conspiración de evasores de impuestos dirigida por un multimillonario del estado de Virginia.

Los discursos dominantes influyen decisivamente en las ideas, experiencias y observaciones que se juzgan normales o extravagantes, relevantes o irrelevantes.[1] En un tema que ha sufrido una polarización fervorosa durante un cierto tiempo, el discurso dominante suele delinear la cuestión de manera bipolar: se trata de ganar o perder. Traza una línea demarcatoria entre dos respuestas simplistas frente a un dilema complejo, e induce a la gente a adoptar una posición, situándose a uno u otro lado de la línea. (Por ejemplo, en la Revolución Estadounidense una persona o era monárquica o era revolucionaria.) La mayoría de quienes se ven profundamente afectados por el tema en cuestión se someten ante esta inducción.

El hecho de alinearse con uno de los grupos ofrece sus beneficios. Le otorga a cada individuo un espacio socialmente validado en el cual situarse cuando habla, y le brinda el indeclinable apoyo de quienes piensan como él.[2] Pero también tiene su precio, pues describe a los opositores como una pandilla de seres tendenciosos, con un solo propósito, y malévolos. Frente al temor que provoca la unión de los adversarios, también el propio grupo debe presentar un frente unido, fuerte y seguro de sí mismo. Quien pretenda ser leal al propio grupo tendrá que sofocar muchas incertidumbres, experiencias personales moralmente complejas, conflictos internos de valores y diferencias entre él y sus aliados. En aras de formar un frente unido ante los opositores, se sacrifican la complejidad y la autenticidad. Un discurso dominante de antagonismo se autoperpetúa. Los intercambios en los que sólo se puede ganar o perder generan perdedores que sienten que para recobrar el respeto, la integridad

---

1. Los discursos dominantes tienen la capacidad de amplificar y convalidar ciertas experiencias y de desestimar e invalidar otras. Nuestra labor tiene en común con la terapia familiar feminista el objetivo de cuestionar los discursos opresores (ya sean bipolares o jerárquicos) y de alentar a la plena participación de todos aquellos cuya voz ha sido marginada por dichos discursos.
2. Sobre los mecanismos psicológicos que llevan a la creación de relaciones políticas de lealtad y de enfrentamiento, véase John Mack (1982, 1988).

y la seguridad perdidos deben vengarse, y ganadores temerosos de perder un territorio que habían ganado pagando por él un alto precio.[3, 4]

En los temas de debate polarizados, el discurso dominante se ve apuntalado y nutrido por varias fuerzas, entre las cuales la más evidente son los medios de comunicación. La dramaticidad del debate polarizado parece captar el interés público en mayor medida que los procesos que exigen cambios sutiles en la comprensión de problemas complicados. A medida que los medios y el público aceptan cada vez más que un tema controvertido se exprese a través de conflictos simplificados y dramatizados, las opiniones más elaboradas parecen menos justificadas, o se las descarta del todo por considerarlas irrelevantes.

Los debates públicos polarizados no sólo imponen un precio a quienes participan en ellos de modo directo, sino también a quienes no lo hacen. Es posible que las personas inseguras o conflictuadas lleguen a pensar que sus puntos de vista no son bien recibidos en las discusiones públicas. Las que tienen conciencia de la discordancia entre algunas de sus creencias y la postura política abrazada por "los que piensan como ellos" tal vez prefieran, en bien de su seguridad, quedarse al margen. Pueden sospechar que si mencionan su renuencia a apoyar políticamente a uno de los bandos se las tildará de blandas, confundidas, carentes de principios o incluso de traidoras. Hasta es posible que dejen de dialogar entre sí, presuponiendo que si sus puntos de vista o las experiencias que los han generado no cuentan con una convalidación social, deben ser despreciables, peligrosos o aberrantes. El proceso po-

---

3. El psicólogo social Herbert Kelman, quien ha puesto en marcha seminarios de resolución de problemas para israelíes y palestinos, comprobó que el análisis de conflictos políticos crónicos suele poner de manifiesto amenazas esenciales a la identidad, seguridad y aceptación de las personas (Kelman, 1990, pág. 156).
4. En una comunidad voluntaria como una iglesia, los debates polarizados en los que se gana o pierde pueden hacer que algunos miembros la abandonen. Los menonitas han establecido un "servicio de conciliación" con el fin de ayudar a los grupos de esa iglesia a abordar temas en disputa que "remueven fuertes sentimientos" (Buxman, 1992).

lítico queda así desprovisto de sus voces e ideas, y la democracia resulta perjudicada.[5]

El diálogo como alternativa frente al debate polarizado

El diálogo, tal como nosotros usamos el término, implica un intercambio de perspectivas, experiencias y creencias en el que las personas hablan y escuchan con una actitud abierta y respetuosa. En los debates políticos, en cambio, cada quien habla desde una postura inconmovible, defiende sus propios puntos de vista, desafía y ataca al adversario, y trata de persuadirlo.[6] Por lo común, las personas no hablan en su condición de individuos singulares, sino como representantes de una postura definida por el discurso dominante, mientras que en un diálogo los participantes refieren, como individuos singulares, sus creencias y experiencias, certezas e incertidumbres, y tratan de comprenderse el uno al otro.[7] La actitud de escucha abierta y respetuosa hace que la relación entre las partes no sea de oposición sino de interés recíproco, de conexión empática y aun de compasión. Suelen reconocerse las limitaciones del discurso dominante y analizarse las posibilidades de superarlo. Las discrepancias se tornan menos amenazadoras y hasta pueden llegar a ser entendidas como recursos sociales potenciales, más que como problemas insuperables. Las antiguas pautas de desquite o

---

5. Según describió Shotter (1992), ciertos debates polarizados inmersos en luchas políticas de identidad, en las que grupos marginados buscan adquirir un sentido de pertenencia a una comunidad donde prevalece una cierta visión de la situación, un punto de vista exclusivo y excluyente.
6. En su peor expresión, el debate polarizado es un intercambio de "diatribas recíprocas" (Freeman, Littlejohn y Pearce, 1992).
7. Si bien el aumento de la comprensión es uno de los objetivos del diálogo, no pretendemos caracterizarlo como un movimiento lineal que avanza de una comprensión incompleta a una completa. Como ha aducido Gurevitch (1988, 1989), el diálogo implica a menudo despojarnos de la forma en que "comprendemos" al otro dentro de nuestra realidad, reconocer que no lo comprendemos ni podemos comprenderlo totalmente, y admitir "la existencia de más de una fuente autorizada de significados, de verdad y de justicia" (1989, pág. 171). Ver también Roth (1992).

159

represalia pierden atractivo, pues la gente se siente escuchada y respetada, en vez de sentirse agraviada y castigada, o victoriosa y estimulada a reaccionar con algún contragolpe.

Incorporación de las habilidades clínicas al trabajo en el diálogo

¿Por qué razón un grupo de terapeutas familiares decidieron ingresar en este terreno de las polémicas públicas divisivas? Al comienzo, no estábamos seguros de poder ofrecer algo en el campo de las "conversaciones públicas". Nuestra esperanza se cifraba en las similitudes que habíamos observado entre las conversaciones públicas polarizadas y las conversaciones familiares "estancadas". En las parejas y familias que atraviesan algún conflicto, cada persona incurre en alguna generalización excesiva sobre la otra y construye al respecto una argumentación sustentada en su percepción selectiva de datos confirmatorios y su desdén por las excepciones, la ambigüedad o las ideas alternativas. En las conversaciones colmadas de inculpaciones y contraataques, lo que se escucha son profecías autocumplidas que alimentan un conflicto fútil y en apariencia interminable.

En nuestros consultorios, vemos que las parejas y familias pasan del estancamiento al diálogo, de conversaciones cerradas a otras más abiertas.[8] Advertimos que las relaciones caracterizadas por la ira y el temor, o por la dominación y la subordinación, pueden transformarse, y que personas con distintas experiencias e ideas son capaces de encontrar la manera de convivir sin autosilenciarse ni pelearse. Confiábamos en poder utilizar nuestras habilidades clínicas, con el fin de crear condiciones tales que los grupos atrapados en pautas congeladas de discurso pudieran plasmar nuevas formas de hablar y de escucharse, en las que participaran plenamente con toda su complejidad individual.

---

8. Se hallará un examen más detenido de las "conversaciones terapéuticas" en Anderson y Goolishian (1988).

Elegimos como eje de nuestros primeros empeños por fa-cilitar diálogos la polémica sobre el aborto. Nos preguntamos qué pasaría si ofreciéramos a un conjunto de personas con opi-niones muy firmes en este tema la oportunidad de experimen-tar sus discrepancias en una atmósfera de seguridad, donde los conflictos internos y las experiencias personales causantes de di-lemas éticos fuesen bien recibidos y en cambio se dejaran de la-do los intentos de convertir al otro grupo a la postura "correc-ta".[9] Si les brindáramos el mismo respeto y confianza que ofre-cemos a nuestros consultantes, ¿quizás hablarían de los temas en cuestión y de sus divergencias de un modo distinto del que favorece el discurso dominante, con sus elucidaciones previsi-bles? En tal caso, ¿qué voces silenciadas podrían escucharse? ¿Cómo se reaccionaría ante las diferencias y semejanzas dentro de cada grupo y entre éstos? A través del diálogo, ¿podría acaso la cabal participación en un grupo que aceptara la diversidad llegar a valorarse tanto o más que la seguridad de pertenecer al bando de "los que piensan como uno"? Si en un grupo así la conversación se liberase de los frenos que le impone el empeño por obrar con "decoro político", ¿no podría el libre flujo de la exploración genuina constituir un suelo fértil para el crecimien-to de nuevas ideas y de nuevas relaciones?[10]

Antecedentes del modelo

El equipo había trabajado intensamente en este proyecto desde 1989.[11] Nuestro objetivo fue desarrollar y difundir mode-

---

9. White (1986-87) se ocupa de esta necesidad de dejar atrás "el impulso de persua-dir".
10. En su libro *La magia del conflicto*, el instructor de aikido Thomas Crum describe esa liberación como un proceso en el que se pasa "de un punto de vista (*point of view*) a un punto de visión (*viewing point*), un atalaya más alto y expansivo desde el cual es dable apreciar a ambas partes" (pág. 166).
11. En las sesiones de propuesta espontánea de ideas (*brainstorming*) realizadas en los primeros meses, nuestro equipo incluyó a otros dos colegas del Family Institu-te of Cambridge, Kathy Weingarten y Terry Real, así como al libretista y productor de televisión Peter Cook, de la WGBH-TV de Boston.

los de aplicación relativamente sencilla, de modo tal que las personas con habilidades para la facilitación grupal pudieran conducir sesiones de diálogos sobre temas de debate público sin tener que transitar por el agotador proceso de crear modelos ellas mismas.

El modelo que más pudimos probar es el de una única sesión de diálogo entre desconocidos que tienen distintas concepciones acerca del aborto.[12] Realizamos 19 sesiones de este tipo con participantes que estaban a favor de la posibilidad de elegir o a favor de la vida.** Los grupos estaban compuestos en su mayoría por entre cuatro y ocho personas y, dentro de ellos, era pareja la cantidad de integrantes que se declaraban a favor de una u otra posición. Comprobamos que el número ideal de integrantes era seis, pues esta cifra era lo bastante grande como para que hubiera diversidad de pareceres, y lo bastante pequeña como para que todos tuvieran oportunidad de hablar y de conocerse en el tiempo disponible. Reunimos a grupos de ambos sexos y a otros de un solo sexo. La mayoría de las sesiones tuvie-

---

12. Hemos empezado a experimentar con diversas adaptaciones del modelo para ser aplicadas a otros temas, en distintos medios y con diferentes clases de grupos. Por ejemplo, hemos diseñado dos reuniones de un día y una de tres días de duración para activistas estadounidenses que propugnan ciertas políticas sociales vinculadas a temas demográficos y de la salud femenina. Estos activistas tenían muchas inquietudes y objetivos en común, pero no cooperaban entre sí a raíz de ciertos agravios históricos mutuos y a sus distintas prioridades, que ellos percibían como incompatibles. También hemos ofrecido asesoramiento a personas que trabajan para promover el diálogo sobre los derechos de los homosexuales y el control de los alquileres. Laura Chasin y Caroline Marvin trabajaron junto a una organización femenina perteneciente a una iglesia preocupada por los conflictos producidos en su diócesis por los problemas raciales y de homosexualidad. Dirigimos una sesión de un día de duración con un grupo cívico que venía librando desde hacía dos años una fuerte batalla interna en torno del aborto. Sallyann Roth diseñó y puso en práctica un seminario de un día de duración para una institución de salud mental en la que se habían desatado tensiones entre los miembros del personal que eran homosexuales y los que no lo eran (Roth, 1992). Margaret Herzig trabajó junto a Grady McGonagill y otros dos consultores de organizaciones para cofacilitar un retiro de dos días de duración, con el fin de promover el diálogo entre los ecologistas, los representantes de la industria maderera y los defensores de los derechos de propiedad en "The Northern Forest".

** *Prochoice* y *prolife*, respectivamente, son los términos habituales en inglés. No empleamos las denominaciones habituales en castellano porque, como los autores aclaran más adelante, evitaban utilizar en las sesiones expresiones del tipo "estar en contra de". (*N. del T.*)

ron lugar de 18:00 a 21:30 horas en días laborables, y se realizaron en el Family Institute of Cambridge, en la localidad de Watertown, estado de Massachusetts.

Algunos de los participantes militaban en organizaciones locales (como las denominadas Elección Masiva y Ciudadanos de Massachusetts en Favor de la Vida). Algunos no tenían militancia activa en el tema del aborto pero se identificaron claramente a sí mismos como a favor de la posibilidad de elegir o a favor de la vida. Nuestros primeros grupos estaban constituidos principalmente por personas blancas de clase media y de un buen nivel de instrucción; más tarde incluimos también a individuos de antecedentes educativos, raciales, étnicos o económicos más diversos.

Dos de las sesiones se realizaron con sólo dos participantes. Una de estas sesiones se efectuó con dos personas que tenían responsabilidades públicas en la cuestión y nos pidieron que facilitáramos un diálogo entre ellas. La otra se llevó a cabo a iniciativa nuestra con dos estudiantes avanzados de Cambridge que, tres años antes, cuando aún eran alumnos del ciclo básico, habían militado como dirigentes estudiantiles en posiciones opuestas durante una muy publicitada reyerta sobre el tema del aborto, producida dentro del recinto de la universidad. Otras dos sesiones vespertinas se efectuaron en Jackson, estado de Mississippi, con grupos de mujeres, uno de ellos perteneciente a la iglesia del lugar. Estas sesiones fueron cofacilitadas por Sallyann Roth, una integrante de nuestro proyecto, y Melissa Griffith, terapeuta familiar de Jackson. Además, planeamos y condujimos una sesión de un día entero para un grupo de dieciocho mujeres de una pequeña localidad del estado de Pennsylvania, comunidad que se hallaba acaloradamente dividida respecto del aborto.

Antes de exponer nuestros principios generales y métodos, bosquejaremos las etapas básicas que seguimos en nuestro actual modelo de una sola sesión.[13] Aquí informamos sólo sobre

---

13. En Becker y otros (1992), Chasin y Herzig (1993) y Roth y otros (1992), se hallará información más detallada sobre las diversas etapas del modelo.

este modelo, pues lo hemos puesto a prueba más cabalmente que a las adaptaciones desarrolladas el año pasado.

Bosquejo del modelo

En nuestro primer contacto telefónico con los participantes, dedicamos todo el tiempo necesario a describir nuestro proceso y objetivos, responder preguntas y solicitar que nos manifiesten cualquier reserva o duda. En una carta que enviamos luego, y en la que incluimos una copia de nuestro cuadro de "Diferencias entre un debate y un diálogo" (ver el Cuadro 1), reiteramos nuestros objetivos y esbozamos algunos de los acuerdos que proponemos con el fin de fomentar la creación de una atmósfera segura durante el diálogo. Además, planteamos a los participantes algunas preguntas para que reflexionen sobre ellas y les pedimos expresamente que concurran a la sesión "con la parte suya que sabe escuchar atenta y respetuosamente a los demás, no con la parte inclinada a persuadir, defenderse o atacar".

Cuando llegan los participantes, compartimos con ellos una cena ligera en cuyo transcurso se conocen entre sí y nos conocen. A cada persona se le da un par de minutos para que diga algo sobre sí misma, pidiéndole que no incluya ninguna información que pudiera indicar cuál es su postura en cuanto al tema en debate. Luego de la cena y antes de pasar a la sala donde se realizará la sesión, se les pide que firmen una autorización para filmar la sesión; se les aclara que más tarde pueden, si lo desean, anular esta autorización.

Comenzamos la sesión proponiendo a todos los participantes que acuerden entre sí mantener la confidencialidad sobre lo que allí se diga; utilizar un lenguaje respetuoso (v. gr., es preferible decir que alguien "está a favor de la vida o de la posibilidad de elegir " y no decir que está "en contra de la posibilidad de elegir o en contra del aborto"); dejar que termine de exponer la persona que está en el uso de la palabra (o sea, no interrumpirla); y permitir que alguien se niegue a responder a una pregunta sin necesidad de dar explicaciones (los participantes

Cuadro 1. Diferencias entre un debate y un diálogo

DEBATE	DIÁLOGO
La comunicación que tiene lugar antes de la reunión entre los auspiciantes y los participantes es mínima y poco relevante para lo que sigue.	Los contactos previos y la preparación de los participantes antes de la reunión son elementos esenciales del proceso.
Los participantes suelen ser dirigentes conocidos por propugnar una posición muy elaborada. El público está familiarizado habitualmente con los personajes que aparecen en el debate, cuya conducta tiende a ajustarse a ciertos estereotipos.	Los elegidos para participar no son necesariamente "dirigentes" de opiniones conocidas. Hablan en carácter personal, como individuos cuyas experiencias difieren en algún aspecto de las de su "lado". Es probable que su conducta se aparte, en algún grado y dimensión, de las imágenes estereotipadas que otros puedan tener de ellos.
La atmósfera es amenazadora: los participantes prevén que pueden ser interrumpidos y atacados, y normalmente los moderadores permiten que esto suceda.	La atmósfera es segura: los facilitadores proponen reglas claras que promuevan la seguridad y un intercambio respetuoso, obtienen el acuerdo de los presentes al respecto y las hacen respetar.
Los participantes hablan en su condición de representantes de algún grupo.	Los participantes se hablan unos a otros en su condición de individuos singulares y a partir de su experiencia.
Los participantes se dirigen a sus propios partidarios, o a lo sumo a los indecisos o a los que adoptan una postura intermedia.	Los participantes se dirigen a todos los otros participantes.
Se niegan o subestiman las diferencias internas de cada "grupo".	Las diferencias internas de cada "grupo" se ponen de manifiesto a medida que se examinan los fundamentos individuales de las creencias y valores de cada persona.
Los participantes expresan su compromiso indeclinable con un punto de vista, enfoque o idea.	Los participantes expresan sus incertidumbres así como sus creencias más profundas.
Los participantes escuchan al otro con el fin de refutar los datos que presenta y de mostrar las fallas lógicas de su argumentación. Las preguntas se formulan desde una posición de certeza total. A menudo son desafíos retóricos o declaraciones disfrazadas.	Los participantes escuchan a los demás con el fin de conocer mejor y comprender sus creencias e intereses. Las preguntas se formulan desde una posición de curiosidad.
Lo que se dice es previsible y ofrece poca información nueva.	Aparece información nueva.
El éxito depende de hacer declaraciones simplistas pero apasionadas.	El éxito depende del examen de los aspectos complejos del tema en disputa.
El debate opera dentro de las restricciones impuestas por el discurso público dominante. (Este discurso define el problema y las opciones para su resolución. Da por sentado que las necesidades y valores esenciales ya son claramente comprendidos.)	Se estimula a los participantes a que cuestionen el discurso público dominante, o sea, a que expresen necesidades esenciales que pueden o no estar reflejadas en aquél, y a que exploren diversas opciones para la definición y resolución del problema. Los participantes pueden descubrir fallas en el lenguaje y los conceptos habituales utilizados en el debate público.

* En este cuadro se contrasta el tipo de debates que suele verse en televisión con el tipo de diálogo que aspiramos a promover en las sesiones conducidas dentro del Proyecto de Conversaciones Públicas.

tienen el "derecho de decir paso").[14] Los facilitadores presentan el cronograma de actividades del encuentro y recuerdan a los participantes que "tienen aquí una oportunidad de mantener una conversación distinta, en la que podrán compartir con los demás sus pensamientos, sentimientos y aquello con lo que están lidiando, así como sus dudas e inquietudes... Éste es un momento para que cada individuo exprese qué piensa como individuo único, esté con personas que no piensan igual y formule preguntas sobre aquello que le provoca una genuina curiosidad". Además, se reitera a los participantes la conveniencia de dejar de lado toda tentativa de persuadir al otro.

En los primeros 45 minutos, los facilitadores formulan tres preguntas. Las dos primeras se responden "en ronda", vale decir, cada participante la contesta cuando le llega el turno. A la tercera se responde en forma más espontánea, sin respetar el orden de la ronda, a medida que distintos integrantes están listos para hacerlo.

Una vez que han respondido a estas preguntas iniciales, los invitamos a formularse preguntas recíprocas, pero antes les sugerimos que éstas provengan de una curiosidad genuina por saber algo del otro, y no sean preguntas retóricas ni declaraciones disfrazadas de preguntas. Les recordamos que ése no es el lugar para persuadir a nadie y los invitamos a hablar sobre sí mismos y a formularse preguntas acerca de cada uno (no sobre "ellos" en su conjunto, o sobre personas que no estén presentes).

Unos veinte minutos antes de que concluya la sesión, preguntamos: "¿Qué piensan ustedes que han hecho, o no han hecho, para que la conversación se desarrollara como lo hizo?" y "¿Tienen algún otro comentario que desearían compartir con los demás antes de retirarse?" Al término del encuentro les preguntamos si quieren modificar lo acordado respecto de la confidencialidad y la autorización que nos dieron para conservar el vídeo de la sesión con fines de investigación. Asimismo, les pedimos permiso para llamarlos por teléfono para realizar un seguimiento y solicitar *feedback*.

---

14. La regla del "derecho de decir paso" fue propuesta por James Sacks y descripta por Lee (1981), Chasin y otros (1989) y Roth y Chasin (1994).

Algunas semanas después de la sesión los llamamos para que nos comenten sus opiniones, con el objeto de mejorar el modelo, comunicarnos alguna otra idea que tuvieron o averiguar qué elementos de la sesión incorporaron a su vida o podrían incorporar en el futuro. Estas llamadas de seguimiento suelen durar alrededor de 45 minutos; en su mayoría, son grabadas y luego transcriptas.

Objetivos guía

Los principios que guían nuestro trabajo están estrechamente ligados entre sí y se entretejen en cada etapa del modelo. En este artículo mencionaremos cuatro objetivos, seleccionados de un modo algo artificial, e indicaremos los principios que reflejan y la metodología que los rige. Esos cuatro objetivos son: 1) Preparar a los participantes para iniciar una travesía hacia lo novedoso. 2) Crear un contexto seguro. 3) Evitar los viejos debates. 4) Promover la cocreación de una nueva conversación.

Preparar a los participantes para iniciar una travesía hacia lo novedoso

En nuestro llamado inicial a los participantes, así como en la carta de invitación y en las observaciones que hacemos al comienzo de la sesión, distinguimos claramente entre un *diálogo*, tal como nosotros lo entendemos, y un *debate* como los que suelen verse en programas de televisión (ver el Cuadro 1). Queremos descartar toda falsa interpretación sobre la naturaleza del encuentro, y queremos que la gente participe de buen grado y estando bien informada. Nuestro propósito es que quienes no estén dispuestos a renunciar a sus intenciones de persuadir a los demás, o quienes no muestren interés por un intercambio exploratorio respetuoso con el "otro grupo", se autoexcluyan del proceso (sólo cuatro personas, dos de cada "grupo", declinaron participar por esas razones).

Hay un segundo motivo para que expongamos perfectamente nuestras ideas a los participantes. Si bien nuestro proceso estructurado es totalmente voluntario, algunos pueden sentirlo tan antinatural y ansiógeno que prefieran refugiarse en lo conocido. Con el propósito de ayudar a los participantes a que se resistan a esta retirada, destacamos las diferencias entre el discurso habitual sobre el aborto y un nuevo diálogo que los prepare para los desafíos propios de su travesía hacia lo novedoso.

Abordamos esa preparación de muchas maneras. Mencionamos nuestras expectativas con respecto a la sesión, así como los acuerdos específicos que propondremos para asegurar que se sientan seguros en su transcurso, e indicamos lo que podrían hacer para predisponerse favorablemente. Además, comentamos que en el pasado otras personas pudieron participar con integridad y con una respetuosa curiosidad por los demás, e hicieron oír sus opiniones y experiencias de manera auténtica. Creamos así la imagen de una alternativa factible frente al debate disgregador.[15]

Transmitimos toda esta información con mesura y prudencia, para presentar a los participantes un modelo de respeto y atención como el que se espera de su conducta en el diálogo. Nuestras primeras interacciones con ellos tienen que darles motivos para confiar en que los asistiremos diligentemente para preservar sus acuerdos, y en que apoyaremos siempre la parte que de ellos está dispuesta a escuchar con respeto, hablar de otra manera y aprender algo nuevo sobre los demás y sobre sí mismos.

Crear un contexto seguro

No es frecuente que las personas se arriesguen a adoptar una actitud más abierta frente a sus adversarios, si no se les asegura un clima de seguridad. Si solicitamos a los participantes que depongan sus armas retóricas, tenemos que ofrecerles protección. Entendemos que el gran cuidado con que los preparamos

---

15. De este modo, a la influencia restrictiva del discurso dominante le oponemos lo que es posible lograr cuando uno se resiste a ella y procura que se hable sin trabas. Según la frase de Michael White (1989), lo que hacemos es "externalizar el problema".

para el encuentro contribuye a ese sentido de seguridad, y que cuanto más sepan sobre él, más seguros se sentirán. También es provechoso que conozcan nuestro enfoque. De inmediato, descubren que proveemos expectativas claras y explícitas para la sesión, y un plan de estructura bien definida; no necesitan preocuparse por un encuentro con adversarios en un contexto donde todo vale. Están informados de que nuestro interés es que lleguen a acuerdos explícitos que reduzcan su temor a la exposición pública, las interrupciones desconsideradas, los insultos injuriosos o la presión para que hablen aunque no lo deseen.

Otra forma de promover la seguridad es con papeles claros en lo tocante al proceso y al contenido. Como facilitadores, brindamos una estructura y facilitamos un proceso, pero no hacemos ningún aporte en el plano del contenido. Pedimos a los participantes que confíen en que aplicaremos nuestra energía para que se sientan seguros al explorar, consigo mismos y con los demás, las experiencias y significados, y procuramos ganarnos esa confianza.

La sensación de seguridad se ve fortalecida por la forma respetuosa en que los involucramos en nuestro proceso de aprendizaje. No los consideramos los "sujetos" de nuestro estudio, sino co-investigadores, y no nos presentamos como especialistas omnisapientes dispuestos a juzgarlos, sino como exploradores interesados en que nos guíen. En los llamados telefónicos de seguimiento les preguntamos acerca de todas las fases del proceso, y en particular en cuanto a lo que les facilitó la travesía o se la entorpeció. Si comentan que pasaron por momentos desagradables, les preguntamos si tienen idea de cómo pudimos haberlos ayudado o haber reducido su malestar en esos momentos. Los llamados de seguimiento no sólo son para nosotros oportunidades de aprendizaje, sino que sirven, además, para poner de manifiesto nuestro permanente interés por la seguridad, integridad y bienestar de los participantes.

Evitando los viejos debates

Varias características de nuestro modelo están destinadas a impedir que se caiga en las viejas conversaciones y a hacer lugar para una nueva. Cuando solicitamos, en la comida inicial, que ninguna persona revele cuál es su posición con referencia al tema en disputa, lo hacemos para evitar que se midan el uno al otro con las lentes que separan al amigo del enemigo; esto permite que se conozcan como personas. A veces, conjeturan quién puede estar de tal o cual lado, para luego comprobar que sus conjeturas no siempre fueron ciertas. Esto les da una oportunidad de observar cómo actúa su propio proceso de creación de estereotipos.

Cuando ingresan al salón donde se realizará la sesión, se les asignan asientos contiguos en lugar de enfrentar a las personas con posturas opuestas. Esto quiebra el habitual enfrentamiento físico de los lados opuestos y hace que en la ronda inicial de respuestas se ponga de relieve la variedad de opiniones, frenando la tendencia a agrupar a la gente en "campos".

Los acuerdos y pautas que proponemos evitan interacciones poco fructíferas o destructivas. La regla según la cual cualquiera tiene el "derecho de decir paso" cuando se le pide su opinión libera a los individuos para preguntar más libremente y protege a todo el mundo de ser arrinconado. La estructura de la ronda y la consigna de no interrumpir a quien habla evita la reactividad y ayuda a quienes escuchan a dejar de lado el hábito de preparar la respuesta mientras el otro habla. La indicación de que se hable en forma personal, evitando las preguntas retóricas, generalizadoras o referidas a personas que no estén presentes bloquea las polémicas, las inculpaciones y los discursos tendientes a ganarse la admiración de los demás.

En los comentarios que hacen al despedirse y en los llamados de seguimiento, a veces los participantes mencionan el efecto liberador que tuvieron estas restricciones sobre ellos. Un hombre dijo: "Al quitarle a la discusión el acaloramiento, al menos se permite que uno escuche mejor el punto de vista del otro... Es una oportunidad para que cada uno sea un poco más auténtico y esté menos a la defensiva". Otro hombre señaló que la seguridad brindada gracias a las reglas que se adoptaron le permitió confiar a los demás sus incertidumbres. "Si esto hubiera sido un debate, no les habría dicho ni la mitad de las cosas que les dije" –agregó. Una mujer dijo, al final de la sesión, que el hecho de no haber sentido la necesidad de realizar algún último comentario "tendiente a convencer a los demás" había constituido para ella "una victoria personal". Otra mujer confesó que habitualmente era muy proclive a "dejarse llevar por las opiniones del grupo", pero que en este caso "había sentido sinceramente todo lo que dijo". Algunos participantes señalaron que se dieron cuenta de que debían reprimir ciertas expresiones. En las observaciones del final de la sesión, un hombre aclaró que no se había sentido del todo sincero por tener que evitar un lenguaje subido de tono. No obstante, en el llamado de seguimiento, el mismo participante declaró que el tono general del intercambio había sido "admirable" y felicitó a los facilitadores por "mantener la cosa ordenada" sin que nadie se sintiese "invalidado o avasallado". Al recordársele lo que había dicho al partir, afirmó que para él había sido positivo encuadrar sus intervenciones teniendo en cuenta las pautas estipuladas. "Seamos francos –añadió–, que la gente se pelee es lo común y corriente. Esta experiencia, en cambio, fue única".[16]

Promoviendo la cocreación de una nueva conversación

Iniciamos el proceso de promover un nuevo tipo de conversación cuando proponemos y reiteramos el "encuadre alternativo", o sea, cuando fijamos objetivos y brindamos pautas para una con-

---

16. Cuando decimos que el diálogo promueve una experiencia de integridad y autenticidad, no queremos significar que una expresión "auténtica" no incluye la manifestación de fuertes convicciones. Como facilitadores del diálogo, entendemos que debemos dar cabida a las ideas y sentimientos habitualmente sofocados. En un sistema social caracterizado por una homogeneidad opresivamente insulsa, el hecho de alentar a que se expresen las voces sofocadas también implicaría bloquear las "antiguas" pautas, pero éstas serían distintas, o sea, se caracterizarían por la amabilidad excesiva y la deferencia, en lugar de caracterizarse por la hostilidad y la virulencia. En cualquiera de los dos casos, es probable que al estimular a los individuos a que hablen a partir de su experiencia personal expresen lo que por lo común no dicen, confiriendo así un tono menos polarizador a sus más firmes convicciones.

versación que difiera fundamentalmente de un debate.[17] Para ello, adoptamos un tono sincero, abierto, en el que imperan la curiosidad y el respeto por el otro. Hablamos a ritmo lento. Al ceder la palabra a los participantes, éstos ya se han dado cuenta claramente de qué pensamos acerca de su vieja conversación "estancada" y qué elementos esperamos que surjan en una nueva: curiosidad, complejidad, narración personal, manifestación de las dudas e incertidumbres y no sólo de las certezas. Tanto la formulación como la secuencia de nuestras primeras preguntas están cuidadosamente preparadas para fomentar la aparición de tales elementos. Se las prepara en el convencimiento de que el conflicto político crónico casi nunca puede ser resuelto a través de la discusión de hechos concretos, porque generalmente arraiga en profundas experiencias y valores personales.

Nuestra primera intervención es la siguiente: *Nos gustaría que nos contaran algo acerca de sus experiencias relativas al tema del aborto. Por ejemplo, alguna parte de su historia personal que haya tenido relación con él, o la forma en que se interesaron por este tema y cuál ha sido la vinculación que tuvieron.* Este planteo hace que la conversación se fundamente en ricos relatos personales y revele las conexiones existentes entre creencias muy arraigadas y experiencias subjetivas. A algunos participantes los llevará a reflexionar sobre las creencias que "estaban en el aire" en sus respectivas familias; a otros, les hará recordar vívidos relatos sobre abortos, adopciones, tragedias, triunfos o giros inusuales de los acontecimientos en su vida individual y familiar. El interés y la curiosidad de los presentes se ven incentivados, ya que no existe ningún relato previsible.

Reproducimos algunas declaraciones de los participantes:

Mujer a favor de la vida: Cuando estaba en segundo año de la universidad, mi mejor amiga decidió proponerse como presidenta del grupo que estaba a favor de la continuación del embarazo... Ella tenía una discapacidad física, una parálisis cerebral, y le preocupaba mucho el valor que asigna nuestra sociedad a las personas discapacitadas. Se murió, por motivos que hasta el día de hoy no conocemos, y yo no pude soportar que

---

17. Sobre la "cocreación" de una nueva conversación, ver Anderson y Goolishian (1988).

todo aquello por lo que ella había luchado se perdiera por el camino... A esa altura, yo ya había adoptado lo que llamo una postura feminista a favor de la vida.

Hombre a favor de la posibilidad de elegir: Bueno, fui catapultado a esto hace varias décadas, porque mi hermana tuvo un aborto, y resultó que el padre de la criatura era mi padre. No es la posición más cómoda para empezar a pensar en todo este asunto. Cuando me casé, mi esposa tuvo tres abortos espontáneos antes de que naciera nuestro hijo, y pude comprobar lo que eso le provoca a una mujer, aunque sólo sea porque es algo que no puede controlar... Yo no le aconsejo a nadie (sobre el aborto). Primero tengo que ver qué es lo que siente esa persona.

Nuestra segunda pregunta, *¿cuál es para usted, como persona, el fondo de la cuestión?*, ofrece a la gente la oportunidad de expresar sus convicciones, pero situando el eje del problema en lo sentido profundamente, lo singular y lo personal. A lo largo de la sesión, el lenguaje que empleamos hace que la atención de los participantes se dirija hacia lo más valioso para ellos.

Mujer a favor de la posibilidad de elegir: Creo que, para mí, lo que está realmente en juego es la madurez moral de la mujer. Todo lo que legisle o le quite a la mujer la opción de elegir es una falta de respeto por ella como persona moral madura, capaz de tomar decisiones adecuadas para ella en el contexto de su vida y de sus relaciones.

Mujer a favor de la vida: El hecho de que un niño sea o no querido por otra persona es... me aterra pensar que la importancia de mi vida pudiera depender de que alguien me quiera. Yo soy un ser especial tal como soy y no me importa si alguien me quiere. Mi vida no tendría que depender de eso en ningún momento, por cierto.

Nuestro tercer planteo es el siguiente: *En su enfoque general del aborto, mucha gente tiene zonas grises, dilemas sobre sus propias creencias o incluso conflictos internos. A veces, estas zonas grises se ponen de manifiesto cuando la gente se ve ante casos extremos, en los que una persona que está a favor de la vida podría permitir un aborto, o una persona que está a favor de la posibilidad de elegir preferiría no permitirlo. Dicho de otra ma-*

nera, a veces una persona siente que sus propias opiniones sobre el aborto entran en conflicto con otros importantes valores y creencias suyos. Hemos comprobado que es útil y productivo que la gente comparta los dilemas, luchas internas y conflictos que tiene dentro de su concepción prevaleciente. Los invitamos a que comenten cualquier resto de incertidumbre o de indecisión, cualquier inquietud, conflicto de valores o sentimientos mezclados que tengan y deseen compartir con los demás. Este planteo establece diferenciaciones entre quienes asumen una posición similar y sugiere formas de salvar la distancia que separa a quienes se hallan en posiciones opuestas. Alienta a los participantes al esfuerzo de reconocer la complejidad de sus propios puntos de vista.

> *Hombre a favor de la vida:* Creo que mi manera de considerar esto es que si uno le pone término a una vida... hay una cierta maldad en eso. Si se trata de un embarazo no deseado, hay un mal allí. Si es producto de una violación o de un incesto, y como consecuencia uno tiene un bebé gravemente dañado, todas esas cosas son malas. Y la incertidumbre que yo siento es que (si) una niña de trece años ha sido violada por su tío y esto va a destruir su vida... Yo no puedo quedarme montado en mis altos escrúpulos morales y decir que "Matar a un niño no nacido es el máximo error universal". Porque sé que hay otras cosas malas en el mundo y uno tiene que tratar de equilibrarlas.
>
> *Mujer a favor de la posibilidad de elegir:* La santidad de la vida es algo precioso para mí... y no creo que Dios se tome a la ligera que nosotros decidamos poner fin a una vida, por el motivo que sea. No quisiera que convirtamos el aborto en algo que se puede hacer sin tener que pensarlo dos veces... No me parece que haya una única respuesta correcta. A veces lo que pasa es que una respuesta es menos mala que otra.
>
> *Mujer a favor de la vida:* Una vez discutía esta cuestión con un amigo y me dijo: "Es evidente que tú no tuviste que crecer siendo un hijo no deseado". Y tenía razón, a mí mis padres me quisieron tener. Pienso en los chicos que sufren y me digo, ¿sería mejor que los hubieran abortado? Después pienso: bueno, están vivos. Es duro realmente ver a los chicos sufrir y aun así aprobar la continuación del embarazo; sin embargo, yo la apruebo. Eso es algo con lo que me debato interiormente.
>
> *Mujer a favor de la posibilidad de elegir:* Después de que tuve a

mi bebé me di cuenta de que nunca podría tener un aborto. Eso cambió mi visión personal del aborto... Me molesta que entre la gente que está por el aborto no se haya discutido mejor hasta qué momento del embarazo puede permitirse que se lo practique. Para mí, el punto final serían los cinco o seis meses de embarazo. Ya para entonces, estamos ante un bebé, no un feto.

Algunos participantes que estaban a favor de la continuación del embarazo manifestaron que su posición moral sobre el aborto se hallaba en conflicto con su creencia política en una sociedad pluralista, fundada en la posibilidad de la coexistencia de diferentes valores. Una mujer que favorecía la posibilidad de elegir dijo que el hecho de pensar en el daño causado al hijo antes de su nacimiento por el alcohol o las drogas había suscitado en ella un sentimiento de compasión hacia el feto, llevándola a abrigar la idea de que quizás el feto también tuviera derechos. Una mujer feminista a favor de la vida explicó que, a su juicio, los abortos legales permiten que las mujeres sean usadas por hombres que no se ven forzados a asumir la responsabilidad por sus actos; el aborto se convierte en un sucedáneo de encontrar solución a los problemas sociales de nuestra época. Declaró que la elección de una mujer no es genuina si no la realiza en un marco en el que haya otras alternativas igualmente viables. Dijo que tenía sentimientos ambivalentes en cuanto a prohibir el aborto en una sociedad en la que, frente a un embarazo no planeado, la mujer no recibe un apoyo adecuado.

Durante el período en que invitamos a que las preguntas emanen de una curiosidad auténtica, solemos asistir a intercambios verbales muy interesantes y significativos. Un dirigente de grupos a favor de la posibilidad de elegir preguntó a un dirigente de grupos a favor de la vida si le podía mencionar alguna razón por la que se justificara que el aborto fuese legal. El otro individuo le contestó que sí: la razón era que así las mujeres no morirían por abortos ilegales. Una mujer judía que estaba a favor de la posibilidad de elegir preguntó a una católica que estaba a favor de la vida, y que militaba en el movimiento Operación Rescate (*Operation Rescue*), que describiera cuál era a su entender la relación entre el aborto y el alma. Su interlocutora pasó a describirle un complejo sistema de creencias sobre lo que le ocurre al alma de un niño abortado.

Advertir que las creencias ajenas son más complicadas de lo que transmiten las reducciones simplistas, escuchar sentimientos ambivalentes que normalmente no se expresan, descubrir y revelar las propias complejidades y dilemas silenciados, es una lección de humildad que tiene a la vez efectos que permiten recuperar o forjar poder (*empowering*). Al término de una sesión, una mujer comentó: "Ninguno de nosotros es dueño de la verdad, pero entre todos podemos acercarnos más a ella. Podemos sentirnos más seguros, más liberados y aceptados. Podemos continuar con nuestra lucha interna, aun cuando nunca lleguemos a resolverla". En ocasiones, la experiencia de escuchar y hablar de un nuevo modo en el grupo de diálogo deja a los participantes enseñanzas vinculadas con sus relaciones personales. Una mujer manifestó: "Me temo que yo no doy cabida a los otros y a las opiniones de los demás cuando difieren de las mías. No doy cabida a las opiniones de mi marido. Ese aspecto mío no me gusta. Quisiera cambiarlo". Otra comentó que era difícil compartir experiencias personales con quienes tienen posiciones ideológicas contrarias, "pero, a mi modo de ver, así es como se crea y profundiza una comunidad humana. No cambiaremos el mundo quedándonos de uno u otro lado del cerco, gritándonos y lanzándonos insultos".

Diálogo en democracia

Los gobiernos democráticos garantizan la libertad de palabra, con el fin de promover la plena participación de todos los ciudadanos en la vida pública. Sin embargo, como hemos visto, a veces las fuerzas sociopolíticas de una democracia forjan un discurso dominante en torno de un tema en disputa polarizado, que desalienta a los ciudadanos a manifestarse en forma plena sobre dicho tema. Algunos individuos con puntos de vista complicados se silencian a sí mismos por completo. Como consecuencia, los complejos dilemas humanos y sociales se convierten en posturas distantes entre sí, polarizadas y llenas de resentimiento, que malgastan preciosos recursos volcándolos en un mar de desesperanza y odio.

Uno de los principales objetivos de nuestro proyecto es generar un proceso reproducible, mediante el cual los ciudadanos puedan entablar diálogos plenos, seguros y respetuosos sobre temas controvertidos. Si todos los que poseemos capacidad para la facilitación grupal podemos poner en marcha y fomentar dicho proceso, se debilitará la garra del discurso dominante sobre los temas polarizados y se escucharán más, en conversaciones públicas, las voces antes silenciadas. En la medida en que una mayor cantidad de miembros de la sociedad esté involucrada en el foro, y los participantes se comprometan más en él, creemos que hará un servicio al espíritu de la democracia.

Cada uno de nosotros se sumó a este proyecto con perspectivas y experiencias algo diferentes en lo relativo al debate sobre el aborto, pero todos llegamos a apreciar hasta qué punto nuestro pensamiento había sido constreñido por el discurso dominante y los estereotipos que fomenta. La posibilidad de asistir a estas conversaciones y de facilitarlas fue una fuente de humildad y una experiencia apasionante. Incrementó nuestro compromiso con los objetivos del proyecto. Reforzó nuestro convencimiento de que la retórica de la controversia sobre el aborto desestima inquietudes válidas, menoscaba valores sociales positivos y relega a un segundo plano significados ricos y complejos.

Cada vez es mayor nuestra certeza de que el diálogo es esencial para una sociedad democrática, y que tiene el fin de preservarla no sólo en la ley sino en el espíritu y la práctica, dotarla de sensibilidad ante sus diversos integrantes y hacer que no excluya a nadie que viva en ella. Consideramos que nuestra labor en este proyecto es una de nuestras formas de participar en la democracia, y nos sentimos sumamente complacidos por haber tenido la oportunidad de compartir esta tarea con nuestros colegas.

Referencias bibliográficas

Anderson, H. y Goolishian, H. (1988), "Human Systems as Linguistic Systems: Some Preliminary and Evolving Ideas About the Implications for Clinical Theory". *Family Process, 27* (4) 371-393.

Buxman, B. (1992), "Working Through Conflict: A Testimony". *MCS Conciliation Quarterly, 11* (1) pág. 4.

Chasin, B. (inédito), "Population and Family Planning in Context: Steps Toward a Shared Vision: A Report on a Dialogue Weekend at Chappaquiddick".

Chasin, L.; Chasin, R.; Herzig, M.; Roth, S. y Becker, C. (1991), "The Citizen

Clinician: The Family Therapist in the Public Forum". *American Family Therapy Association Newsletter,* otoño, 36-42.

Chasin, R. y Herzig, M. (1993), "Creating Systemic Interventions for the Sociopolitical Arena". En: B. Berger-Gould y D.H. DeMuth (Comps.). *The Global Family Therapist: Integrating the Personal, Professional and Political.* Needham, Mass: Allyn and Bacon, págs. 141-192.

Chasin, R.; Roth, S. y Bograd, M. (1989), "Action Methods in Systemic Therapy: Dramatizing Ideal Futures and Reformed Pasts with Couples". *Family Process, 28,* 121-136.

Crum, T. (1987), *The Magic of Conflict.* Aiki Works, Inc. P.O.Box 7845, Aspen, CO 81612.

Freeman, S.A.; Littlejohn S.W. y Pearce, W.B. (1992), "Communication and Moral Conflict". *Western Journal of Communication,* 56, 311-329.

Gurevitch, Z.D. (1988), "The Other Side of Dialogue: On Making the Other Strange and the Experience of Otherness". *American Journal of Sociology,* 93, 1179-1199.

Gurevitch, Z.D. (1989), "The Power of Not Understanding: The Meeting of Conflicting Identities". *The Journal of Applied Behavioral Science,* 25, 161-173.

Kelman, H. (1990), "Interactive Problem Solving: The Uses and Limits of a Therapeutic Model for the Resolution of International Conflicts". En: Volkan, Montville y Julius (Comps.). *The Psychodynamics of International Relationships.* Lexington, Mass,: Lexington Books.

Lee, R. (1981), "Video as Adjunct to Psychodrama and Role-Playing". En: J. Fryrear y R. Fleshman (Comps.). *Videotherapy and Mental Health.* Springfield, Ill.: Charles C. Thomas.

Mack, J. (1983), "Nationalism and the Self". *The Psychohistory Review, 11* (2-3) 47-69.

Roth, S. (1992), "Speaking the Unspoken: A Work-Group Consultation to Reopen Dialogue". En: E. Imber-Black (Comp.). *Secrets in Families and Family Therapy.* Nueva York: Norton, 268-291.

Roth, S.; Chasin, L.; Chasin, R.; Becker, C. y Herzig, M. (1992), "From Debate to Dialogue: A Facilitating Role for Family Therapists in the Public Forum". *Dulwich Centre Newsletter,* 2, 41-48.

Roth, S. y Chasin, R. (1994), "Entering One Another's Worlds of Meaning and Imagination: Dramatic Enactment and Narrative Couple Therapy". En: M.F. Hoyt (Comp.). *Constructive Therapies.* Nueva York: Guilford.

Shotter, J. (1992), Bakhtin y Billig: "Monological Versus Dialogical Practices", *American Behavioral Scientist, 36* (1) 8-12.

White, M. (1986/7), "Couple Therapy: 'Urging for Sameness' or 'Appreciation of Difference' ". *Dulwich Centre Newsletter,* verano, 11-13.

White, M. (1989), "The Externalizing of the Problem and the Re-authoring of Lives and Relationships". *Dulwich Centre Newsletter,* verano, 3-21.

CAPÍTULO 7

W. BARNETT PEARCE Y KIMBERLY A. PEARCE

"VOLVERSE PÚBLICO": EL TRABAJO SISTÉMICO EN LOS CONTEXTOS PÚBLICOS

"Como estadounidense, me he preguntado durante mucho tiempo cómo pudo ocurrir que un grupo compuesto por individuos tan diversos y discrepantes en otros aspectos como el de nuestros 'padres fundadores', de mentalidad tan independiente, pudieran llegar a enunciar en forma conjunta 'sostenemos que estas verdades son evidentes por sí mismas' y a la larga aceptaran con plena convicción 'comprometer cada cual su Vida, su Fortuna y su sagrado Honor en bien de los demás.' [...] Ahora vuelvo a preguntarme lo mismo como consecuencia de mi participación en [...] un encuentro que tuvo lugar en el Congress Hall de Filadelfia, el salón donde se reunió la primera Convención Constituyente de los Estados Unidos y donde siguió sesionando el Congreso por diez años. [...] Ser ese día parte de la conversación fue una experiencia conmovedora. El Congress Hall es un salón pensado especialmente para una conversación. La acústica es excepcional: ciento cincuenta personas pueden conversar en él como si estuvieran sentadas en un líving. Pese a haber sido diseñado en una época en que no existían los tragaluces, el cuarto está lleno de luz; las ventanas rodean el espacio para las reuniones a una altura en la que iluminan sin distraer. Los participantes no dejan de tener presente el mundo natural que rodea al edificio aun cuando sigan concentrados en la conversación que desarrollan. Las butacas están puestas en semicírculo, de modo tal que todos puedan ver a todos. Evidentemente, quienes diseñaron este salón sabían que la conversación y el autogobierno son

179

dos cosas que están inextricablemente entrelazadas. Si perdemos la capacidad de hablar unos con otros, perdemos la capacidad de gobernarnos a nosotros mismos" (Senge, 1990, págs. xiii-xiv).

"Los ámbitos públicos en que se supone que los funcionarios electos tienen que encontrar soluciones aceptables para los problemas de un país se asemejan cada vez más a esas carreras de eliminación (demolition derby). *En sus peores aspectos, nuestra sociedad se ha convertido en un lugar donde nadie es capaz de reunir una mayoría salvo para quejarse de algo. Cuando el cuerpo político está tan fragmentado, es difícil forjar coaliciones, y a menudo los dirigentes no logran convencer a nadie de que ciertos sacrificios del interés personal son necesarios para el bien común"* (Melville, pág. 28).

Nuestro colega Keith Melville dedicó gran parte de su vida profesional a ayudar a los ciudadanos a participar en el tipo de conversaciones que, según Peter Senge, son necesarias para el autogobierno. Como parte de su tarea en la entidad denominada The Public Agenda (La Agenda Pública), preparó una serie de "libros sobre temas socialmente conflictivos", en los que presenta una síntesis imparcial de algunas cuestiones importantes, como las medidas antidiscriminatorias (*Affirmative Action*), la política y programática hacia la educación pública, la inmigración o el papel de los Estados Unidos en el mundo. Cada libro expone al menos tres "opciones" que las personas pueden adoptar como punto de partida para un tipo particular de comunicación llamado "deliberación".

La "deliberación" es un tipo de comunicación en la que las personas procuran comprenderse mutuamente y descubrir qué tienen en común, en lugar de tratar de acallar con sus gritos a quienes discrepan con ellas. En esta clase de comunicación, las personas ponderan los méritos relativos de diversas opciones, hablan a partir de sus propios intereses, escuchan a los demás exponer los suyos y trabajan para encontrar un modo de seguir adelante, que tome en cuenta los intereses de todas las partes en juego.

La "deliberación" es algo bien conocido por todos nosotros. A veces utilizamos esta forma de comunicación cuando conversamos con nuestra familia acerca del automóvil, la casa o la marca de jabón que nos gustaría adquirir. Sin embargo, aparece con muy poca frecuencia en la comunicación pública sobre temas de interés público. Cuando tenemos que decidir a quién elegir para un cargo, cuál debiera ser nuestra política fiscal y si corresponde o no que los Estados Unidos intervenga en una guerra, la forma de comunicación más habitual se asemeja más bien a una kermés en la que diversos pregoneros tratan de persuadirnos de que compremos tal o cual mercancía, o que paguemos para ver su espectáculo. Estas formas de comunicación degradan al público y mutilan al gobierno.

El lamento de Melville sobre la pobreza del discurso público es congruente con nuestra propia experiencia. El año pasado, tuvimos oportunidad de conversar con funcionarios de gobiernos locales en cuatro continentes, y el relato que nos transmitieron fue notablemente parecido. Decían estar cada vez más aislados en sus cargos, asediados por una población a la vez escéptica y apática, cuya "participación" en la gestión pública (cuando se da) suele consistir en la oposición ciega a las medidas oficiales, es demasiado tardía como para resultar provechosa y reduce la eficiencia y eficacia de la acción del gobierno. Uno de los funcionarios con quienes hablamos decía estar desmoralizado y "agotado" por su tarea. No contaba con recursos suficientes para dar a la población que él atendía todo lo que esa población le demandaba y, en lugar de comprender esa escasez de recursos, la gente no hacía sino quejarse de no recibir cuanto necesitaba o deseaba. Además, lo que podía hacer en el cargo comprometía su reputación. Según manifestó, tenía que pagar tres veces cada cosa: primero cuando la adquiría, luego cuando alguien la rompía y tenía que hacerla reparar, y una tercera vez cuando la robaban y debía reemplazarla.

También tuvimos oportunidad de hablar, en esos cuatro continentes, con los ciudadanos comunes, y de escuchar de sus labios otro relato que era, asimismo, muy semejante en todos los casos. Comentaban que funcionarios incompetentes, holgazanes o corruptos les habían negado toda participación significativa en las decisiones que los afectaban. El ámbito de la política en su totalidad se había convertido en un espacio sórdido de

181

búsqueda de réditos personales, fuente de mentiras o de verdades engañosas, y a su juicio las invitaciones a participar en él no eran sino cínicas maniobras de relaciones públicas.

"Lo público": una perspectiva comunicacional

¿Cómo deben entenderse estas declaraciones? ¿El problema radica en las percepciones recíprocas de los ciudadanos y los funcionarios, o unos y otros son realmente apáticos y corruptos? ¿Cuál es el punto de partida más útil para tratar de mejorar la situación?

Porque trabajamos sistémicamente, observamos las pautas de relación entre ciudadanos y funcionarios, como la situación de mayor interés. Y porque adoptamos la perspectiva comunicacional, comprendemos esas pautas relacionales como formas de comunicación. Uno de nosotros escuchó decir recientemente al miembro de un equipo gerencial, en apariencia con toda seriedad: "Aquí estamos ante algo más importante que un mero problema de comunicación. ¡Tenemos un problema con las actitudes de la gente!". La perspectiva de la comunicación adhiere al sentimiento contrario: pensamos que las actitudes de la gente –y la mayoría de las demás cuestiones que nos interesan– son generadas por los modelos comunicacionales.

Para describir de un modo no peyorativo esta infortunada relación entre la población y los funcionarios de gobierno, se ha sugerido el término "desconexión";[1] las pautas de comunicación que esta relación produce, y que son producidas en ella, resultan bien conocidas. Incluyen acaloradas discusiones en que la gente grita pero no escucha; gélidos silencios en que cada

---

1. Por ejemplo, Mathews (1997). Sin intentar eludir las críticas, Daniel Yankelovich utiliza la expresión "diálogo de sordos" para describir el estado de la comunicación en el ámbito público. Aduce que en Estados Unidos (y, por implicación, en otros países democráticos) "los líderes apenas si tienen idea de cómo lograr que la población participe (en las deliberaciones sobre política exterior) en el contexto de las nuevas condiciones posteriores a la Guerra Fría" (Yankelovich y Immerwahr,1994, pág. 45).

quien evita lo más posible a los demás; y conversaciones envaradas en las que cada uno evita decir nada importante para no provocar el ataque del otro, o ser vulnerable a él.

Nos impresiona la irónica incongruencia presente en las culturas democráticas de todo el mundo. Se toleran, y hasta se dan por sentados, modelos comunicacionales superficiales, improductivos y agresivos, cuando tienen lugar en público; conforman la esencia del "saber convencional" de los jefes de campañas políticas y de los directores de personal, y el contenido habitual de esas mismas campañas y de los programas de entrevistas radiales y televisivas, incluidos los "noticieros".[2] Pero los profesionales que trabajan con personas, familias y empresas saben que estas formas de comunicación son socialmente tóxicas; disminuyen la capacidad de funcionamiento de los individuos y grupos, ahogan su creatividad y encaminan negativamente su energía hacia variantes improductivas, como las luchas en defensa del ego o del propio territorio. Cuando este tipo de modelos comunicacionales se instalan en una familia, una clase, una residencia estudiantil, o entre obreros y patrones, se requiere un considerable esfuerzo para transformarlas.

Al advertir que toleramos en nuestra vida pública pautas de comunicación que de inmediato procuraríamos mejorar si se produjeran en nuestra vida personal, se ha generado cierto tipo de activismo. Más de un profesional que trabaja con procesos de cambio, contemplando la comunicación pública, pensó: "Esto es espantoso" y "Bueno, si yo trabajo diariamente para mejorar

---

2. Hemos sido instruidos al respecto por Michael Deaver, asesor del presidente Ronald Reagan, a quien se le atribuye una gran influencia en las políticas públicas, no menor que la del fiscal general Edwin Meese o el jefe del personal de la Casa Blanca, James Baker. Deaver describió su labor en la Casa Blanca como la de "un productor de Hollywood", y se jactó de su habilidad para lograr que los medios televisivos de noticias presentaran al candidato y luego presidente Reagan como lo deseaban sus asesores. Para ello, utilizó deliberadamente la imagen más que la palabra y recurrió a eslóganes simplistas en lugar de exponer argumentaciones más desarrolladas. Cuando se le preguntó si estaba orgulloso del aporte que había hecho a esta clase de discurso público, dijo que por desgracia tenía que amoldarse al estado lamentable de la audiencia, y se justificó diciendo que si no hubiera obrado así "habríamos perdido las elecciones" (Moyers y Flowers, 1989). (Las declaraciones de Deaver se incluyen asimismo en Pearce, 1996.)

pautas de comunicación como éstas, tal vez mi experiencia profesional pueda ser útil".[3]

Cuando miramos esto a través de las mismas lentes que usamos como mediadores, consultores y terapeutas, no tomamos al pie de la letra las acongojadas y penosas historias de los funcionarios o de quienes viven en las comunidades gobernadas por ellos. Más bien las consideramos descripciones muy poco elocuentes de una brecha existente en sus experiencias y sus concepciones de una sociedad democrática. Tanto los decepcionados electores como los agotados funcionarios elegidos por ellos desearían una asociación tal que la gente participase en las decisiones que la afectan y luego ayudase a mantenerlas; desearían que la responsabilidad y la rendición de cuentas fuesen de la mano; desearían tener la oportunidad no sólo de hablar, sino también de ser escuchados y comprendidos.

Por varias razones que nos parecen convincentes, estamos decididos a mejorar las pautas de la comunicación pública en la que se adoptan decisiones que nos tocan a todos. Si nos centramos en las pautas de comunicación es porque entendemos que la comunicación es la esencia de las relaciones sociales. La definición corriente de comunicación –la transmisión de mensajes de un sitio a otro– sólo se refiere a una función de la comunicación, y no a la más importante. Si atendemos a la etimología del término, significa "hacer común". Como hemos expresado en otro lugar, para nosotros la comunicación es el proceso social fundamental mediante el cual creamos y reproducimos los sucesos y objetos de nuestro mundo social.[4]

El teórico de la comunicación Stuart Sigman (1995, pág. 2) afirma que la comunicación es "consecuencial" (*consequential*), porque "lo que ocurre durante la interacción mutua de una persona con otra y como parte de ésta tiene consecuencias para am-

---

3. Por ejemplo, estos sentimientos fueron expresados en forma independiente por los fundadores del Proyecto de Conversaciones Públicas y del Consorcio para el Diálogo Público (Chasin y otros, 1996; Pearce y Littlejohn, 1997).
4. Esta afirmación parecía demasiado extrema cuando empezamos a darla a conocer, pero ahora es expresión de al menos una de las voces importantes del saber convencional. Para su ulterior examen ver Pearce (1994a).

bas. Tales consecuencias derivan del proceso comunicativo, no de la estructura del lenguaje ni de la interposición de determinadas características de personalidad o estructuras sociales. La comunicación es consecuencial en el sentido de que es el proceso social primario que engendra y constituye la realidad socio-cultural, y también en el sentido de que mientras discurre, surgen inmediatamente las limitaciones y posibilidades del comportamiento de las personas". Vernon Cronen (1995, págs. 18-19), también teórico de la comunicación, sostiene análogamente que la comunicación es "el proceso social primario" y agrega que "no es algo externo a nosotros, que podemos hacer como resultado de que somos seres humanos. Más bien, es algo intrínseco a nuestra constitución como seres humanos singulares... En la tradición en que yo trabajo, los individuos y la sociedad no están fuera de la comunicación sino que son considerados el producto de las prácticas comunicativas". Si Sigman y Cronen están en lo cierto, las actitudes de la gente se constituyen en la comunicación, y modificar esas pautas de comunicación es la manera más directa y eficaz de abordar las relaciones entre los funcionarios disgustados y los ciudadanos desanimados.

Nuestra modalidad de trabajo

Si tratáramos de resumir en una única frase, completa y precisa, nuestra manera de trabajar, probablemente sería una de esas frases que ponen fin a las conversaciones, del tipo de "una aplicación sistémica del construccionismo social centrada en la comunicación, y que recurre a formas de operar con el discurso público, propias de la resolución alternativa de conflictos".

Entendemos que nuestra labor forma parte del movimiento en favor de la "resolución alternativa de disputas" (RAD). Nuestro aporte específico a ese cuerpo de teoría y práctica radica en que nos movemos fuera de los contextos habituales en que se lo utiliza. En su mayoría, los integrantes de dicho movimiento trabajan a puertas cerradas con una cantidad comparativamente pequeña de personas (aunque algunas de ellas puedan representar grandes grupos de mandantes), y a menudo con un compromiso de confidencialidad sobre las actuaciones. Hemos notado que este marco crea ciertas limitaciones. Por ejemplo, como las sesiones son privadas, la población, en general, no participa en el efecto transformador que produce estar involucrado en dicho proceso. Es decir, si bien los disputantes incorporan los valores de la mediación y se vuelven más hábiles para abordar el conflicto de modo constructivo, este aprendizaje no es compartido por aquellos a quienes podrían representar o los posibles afectados por las decisiones que se adoptan en esas negociaciones confidenciales.[5] Esto no sólo significa una oportunidad perdida, sino que crea ciertos problemas prácticos cuando los disputantes deben asegurarse el apoyo de sus "partidarios" o mandantes para llevar a la práctica las decisiones alcanzadas. Más de un plan de paz o conciliación negociada se echó a perder debido a que quienes no habían sido incluidos en la resolución no confrontativa del conflicto rechazaron el resultado del proceso.

Otra influencia importante que gravitó en nosotros fueron las formas sistémicas de trabajar en la terapia y la consulta.[6] Al igual que la RAD, las prácticas sistémicas comenzaron con un número relativamente pequeño de personas involucradas que actuaban en lugares privados, y que normalmente se ocupaban de cuestiones privadas. Sin embargo, a medida que el campo fue creciendo, poco a poco surgió la tendencia a tratar a grupos más grandes y en lugares menos privados. Por ejemplo, algunos terapeutas aplicaron su manera de operar en organizaciones en calidad de consultores, mientras que otros empezaron a abordar sistemas más amplios, incluidos todos los familiares y profe-

---

5. Utilizamos el lenguaje de Baruch Bush y Folger (1994). Ampliamos la argumentación de estos autores con el fin de incluir a las personas que, pese a no haber estado presentes en las sesiones de mediación o negociación, serán afectadas por las decisiones que allí se tomen. ¿Puede concretarse más ampliamente la "promesa" que ofrece la mediación? ¿Pueden la "otorgación de poder" (empowerment) y el "reconocimiento" llegar a ser parte del discurso público?
6. Desde luego, hay muchas versiones distintas del "trabajo sistémico". La tradición en que aquí nos apoyamos es la descripta por Campbel y otros (1989), Fruggeri y otros (1991), McNamee y Gergen (1996) y Pearce (1994b).

sionales "conectados" con un paciente. En época más reciente, hubo algunos esfuerzos promisorios por extender las modalidades sistémicas de trabajo a los temas públicos en disputa (Chasin y otros, 1996; McCarthy, 1994; Kearney, en prensa; Pearce, 1994b). Nos consideramos parte de este movimiento. Como tales, nos formulamos estas dos preguntas: "¿Qué pasaría si...?" y "¿Cómo podríamos nosotros...?".

¿Qué pasaría si las formas sistémicas de trabajar se aplicasen a los acontecimientos, relaciones y acciones públicos? ¿Avanzaría o no el proceso de paz en Medio Oriente si los profesionales sistémicos pudieran aportar su modalidad de trabajo? ¿Encontraríamos alguna manera de reducir la disparidad entre "quienes tienen" y "quienes no tienen" en las sociedades capitalistas y en las relaciones internacionales? ¿Podríamos abordar en forma más eficaz las tensiones entre la globalización económica y política, por un lado, y el resurgimiento de las identidades étnicas y nacionales, por el otro? ¿Acaso el desarrollo de una política nacional de salud en los Estados Unidos (que el 70% del electorado dice desear, pero el gobierno no puede poner en práctica) se vería facilitado si los legisladores obrasen sistémicamente? ¿Tal vez los países democráticos revisarían sus prácticas de administración pública y las técnicas empleadas en sus campañas políticas con el fin de incluir la deliberación pública en lugar del *marketing*, y de generar la participación de la población en vez de provocar el consentimiento pasivo de los gobernados? ¿Aumentaría el grado de civilidad y de resolución colaborativa de los conflictos si en las escuelas y municipios actuasen profesionales sistémicos? Creemos que las prácticas sistémicas son suficientemente efectivas, y estos temas suficientemente importantes, como para dedicar una buena parte de nuestra vida a tratar de responder estos interrogantes.

La pregunta operativa, desde luego, es cómo podemos aplicar modalidades sistémicas de trabajo al ámbito de lo público. Pensamos que un buen comienzo es tomar en cuenta el contexto.

"Lo público" como contexto
del trabajo sistémico

En los Estados Unidos, la expresión "volverse público" (*going public*) se utiliza de dos maneras.[7] Una compañía privada que pertenece a una persona o familia puede tomar la decisión deliberada de "volverse pública" ofreciendo sus acciones a cualquiera que desee adquirirlas en la bolsa de valores. En este sentido, todos serían accionistas potenciales. Un segundo uso del término alude a algo por el contexto que ocupa en la sociedad de la información. Por ejemplo, si alguien conoce un secreto y desea "hacerlo público" (*go public*), convocará a una conferencia de prensa o le hará llegar la información a algún periodista, de modo tal que cualquiera que lea el periódico o mire el noticiero por la TV pueda compartirla. Los políticos, así como los agentes inmobiliarios, conocen bien "lo público" y saben que si sus planes de progreso personal se "volvieran públicos" podrían sucederles cosas poco gratas.

Entonces, ¿de qué manera podemos trabajar sistémicamente con lo público? Cuando los terapeutas sistémicos empezaron a trabajar con organizaciones empresariales, trazaron una serie de distinciones entre una familia y una empresa (Borwick, 1986). Es una estrategia útil y la emplearemos para describir "lo público" como contexto que contrasta con el marco estereotípico de una mediación.

Con frecuencia, lo público funciona más como una "aglomeración" que como un sistema. Una mediación habitualmente tiene lugar entre personas que mantienen entre sí una fuerte relación, aunque sólo sea porque se identifican recíprocamente como "disputantes" o "contendientes", y se reúnen con el mediador en una conversación oral cara a cara. En cambio, "lo público" está compuesto por muchas más personas, entre las cuales los lazos sociales son a menudo muy débiles. De hecho, según nuestra experiencia, numerosos integrantes de lo público no tienen

---

7. En la bibliografía académica sobre el tema hay, por supuesto, conceptos más técnicos de "lo público". Ver Calhoun (1992).

conciencia siquiera de tales lazos, y se tratan unos a otros como si no fuesen parte de sistemas sociales, políticos, económicos y ecológicos superpuestos.

Además, suele existir una relación débil o ambigua entre los profesionales sistémicos y los sistemas en que trabajan. En muchos ambientes públicos no hay ningún "contrato" que establezca la clase de relación que un mediador o consultor querría tener con sus consultantes. Es más probable que haya varios grupos de mandantes con vínculos diversos entre sí, cada uno de los cuales entiende de modo diferente el "contrato" o "comisión" que lo une al profesional. Con suma frecuencia, los profesionales que operan en lo público se enfrentan con personas muy hábiles, que alcanzan sus fines subvirtiendo la "buena" comunicación (v. gr., para tratar de encubrir un secreto delictivo).

En la comunicación pública, normalmente no se siguen las reglas convencionales de la comunicación personal. Estas reglas son las que recomiendan que "hable una persona por vez", que "lo que diga cada quien tenga en cuenta al menos lo que acaba de decirse", que "las personas se turnen para escuchar y hablar", etcétera. En el ámbito público, gran parte de las comunicaciones no son siquiera remotamente "conversaciones"; muchas de ellas tienen lugar en medios de difusión que separan al emisor del receptor, y aun cuando están en un mismo sitio, suelen ser tantas personas, que se mantienen en un relativo anonimato entre sí.[8]

En la comunicación pública, transcurren muchas conversaciones simultáneamente. Estas conversaciones a menudo se superponen, y elementos que son presentados como parte de una conversa-

---

8. Claro que algunas personas llegan a ser "conocidas", como los funcionarios públicos, las celebridades, etcétera. Pero mientras preparábamos este informe no dejaba de sorprendernos de qué manera estas imágenes públicas –que con frecuencia son el hábil y deliberado producto de un equipo de investigación y del personal de producción– constituyen una máscara particularmente difícil de penetrar, detrás de la cual la persona es aun más anónima que una voz sin nombre en medio de una muchedumbre –la que al menos puede hablar sin tener que regirse por los resultados de las encuestas de opinión, y sin requerir los servicios de un asesor para que les dé a sus comentarios el "giro" calculado. Ronald Reagan fue quizás quien usó de modo más consumado la tecnología con el fin de crear imágenes persuasivas, que desplazaran el discurso deliberativo. Para un análisis de este punto, ver Weiler y Pearce (1991).

ción pueden ser escuchados e incluidos como parte de otra conversación en la que el significado de lo dicho cambiará.

Muchas comunicaciones públicas están limitadas por cuestiones de privilegio o poder. Algunas de las conversaciones más importantes se hacen a puertas cerradas o entre pequeños grupos de "privilegiados" (*insiders*). El "acceso" a los responsables de la toma de decisiones es uno de los patrimonios más preciados en la vida pública.

Las conversaciones públicas son fragmentarias. Una de las consecuencias de las nuevas tecnologías comunicacionales es que se alzan muchas más voces que las que alguien puede escuchar. Con frecuencia, muchos o todos los participantes desconocen todo lo que se dijo, o la mayor parte. Cada persona responde a un subconjunto diferente de mensajes previos.

Una parte importante de la comunicación pública se efectúa en forma impersonal. La comunicación oral cara a cara fue el primer medio de comunicación y sigue siendo el más importante. A medida que fueron surgiendo otros medios, éstos tuvieron efectos de gran alcance. Una manera de concebir los medios de comunicación es imaginarlos como la infraestructura que sustenta las pautas de las actividades sociales. En la medida en que las funciones sociales fundamentales tienen lugar en una comunicación cara a cara, las relaciones personales siguen siendo decisivas. Pero en la medida en que la participación pública consiste en leer el periódico (a solas, en la casa), ver televisión (junto a los restantes miembros de la familia, pero sin que los espectadores sean visibles para los dirigentes mundiales cuya imagen aparece en pantalla) o en un grupo de diálogo de Internet (utilizando un apodo), las relaciones personales con los gestores de las noticias resultan en buena medida irrelevantes. Esta argumentación debe mucho a los estudios de Walter Ong (1982), quien afirma que el uso de distintos medios de comunicación da origen a diferentes formas de conciencia. Si es así, "lo público" tiene múltiples formas de conciencia. Algunos miembros de lo público son analfabetos (no sólo porque no saben leer, sino porque la lectura no ha sido la influencia formativa de su desarrollo cognitivo y social), algunos son alfabetizados y algunos son lo que podríamos llamar (a falta de un término mejor) "post-alfabetizados". Entre otras consecuencia, esto implica que, aun entre los sectores más homogéneos de lo público, existe una comunicación intercultural.

La comunicación pública está estructurada por factores económicos y de poder, en mayor medida que las conversaciones privadas. El contenido de los programas de radio y televisión, por ejemplo, está más en función del *rating* que de la estética, y las campañas políticas se estructuran de acuerdo con la noción de los estrategas sobre cómo ganar una elección, y no por medio de una evaluación sagaz de las necesidades del país.

Una de las maneras de concebir la comunicación masiva recurre a la metáfora según la cual el público es un conjunto de "consumidores" y el contenido de la programación es un "producto" de la industria. De acuerdo con esta concepción, los "productores" escriben, filman y distribuyen libros, emisiones radiales o espectáculos televisivos en competencia mutua para satisfacer las necesidades y preferencias de los "consumidores", quienes tienen derecho de elegir lo que les gusta. Los auspiciantes y los anunciantes publicitarios sostienen este proceso solventando la producción del contenido. Pero hay otra manera muy distinta de concebir la comunicación de masas, en la que la metáfora empleada es la del público como "producto" y la programación como el "salario" que se le paga a ese público por trabajar para la industria. En esta perspectiva, los que escriben, filman y distribuyen libros, emisiones radiales o espectáculos televisivos crean una mercancía –un público– que venden a los auspiciantes o a los anunciantes publicitarios. El valor de este producto se calcula sobre la base de su tamaño y de ciertos datos demográficos, y el contenido de la programación es el medio que permite producir públicos de diverso tipo.

Si la comunicación de masas es una industria que produce públicos para ser vendidos a los auspiciantes o a los que pasan publicidad, está al servicio de propósitos establecidos por los factores económicos y de poder, propósitos que pueden o no coincidir con las necesidades de una buena comunicación pública.

Muchas formas de comunicación pública se caracterizan por los insultos, acusaciones y diatribas. El formato de los debates televisivos, las películas de acción y de aventuras y las campañas políticas establecen modelos de lo que se considera "normal", y estos modelos se oponen a formas más productivas de comunicación. Las tecnologías de los medios utilizados en la comunicación pública contribuyen al deterioro del discurso. Tal como nos lo han recordado, en repetidas oportunidades, los productores de los vídeos educativos en los que hemos trabajado, una buena comunicación produce una mala televisión. La deliberación es menos fotogénica que la diatriba, y las variantes no confrontativas de resolución de conflictos se amoldan menos que las discusiones violentas y las peleas a las características propias del periodismo gráfico y de la televisión. Luego de moderar un productivo debate público sobre un tema en disputa que estaba disgregando a una comunidad, uno de nosotros escuchó, al vuelo, a una cronista decirle a su supervisor: "Aquí no hay ninguna historia jugosa o atractiva, sólo hay un montón de personas conversando".

Los medios de comunicación introducen inevitablemente un sesgo en el contenido de los mensajes que transmiten, y luego lo ocultan. Por ejemplo, una cámara de cine o de televisión encuadra lo que filma de modo tal de dejar fuera a la cámara misma, a su operador, al director, al productor, a los asistentes, la imagen producida, etc., impidiendo así todo comentario sobre éstos. Lo que para algunos son los aspectos más importantes del sistema de comunicación (el periódico o el espectáculo de televisión en sí mismos) resulta así ocluido por el "mensaje" ostensible.

Ante esta lista parcial de las características de la comunicación pública, ¿qué corolarios pueden extraerse para los profesionales que quisieran trabajar en ella en forma sistémica?

Las sólidas semejanzas familiares en la tarea sistémica

Nos resultó útil tomar en préstamo dos ideas: la de Ludwig Wittgenstein, sobre las "semejanzas familiares" entre los juegos de lenguaje y las formas de vida, y la de Richard McKeon, sobre la variada "solidez" (*robustness*) de los conceptos.

Wittgenstein señaló que vemos la vida social como conjuntos de *juegos de lenguaje* que comprenden *formas de vida*. Las reglas de diferentes juegos de lenguaje no son las mismas, y hacer "la misma" cosa en dos juegos de lenguaje diferentes es significar cosas diferentes. Por ejemplo, si uno se encoge de hombros cuando se lo acusa de un crimen, su "acto" no es el mismo que si se encoge de hombros cuando se le pregunta algo relativo al estado del clima. Sin embargo, estos dos actos no son del todo discontinuos, y reconocemos entre ambos lo que Wittgenstein denominó una *semejanza familiar*.

Una manera de plantear la cuestión de que se ocupa este artículo sería preguntar: ¿cuáles son las semejanzas familiares entre los tipos de práctica desarrollados en la terapia y la consulta y aquellos otros que podríamos utilizar cuando trabajamos con lo público, de modo que reconociéramos a ambos como sistémicos? Ahora bien: si ésta fuese la única pregunta que nos hiciéramos, nos habríamos convertido en ideólogos sistémicos, más preocupados por la ortodoxia que por cualquier otra cosa... ¡y eso es lo menos sistémico que podemos hacer![9]

Otro abordaje consiste en apropiarse de la idea de McKeon sobre la "solidez" para considerar las formas sistémicas de trabajo. Este autor propone que hay conceptos filosóficos tan frágiles que, si se los saca del único juego de lenguaje en el que están en su elemento, pierden sentido. Otros conceptos más sólidos, en cambio, retienen su significado por más que se los incluya en muchos juegos de lenguaje o se los saque de éstos. Hasta podría crearse una descripción cuantitativa de la "solidez" de los conceptos basada en su capacidad de conservar su significado cuando se los traslada de un contexto a otro distinto.

¿Qué pasaría si partiéramos de la idea de que algunas formas de trabajo tienen más probabilidades de ser sólidas que otras? O sea, ciertas prácticas sistémicas tal vez sean tan "frágiles" que sólo se las puede aplicar en el contexto específico para el que se las diseñó, mientras que otras son suficientemente "sólidas" como para usarlas de manera eficaz en muchos contextos

---

9. Para un examen más cabal de lo que *no* debe hacer un profesional sistémico, ver Pearce y otros (1992).

diferentes. ¿Qué principios sistémicos hay que sean lo bastante sólidos como para ser utilizados en contextos públicos?

Algunos principios sólidos (*robust*) para los profesionales sistémicos

Utilizando el concepto de semejanzas familiares de Wittgenstein y la noción de solidez de McKeon, hemos desarrollado algunas ideas acerca de la forma en que los profesionales sistémicos podrían trabajar en el ámbito de lo público. Primero, repasamos nuestra comprensión de las técnicas específicas usadas por los profesionales sistémicos en la terapia y la consulta. En segundo lugar, comparamos las características de estos contextos con las de lo público, preguntándonos cómo podría hacerse en lo público "lo mismo" que los profesionales hacen en la terapia y la consulta. Esto produjo como resultado una lista de algunos principios sistémicos que creemos relativamente sólidos, aplicables al trabajo en lo público.

Considerar el sistema como una trama compleja de conversaciones interconectadas. Las conversaciones, como forma específica de comunicación, se distinguen por una danza recíproca en que las partes "se turnan" intercambiando las posiciones morales del hablante y el oyente. Aunque estos papeles, o el intercambio de los mismos, estén ausentes, la ejecución de uno evoca la del otro. Un profesional sistémico puede contribuir a que el sistema sea más "sistémico", estableciendo conexiones entre los grupos que no se consideran ligados entre sí, y explicitando la índole de estas conexiones. Parte de la tarea del profesional sistémico puede consistir en presentar una persona ante las demás, realizar reuniones y ayudar a quienes participan en éstas a dirigirse la palabra y escucharse; otra parte puede consistir en co-construir con los consultantes nuevos relatos que incluyan descripciones más ricas del sistema.

Considerar cada conversación como un sistema complejo de reglas o gramática. Supongamos que lo que la gente dice y hace no es una expresión exhaustiva de la estructura del sistema, sino más bien retazos, anécdotas y alusiones al "relato completo". Supongamos, además, que si se conociera la totalidad, hasta las piezas más absurdas cobrarían sentido. Una manera de trabajar sistémicamente es mostrar curiosidad por conocer el resto de las reglas o la gramática de la conversación, evidenciándolas mediante la exploración de lo que no se muestra. Debe partirse de la premisa de que siempre habrá conexiones sistémicas más numerosas, profundas e intensas que las descriptas en los relatos de los participantes. Cuando el sistema se atasca o la gente se siente bloqueada, a veces basta enriquecer los relatos sobre el sistema en que operan para permitirles encontrar un modo de seguir adelante.

Considerar que cada conversación abarca los mundos sociales de los participantes. Éstos viven en este mundo, y la estructura de derechos y deberes, de obligaciones y responsabilidades, etc., que lo caracteriza les brinda una orientación con respecto a sí mismos y a los demás. Desde la perspectiva de un tercero, es fácil criticar los actos de alguien; pero desde la perspectiva de una primera persona, estos actos pueden sentirse como la expresión obligada de su carácter o de su moral. Olvidar la diferencia entre la perspectiva del tercero (el profesional sistémico) y la de la primera persona (el participante) conduce a acciones que generan reacciones defensivas y contribuyen así a la homeostasis del sistema. El rol moral construido socialmente que todos, incluidos los profesionales, tienen en el sistema, debe tomarse muy en serio. Estos papeles son definidos recíprocamente en las múltiples relaciones que todos tenemos con todos los demás dentro del sistema.

Considerar el sistema como un "multiuniverso" que contiene muchos mundos sociales. Estos mundos sociales están estructurados por constelaciones de derechos, obligaciones, responsabilidades, etc., que son diferentes entre sí y a menudo inconmensurables. Comprender el sistema es comprender estas diferencias, no "resolver" el problema producido por estas diferencias. Los profesionales sistémicos pueden invitar a los miembros de un sistema a que se autodescriban en un lenguaje que valore la diversidad sin recurrir a las oposiciones bipolares (verdadero-falso, correcto-incorrecto, mío-tuyo, etcétera).

Tener en cuenta que el lenguaje tiene consecuencias. El lenguaje

195

crea y destruye, revela y oculta. El mundo no está totalmente determinado por los "hechos" que lo componen. Nuestros relatos escogen algunos aspectos de lo existente y omiten otros; crean ciertas cosas que de otro modo no existirían (como el amor, la gratitud, la bondad, la alegría) y destruyen cosas que existen. Nuestra capacidad de actuar en el mundo es fuertemente afectada por el lenguaje que empleamos. Por ejemplo, un "lenguaje del déficit" se centra en los problemas, en lo que falta y en los motivos por los que las cosas no son mejores de lo que son. Este tipo de lenguaje genera una energía estrechamente focalizada. En cambio, un "lenguaje apreciativo" se centra en las pasiones creativas, que llenan de energía y de alegría. Esta clase de lenguaje abre un espacio para una nueva forma de ser y de actuar.

Trabajar con el supuesto de que siempre habrá diferencias entre las "historias vividas" y las "historias narradas". Las historias narradas pueden ser imaginativas y utilizar todos los recursos de la lengua para crear diversas realidades; las historias vividas están enraizadas en la capacidad material de los participantes y su habilidad para coordinar la puesta en acto de sus propios relatos.

Reconocer el papel propio como sistema observante y observado. Siempre estamos "dentro" de los sistemas que observamos, y con nuestros propios actos creamos el contexto en que luego viviremos. Así como los actos de los participantes de los sistemas con los que trabajamos provocan reacciones en los demás, también los actos de los profesionales sistémicos provocan respuestas. Este carácter provocativo de nuestras acciones es el proceso dinámico que otorga eficacia a los profesionales sistémicos. Como consecuencia de ello, pasan mucho tiempo analizando y describiendo su propia conducta como respuesta a la de sus consultantes o como forma de provocar respuestas en ellos.

Reconocer que ciertas formas de comunicación son más eficaces para abrir nuevas posibilidades y preferibles como actitudes humanas. Las formas de comunicación más potenciadoras pueden denominarse "comunicación cosmopolita", "elocuencia sistémica", "diálogo" o "amor". Entre otras cosas, estas formas de comunicación incluyen:

- la disposición a adoptar y la capacidad para utilizar un lenguaje suficientemente rico, que posibilite el contraste lúcido de órdenes morales y realidades sociales inconmensurables entre sí;

- el compromiso a encontrar maneras de coordinación con otras personas con quienes no coincidimos o tal vez no debemos coincidir;

- una cierta amplitud mental que nos permita vernos como un caso entre muchos otros, y como parte de un sistema más amplio; y

- la creencia en que las historias vividas y narradas que toman en cuenta "más" datos puntuales del sistema son mejores que las historias monoculares, más circunscriptas, lineales, etcétera.[10]

Aplicación de estos principios a la práctica en ámbitos públicos

"Las formas más comunes de discurso público son simplistas y superficiales. Nuestro hablar apunta a influir y persuadir, no invita al diálogo. Acusamos y desvalorizamos a quienes discrepan con nosotros; no nos preocupa descubrir por qué personas tan inteligentes y bienintencionadas como nosotros pueden llegar a situarse en posiciones diametralmente opuestas en algún tema en disputa. [...]. De modo que aquí no me refiero a la falta de discurso: éste abunda. Me refiero a la falta de un discurso de calidad, de un discurso que procure develar por qué motivo los ciudadanos interesados en algo piensan y creen como lo hacen. En esta clase de comunicación, las buenas preguntas y la escucha apropiada son más importantes que las argumentaciones persuasivas y la invocación al poder [...]. Es un tipo de comunicación en que nos interesa más descubrir los valores e ideales que subyacen en nuestras diferencias, que increpar a nuestros opositores en una especie de guerra metafórica. Es la clase de comunicación en la que incluso tratamos de encontrar un terreno común allí donde se diría que no existe ninguno" (Littlejohn, 1993).

Redactamos este capítulo como si llevar la práctica sistémi-

---

10. Se hallará un examen más completo de las formas de comunicación que abren posibilidades en Pearce (1989) y Pearce y Littlejohn (1997).

ca al ámbito de lo público fuese una tarea mecánica, que involucrase la aplicación de un algoritmo; como si dijéramos: "Tómense estas características de lo público y aplíqueseles de modo sistemático estos principios sólidos del trabajo sistémico". En la vida real, desde luego, el proceso es mucho menos nítido. Cuando trabajamos, lo hacemos con un conjunto de herramientas, un objetivo y la sensibilidad necesaria para discernir lo que funciona y lo que no funciona. No obstante, más adelante comenzamos a pensar sistemáticamente acerca de qué hicimos y qué planeamos hacer, con el fin de comprobar si nuestra forma de actuar dentro de los contextos en que estamos trabajando es la que querríamos.

Consideramos importante tener siempre presente el objetivo. Al igual que otros profesionales de la RAD, creemos primordial distinguir entre nuestro interés por configurar el "proceso" de la comunicación pública y nuestra postura imparcial respecto del "contenido" de dicha comunicación. Nuestro objetivo es facilitar el desarrollo de una comunicación pública que posea algunas de las características mencionadas por Stephen Littlejohn en la cita que abre esta sección. He aquí varias de las formas de trabajo específicas que hemos desarrollado.

Tratamos de actuar dentro de la situación con autoconciencia suficiente como para notar los efectos reflexivos de nuestros actos. El trabajo sistémico requiere una peculiar "conciencia alerta" que se desplaza de la perspectiva de la primera persona a la de la tercera. La primera parte de esta toma de conciencia consiste en vernos como un fragmento del sistema y entender que nuestros actos afectan inevitablemente al mismo, de igual modo que éste nos afecta a nosotros. Todo lo que hacemos –ya sea aislarnos en la "torre de marfil" de las revistas académicas o salir a la calle para participar en una manifestación– es una acción que estará simultáneamente conformada por los contextos en que ocurre, y a la vez dará forma a esos contextos. El segundo nivel de autoconciencia consiste en advertir que las *consecuencias* de nuestros actos pueden ser muy distintas del *contenido* de los mismos. Por ejemplo, un intento noble pero excesivamente directo de oponerse a un tirano brutal, denunciándolo en forma pública, puede darle la oportunidad de desplegar su brutalidad destruyendo a quien hizo la denuncia y consolidando así el reinado de su terror. A menudo, la oposición debe ser más sutil. Por lo tanto, trabajar sistémicamente significa darse cuenta de si lo que hacemos puede reproducir o transformar los contextos dentro de y hacia los cuales actuamos.[11]

Obramos para evitar que alguien devenga nuestro enemigo. Todo sistema se compone de pautas de conexiones, pero en los sistemas sociales hay importantes diferencias cualitativas en el funcionamiento de los mismos. Uno de los factores que diferencian a los sistemas que funcionan bien de los que funcionan mal es la índole de las conexiones entre las personas y grupos que los integran. Por desgracia, la animadversión es una de las formas más corrientes de conexión sistémica entre los seres humanos.

Las pautas "normales" de las relaciones públicas se basan en oposiciones y separaciones. En distintos lugares se utilizan diversos rótulos para identificar a quienes "pertenecen" al grupo o "están fuera" de él. En Chicago, por ejemplo, se habla de "los actuantes" (*players*) y "los apáticos" (*mopes*). Los "actuantes" tienen que ser tomados muy en serio, pues su proceder influye en nuestros planes o en nuestro bienestar; los "apáticos", en cambio, son esa vasta mayoría de personas que, según la jerga local, "andan dando vueltas" (sin hacer nada). Entre los "actuantes", siempre "los nuestros" son individuos que hacen las cosas mejor que los "otros tipos". En otros contextos, las relaciones sociales parecen derivar de las siguientes reglas: "yo contra mi hermano; mi hermano y yo contra nuestros primos; mi familia y yo contra el resto del mundo".

Esta estructura social se genera cuando la gente actúa con lo que hemos llamado una "comunicación etnocéntrica". Este tipo de comunicación surgió en lo que se conoce técnicamente como las "sociedades tradicionales", y cabe sostener que en ellas funciona razonablemente bien (Pearce, 1989). Sin embargo, las condiciones materiales de la sociedad contemporánea nos vuelven demasiado interdependientes como para continuar inmersos en es-

---

11. Para una reflexión más acabada sobre la sutil relación entre el contenido y las consecuencias de las acciones, ver Branham y Pearce (1985).

tas pautas de comunicación. Creemos que el trabajo sistémico en lo público consiste en actuar de modos que generen relatos y prácticas institucionales coherentes con estas condiciones.

Dado que en nuestra condición de profesionales sistémicos actuamos "sobre" el sistema y a la vez estamos "dentro" del sistema en que actuamos, compartimos la responsabilidad por lo que se co-construye en dicho sistema. En parte, la "conciencia alerta" que el trabajo sistémico proporciona permite, y a la vez requiere, que nos detengamos a considerar cómo responderemos cuando, por ejemplo, personas llenas de odio intentan desbaratar una deliberación pública o cometen alguna atrocidad. En la gramática de la comunicación etnocéntrica, actos de esta índole provocan en nosotros una muy "natural" reacción de odio contra quienes nos odian, así como el deseo de destruir, o al menos excluir y despotenciar, a quienes realizan atrocidades. La tarea que enfrentan los profesionales sistémicos es modificar esta gramática para convertirla en la de una comunicación cosmopolita, en la que podamos obrar de modo estratégico, con el fin de incluir a los demás, lo prefieran ellos o no, y en la que esté vedada la relación de "enemigo".

Impedir que los demás –incluso aquellos que quisieran serlo– se transformen en nuestros enemigos es la manera más significativa de trabajar sistémicamente en lo público. Puede vérsela como una reconstrucción autoafirmativa del contexto en que tiene lugar la comunicación pública, o como un cambio profundo en la gramática de lo que Wittgenstein denominó nuestra "forma de vida". No es algo sencillo; frustra a quienes han elegido deliberadamente formas de comunicación etnocéntricas o se limitan a éstas; pero a la vez creemos que es el requisito mínimo para convivir en la sociedad contemporánea.

Tratamos de encontrar los puntos más eficaces de aplicación del esfuerzo. Los sistémicos saben que la vía menos exitosa para comprender un sistema es la utilización de hipótesis causales y lineales. Del mismo modo, la manera menos exitosa de trabajar eficientemente en un sistema es hacerlo de modo causal y lineal. Cuando a un sistema se lo empuja en un sentido, reacciona empujando en sentido contrario; y puede gastarse mucha energía, simplemente para oponerse al impulso del sistema, sin producir movimiento alguno o cambiar la dirección del movimiento del mismo.

El concepto de palanca (*leverage points*), o mejor dicho de punto de aplicación del esfuerzo, ha sido tomado de la mecánica clásica. Si se cuenta con un buen punto de apoyo y una barra lo bastante larga, con un pequeña cantidad de energía se puede obtener un enorme efecto. Este concepto es útil también para reflexionar sobre los sistemas. En una de sus facetas, la teoría de los sistemas se centra en los procesos homeostáticos o en los valores propios (*eigenvalues*), que marcan cómo mantiene el sistema su integridad conservando sus funciones dentro de ciertos límites. En otra de sus facetas, a menudo denominada "teoría del caos" o de los "fractales", se centra en la forma en que cambian los sistemas, a veces repentinamente, y casi siempre como consecuencia de la aplicación de una fuerza pequeña. Así pues, la tarea de un profesional sistémico es encontrar los puntos en que la aplicación de una fuerza muy pequeña puede producir un cambio desproporcionadamente grande.

Si aceptamos por el momento esta sobresimplificación, digamos que hay dos formas generales de encontrar tales puntos de aplicación: una consiste en "entrar" y la otra en "extender". Estos conceptos tienen múltiples fuentes; en nuestro caso, fue el arte marcial del *aikido*. Al practicante de *aikido* se le enseña a ver a su atacante como una esfera de energía en cuyo centro está el *hara*, pocos centímetros por debajo del ombligo. Muchas de las técnicas que se le enseñan están destinadas a *entrar* en esa esfera y ocupar el centro, pues entonces el practicante puede protegerse del ataque con un esfuerzo mínimo. Muchas de las restantes técnicas que aprende implican *extender* la energía del atacante en la misma dirección en que éste avanzaba, pero más lejos de lo que él pretendía llegar, con lo cual se lo desequilibra. Uniendo esto habitualmente con un cambio en la dirección de la energía (v. gr., haciendo rotar la muñeca del brazo que lanzó el golpe del atacante), el practicante de *aikido* es capaz de llevar a su atacante a un sitio seguro —ya sea arrojándolo contra el colchón, manteniéndolo aprisionado junto a éste o lanzándolo hacia otro rincón del cuarto—, con un gasto mínimo de energía.

Sugerimos, aunque con algunas vacilaciones, que en el ámbito de lo público el profesional sistémico debiera pensar como un practicante de *aikido*, buscando la manera de entrar en el sistema sobre el que pretende influir, o de extender su energía.

Tratamos de volver más sistémica la comunicación pública aumentando las conexiones sistémicas presentes en ella. Los sistemas sociales son sistemas de sistemas, verdaderamente complejos. Las personas, grupos e instituciones que integran una comunidad están relacionados a través de conexiones químicas (respiran el mismo aire y consumen el mismo agua potable), geográficas (un terremoto los afectaría a todos) y climáticas (huracanes, tornados, sequías), amén de las vinculadas con su comunicación. La riqueza de estas conexiones comunicativas gravita de manera directa en la calidad de vida de la comunidad y en su proceso de toma de decisiones. Por ejemplo, si se dispone de la misma red de agua potable para todos, pero la gente se comunica entre sí de modo tal que la calidad del agua sólo es considerada un problema por un único sector de la comunidad, es probable que las decisiones adoptadas sobre el uso del agua y su calidad no sean buenas para la comunidad en su conjunto.

Muchos comentaristas sagaces han advertido que ciertas fuerzas de la sociedad contemporánea impulsan hacia la fragmentación. Los nuevos medios de comunicación, por ejemplo, nos han permitido conversar diariamente (por teléfono, fax o correo electrónico) con personas de mentalidad semejante que viven en los cinco continentes, pero es bastante probable que ni siquiera conozcamos a nuestros vecinos de al lado. Dichos medios han eliminado un conjunto de barreras que se oponían a la comunicación (tiempo, distancia, montañas, océanos, etc.), pero han creado otras, como la capacidad económica para comprar una computadora y la habilidad necesaria para usarla, o la posibilidad de elegir entre "consumir" noticias generales, programas deportivos, propaganda de la Asociación Nacional del Rifle estadounidense, música televisiva o las comedias de Hollywood. Como cualquiera de nosotros puede llenar su tiempo con cualquiera de estos entretenimientos, las diferencias entre quienes eligen unos y quienes eligen otros crean una barrera comunicativa más difícil de superar, digamos, que la de la distancia física. Como consecuencia, los profesionales sistémicos harían bien en actuar de modo tal de generar comunidad, o dicho de otra manera, de volver la comunicación pública más sistémica.

Intentamos volver la comunicación pública más sistémica mejorando las "historias narradas" acerca de ella. Por ejemplo, la pedagogía emancipadora de Paulo Freire hace que los grupos que han sido víctimas del sistema tomen conciencia de los procesos que los llevaron a esa condición de víctimas, y al capacitarlos para relatar mejores historias sobre el sistema del que forman parte y sobre su lugar en él, les restituye el poder (*empower*) para que obren como agentes morales responsables (Freire, 1982). Diversas formas de investigación participativa o de acción cumplen objetivos semejantes, permitiendo a ciertos grupos co-construir, con los profesionales sistémicos, relatos que describen mejor la estructura sistémica de la esfera pública de la que forman parte.

En la sociedad contemporánea, la creación de una comunidad suele requerir la creación de espacios para la comunicación, allí donde antes no existían. Uno de los modelos para esto son los Foros de Debate sobre Temas Nacionales (National Issues Forums, NIF), en particular cuando se los vincula con el Proyecto de Periodismo Público (Public Jounalism Project). Esta actividad está diseñada para generar contextos –tanto en los medios de comunicación como encuentros físicos donde la gente pueda reunirse– para llevar a cabo una deliberación significativa acerca de los asuntos públicos (Pearce, 1996).

Otra forma de volver lo público más sistémico es generar modelos para el diálogo público. Como apunta Littlejohn, los modelos de comunicación pública predominantes son confrontativos, defensivos y de tenue contenido moral. Estos modelos engendran contextos tales que las personas levantan fronteras entre sí mismas y los demás –lo que Barber (1995) llama "*jihad*", o sea, la retribalización de la política de la identidad, con su inevitable xenofobia–; esos contextos obturan las conexiones sistémicas de todos los que compartimos los recursos limitados del planeta (aire, tierra, agua), así como las posibilidades de construcción social de los recursos renovables que podríamos compartir (alegría, confianza mutua, respeto, amor).

Podrían crearse modelos para una "mejor" comunicación,

203

mediante proyectos que reunieran a personas que, de otro modo, no se hubieran reunido para conversar sobre temas acerca de los cuales no hubiesen hablado. Podría creárselos narrando historias, cantando canciones y escribiendo artículos que describan y/o pongan de manifiesto "mejores" maneras de relacionarse mutuamente. Vale decir que los profesionales sistémicos pueden hacer las veces de "forjadores de mitos" acerca de lo público. Podría creárselos interviniendo en las pautas improductivas. Los profesionales sistémicos podrían ayudar a quienes están empantanados en conflictos insolubles a desarrollar mejores maneras de relacionarse los unos con los otros. Por último, podrían contribuir a "normalizar" mejores pautas de comunicación. Aquí, "norma" no designa lo que sucede normalmente, en un sentido estadístico, sino que tiene un sentido valorativo. Se refiere a lo que la gente supone que va a suceder, a los criterios con que determina si lo que sucede es inusual o es bueno. En la actualidad, hay comparativamente pocas formas de comunicación "normales", pero de tanto en tanto alguna figura pública supera las normas de un comportamiento innoble. Por ejemplo, en su discurso, televisado a todo el país, en la Convención Nacional del Partido Republicano de 1992, Pat Buchanan quebró la norma de una conducta inmoral, y muy probablemente con ello contribuyó a la derrota del candidato presidencial del partido, George Bush. ¿Cómo podrían los profesionales sistémicos elevar los criterios que rigen las "normas" de la comunicación pública?

Tratamos de crear una "reserva" de confianza mutua y de respeto. Pensamos que el factor clave que impulsa a la gente a comunicarse en forma estratégica, defensiva o confrontativa es que no se siente respetada ni deposita suficiente confianza en los demás. Uno de los puntos de aplicación del esfuerzo para transformar la comunicación pública es generar respeto y confianza mutua donde no los hay, y, para ello, uno de los procedimientos consiste en crear situaciones en que la gente pueda escuchar y ser escuchada atentamente.

Tratamos de ser lúdicos y creativos. En cierta oportunidad, Saul Alinski "persuadió" a la municipalidad de Chicago para que cambiase una medida oficial amenazando con llevar centenares de sus partidarios al aeropuerto O'Hare, para que ocupasen los baños públicos en la hora pico de la llegada de los vuelos. Previendo la frustración de los turistas y asistentes a las numerosas convenciones que se realizan en esa ciudad –de las que depende la economía de esta última–, el municipio se avino a modificar la medida de marras, que no tenía relación con esta demostración. Los puntos de aplicación del esfuerzo revelan, en este caso, un intuitivo sentido lúdico; los profesionales sistémicos deben mantener un parecido sentido del humor.

El proyecto comunitario de Cupertino

En nuestro carácter de consultores principales del Consorcio para el Diálogo Público, hemos procurado aplicar principios sistémicos en un proyecto de varios años de duración destinado a crear espacios para una mejor comunicación en una ciudad. Lo que sigue no pretende ser una descripción completa del proyecto, pero servirá para ilustrar cómo tratamos de utilizar los principios sistémicos en este trabajo.

Cupertino es una ciudad relativamente pequeña (su población ronda los 45.000 habitantes) y muy rica dentro de una zona densamente poblada del estado de California, conocida como Silicon Valley.* La ciudad alberga el complejo industrial donde se fabrican las computadoras Apple y el De Anza College, uno de los *community colleges* líderes en el país. Es conocida por la excelencia de su sistema de enseñanza pública y tiene un gobierno progresista. Ha alcanzado casi el punto culminante de su desarrollo; los temas vinculados con el crecimiento económico y el desarrollo han figurado de manera prominente en las recientes campañas políticas. En el lapso de vida de algunos de sus antiguos residentes, la ciudad pasó de tener una economía agraria y de ser un sitio lleno de huertas, a ser la sede de la alta tecnología y educación. La composición demográfica de su población se modificó. El cambio más notable es que el porcentaje de

---

* El Valle del Silicio (*Silicon Valley*), debido a que allí nació la industria de los *chips* de computación fabricados a partir del silicio. (*N. del T.*)

205

residentes de origen asiático pasó, en los últimos quince años, de alrededor de un 5% a más de un 30%; en las escuelas, más de la mitad del alumnado es de origen asiático.

Si iniciamos nuestro proyecto en Cupertino fue porque ya estábamos trabajando allí, no porque la ciudad se amoldara a un determinado perfil o tuviera necesidades especiales. Nuestra hipótesis era que en cualquier ciudad encontraríamos cabida para mejorar la calidad de la comunicación pública.

Empezamos por establecer nuevas conexiones sistémicas o, dicho más precisamente, por desarrollar una serie de conexiones vinculadas con la cooperación en el tema de la comunicación pública. Tomamos contacto con las autoridades municipales (el administrador municipal, el alcalde y el ayuntamiento), así como con representantes de los establecimientos de enseñanza superior (el presidente del Colegio De Anza y miembros del Departamento de Estudios de la Comunicación de la Universidad Estatal de San José, situada en las cercanías) y del sector empresarial (la Cámara de Comercio). Todos estos grupos y personas aceptaron participar en el proyecto.

No preparamos para éste un plan lineal. En verdad, cuando nuestros asociados en el proyecto nos preguntaban qué iba a suceder en el futuro, a menudo nuestras respuestas no eran nada satisfactorias. En lugar de ello, tomamos como "palanca" el mejoramiento de la comunicación pública mediante una "conversación" de características particulares. Eramos muy conscientes de que esta decisión difería de muchas otras adoptadas por quienes trabajan en la facilitación de las políticas públicas. Lo corriente es que se elija como "punto de aplicación" un tema en disputa que a la comunidad le interesa porque es oneroso o traumático, o crea divisiones entre sus integrantes. Nosotros pretendíamos obtener un efecto sistémico –en el sentido de totalidad, es decir, que abarcara todo el sistema–, y no sólo la resolución de un problema específico.

Entre otras cosas, comprobamos que la elección de este punto de aplicación del esfuerzo volvía más difícil aun nuestra tarea de explicar el proyecto. Muchos creían que una "mejor comunicación" sólo podía significar que cada persona fuera capaz de transmitir más eficazmente sus propias ideas a los "otros". No obstante, este punto de aplicación nos dio la oportunidad de ser sorprendidos por los temas que más preocupaban a los miembros de la comunidad, y nos permitió eludir al menos algunas de las pautas de animadversión existentes.

Al principio, creíamos que nos enfrentaríamos con la inquietud pública por las cuestiones relacionadas con el crecimiento o desarrollo de la ciudad. Adoptamos en forma deliberada la postura de "no-saber" y formamos diez "grupos focalizados" que representaban a todos los elementos de la comunidad; en cada grupo utilizamos un estilo de facilitación que propendía a crear una atmósfera de respeto y confianza mutua. Descubrimos que el crecimiento y desarrollo de la ciudad era uno de los cinco temas que más preocupaban a la comunidad, pero nos dijeron que bastaba con que pudiese mejorar la comunicación pública en cuatro de los cinco. Curiosamente, el tema que todos los grupos focalizados consideraron más grave fue también descripto como uno en el que la comunicación pública era inadecuada. Se refería a la composición étnica de la comunidad, que estaba modificándose a ritmo acelerado, y a ciertas consecuencias de ese cambio.[12]

Sabíamos perfectamente que el proyecto podría generar problemas antes inexistentes, o hacer que las cosas empeoraran. Por lo tanto, nos impusimos como criterio que, en nuestro intento de hacer el bien, al menos "no debíamos causar ningún perjuicio". Notamos que en torno a la cuestión de las relaciones étnicas se movía mucha energía pero que, en su mayor parte, ésta no había dado lugar a una hostilidad polarizada. En el intento de no causar perjuicios y de crear un marco positivo, describimos el tema en disputa como dotado de una gran "riqueza cultural". Utilizamos un lenguaje apreciativo, dirigiendo la atención al aporte que le había hecho a la ciudad

---

12. También nos centramos en otras de las cuestiones que los grupos focalizados mencionaron como importante. Dijeron que la "seguridad de la comunidad" era un problema al que debía prestársele mayor atención de la que recibía. Lo que querían expresar no era tanto que la ciudad fuese un sitio inseguro, sino la preocupación por el hecho de que estaba enfrentando nuevos desafíos y el temor de que los recursos con que contaba fueran insuficientes.

su legado de pluralismo cultural, en vez de encuadrar el tema como un problema.[13]

El tema de la "riqueza cultural" era difícil para los residentes, porque no sabían cómo expresar sus inquietudes sin parecer racistas o sin dar origen a una pauta de comunicación polarizada que, por su propio bien, preferían evitar. Consideramos que nuestra misión consistía en ayudarlos a descubrir formas más productivas de conversar sobre el asunto. Entramos en el sistema a través de los acuerdos concertados con las principales instituciones civiles, y merced a ello nos adueñamos del "centro" de las inquietudes sobre la calidad de la comunicación pública. Expandimos la energía que encontramos en la comunidad identificando las preocupaciones de sus pobladores, advirtiendo qué era lo que les impedía avanzar y proveyéndoles de nuevas formas de hacer lo que ya querían, pero no sabían cómo hacer.

Una de nuestra "intervenciones" fue un proyecto en el que más de cien estudiantes secundarios entrevistaron a adultos no miembros de su familia, para requerirles su opinión sobre el tema de la "riqueza cultural". Instruimos a los estudiantes con el fin de que utilizaran en sus preguntas un lenguaje apreciativo y creamos para ellos un protocolo de entrevista semiestructurada. Como resultado, se llevaron a cabo en la ciudad centenares de conversaciones sobre el tema, en las que se usó un lenguaje apreciativo; nuestro propósito era que quienes participaban en tales conversaciones –y quienes oían hablar de ellas– aprendieran una manera más productiva de dialogar sobre el tema en disputa. Con el propósito de dar a publicidad estas conversaciones, los estudiantes confeccionaron posters en los que resumieron lo aprendido en las entrevistas; estos posters se exhibieron durante una semana en la biblioteca pública del lugar y en una reunión del ayuntamiento en la que, además, seis alumnos hi-

---

13. Otros términos más corrientes, como "diversidad cultural", se consideraron rótulos "negativos" o "centrados en los problemas", debido en parte a un reciente referendo estadual que dio por resultado el rechazo de las medidas antidiscriminatorias en los organismos oficiales.

cieron uso de la palabra para contar su experiencia acerca de las entrevistas.

Otra de nuestras intervenciones consistió en reunir a diez grupos de discusión. Invitamos a los ciudadanos a debatir y desarrollar planes de acción concretos, para asegurarse de que el municipio aprovechara plenamente su riqueza cultural y la protegiera. Uno de los obstáculos con que nos topamos fue un difundido escepticismo acerca de la utilidad de estas reuniones; la gente decía que ya habían hecho reuniones de este tipo en el pasado, pero de ellas no había resultado nada. Como nuestro proyecto era sistémico, pudimos formular la promesa creíble de que esta vez la experiencia sería distinta: el intendente y el Concejo Deliberante ya habían prometido concurrir a una reunión especial del ayuntamiento, en la que se expondrían las ideas que ellos habían propuesto. En esa reunión, dichas autoridades podrían escuchar, pero no hablar. En consonancia con el principio de actuar en forma lúdica, les dijimos a los ciudadanos que les habíamos hecho jurar sobre una pila de boletas electorales que guardarían silencio y escucharían.

La reunión del ayuntamiento fue pública, se la televisó y todos los periódicos del lugar informaron acerca de ella. En su transcurso se proyectaron en las paredes y se presentaron formalmente elegantes resúmenes del trabajo de los grupos de discusión. Además, tres participantes de esos grupos describieron la experiencia y, al final de la reunión, los integrantes del Consorcio para el Diálogo Público presentaron oficialmente al alcalde y al Concejo Deliberante un resumen de 40 páginas sobre los grupos focalizados y de discusión.

Nuestro principal desafío era generar espacios para que la población y las autoridades pudieran seguir alternando en una comunicación pública de estructura conversacional, así como facilitar esta conversación para que tuviera algunas de las características que asociamos con el "diálogo", y no con otras formas de comunicación. Uno de los pasos que dimos fue trabajar con el Concejo Deliberante sobre su "respuesta" a los grupos focalizados y de discusión. Ayudamos a sus integrantes a contestar de un modo que abriera la conversación en vez de cerrarla –como habría sucedido, por ejemplo, si hubiesen reaccionado como "expertos" desmereciendo algunas de las sugerencias de los ciudadanos, o mostrando que no habían escuchado verdaderamente lo que los ciudadanos plantearon. El Concejo resolvió que una de sus respuestas sería auspiciar un programa de dos días de duración sobre "Creación de equipos y de capacitación de dirigentes". Este programa contó con la participaron de más de cien dirigentes de la comunidad (de los trescientos invitados) y dio origen a una discusión pública con el Concejo sobre las "metas" oficiales para el año entrante.

Uno de nuestros desafíos más serios provino de algunos miembros bienintencionados de la comunidad, que abordaban con gran dinamismo los temas de la seguridad y la riqueza cultural, pero que preferían adoptar un estilo confrontativo. Algunos de ellos iniciaron acciones que provocaron una polarización y criticaron nuestra labor diciendo que tendía a "diluir las cosas" y a "no enfrentarse con los verdaderos problemas". Trabajamos duro para impedir que se convirtieran en nuestros enemigos y para alentarlos a actuar de modo tal de no crearse, a su vez, enemigos. En nuestra sociedad los estilos confrontativos de resolver conflictos tienen tanta difusión y son tan valorizados que, para nosotros, inculcar un estilo no confrontativo resultó ser un permanente desafío, obligándonos a esmerarnos en dos planos: por una parte, demostrar y facilitar la existencia de formas de comunicación "alternativas" y, por la otra, legitimar esas formas frente a las críticas acerca de que son débiles o insustanciales.

Conclusiones

Una de nuestras formas de operar radica en involucrarnos en una reflexión continua sobre la manera en que estamos trabajando, y examinar las alternativas. Nuestro compromiso con el trabajo sistémico no deriva tanto de nuestra aceptación intelectual de los principios de la práctica sistémica, como de la experiencia que recogemos en estos momentos de reflexión y exploración. Una y otra vez comprobamos que, cuando creemos que hubiésemos podido obrar en forma diferente, es porque hubiéramos podido ser aun "más sistémicos", y no menos.

Ofrecimos aquí una descripción sumaria de nuestra labor en Cupertino, como ejemplo de nuestros intentos de operar sistémicamente con éxito en el ámbito público. Creemos que han pasado cosas buenas en esta ciudad. La gente a la que en un comienzo invitamos a formar parte del proyecto, como el Concejo Deliberante, ya lo ha hecho propio; en las reuniones para la "Creación de equipos y de capacitación de dirigentes", varios ciudadanos manifestaron que por primera vez en la historia se sentían parte de la comunidad; y uno de los grupos creados en dichas reuniones continúa trabajando para aprovechar su riqueza cultural. El hilo común que une a todas estas manifestaciones es la conexión con un proceso discursivo abarcador, que pretende buscar la manera de que todos avancen juntos como comunidad. Pensamos que éste es un buen resumen de lo que el trabajo sistémico en el ámbito público permite obtener.

Referencias bibliográficas

Bush, Barusch, R.A. y Folger, J.P. (1994), *The Promise of Mediation: Responding to Conflict Through Empowerment and Recognition*. (*La promesa de la mediación*, Ed. Granica, Buenos Aires, 1996). San Francisco: Jossey-Bass.

Borwick, I. (1986), "The Family Therapist as Business Consultant". En: L.C. Wynne, S.H. McDaniel y T.T. Weber (Comps.). *Systems Consultation: A New Perspective for Family Therapy*. Nueva York: Guilford. págs. 423-440.

Branham, R.J. y Pearce, W.B. (1985), "Between Text and Context: Toward a Rhetoric of Contextual Transformation". *Quarterly Journal of Speech, 71*, 19-36.

Calhoun, C. (Comp.) (1992), *Habermas and the Public Sphere*. Cambridge: MIT Press.

Campbel, D.; Draper, R. y Huffington, C. (1989), *A Systemic Approach to Consultation*. Londres: Karnac Books.

Chasin, R.; Herzig, M.; Roth, S.; Chasin, L.; Becker, C. y Stains, R. (1996), "From Diatribe to Dialogue on Divisive Public Issues: Approaches Drawn from Family Therapy". *Mediation Quarterly, 13*, verano, 323-344.

Freire, P. (1982), *Pedagogy of the Oppressed*. Nueva York: Continuum.

Fruggeri, L.; Telfner, U.; Castelluci, A.; Marzari, M. y Matteini, M. (1991), *New Systemic Ideas from the Italian Mental Health Movement*. Londres: Karnac Books.

Kearney, J. "Beyond the Social Exclusion Zone: Family Therapy, Social Constructionism, and Social Action". *Human Systems* (en prensa).

Littlejohn, S.W. (1993), "The Quest for Quality in Public Discourse". Ponencia presidencial de apertura, Western Communication Association.

Mathews, D. (1997), "Defining the Disconnect". *Kettering Foundation Connections, 8,* junio, págs. 2, 28-31.

McCarthy, I. (Comp.) (1994), "Poverty and Social Exclusion". Edición especial de *Human Systems, 5* (3 y 4).

McNamee, S. y Gergen, K.J. (1996) (Comps.). *La terapia como construcción social.* Barcelona-Buenos Aires-México: Paidós.

Melville, K. Citado en N. McAffee, R. McKenzie y D. Mathews. *Hard Choices: An Introduction to the National Issues Forum.* Dayton, Ohio: Kettering Foundation, n.d.

Moyers, B. y Flowers,B.S. (1989), *A World of Ideas: Converstions with Thoughtful Men and Women about American Life Today and the Ideas Shaping Our Future.* Nueva York: Doubleday.

Ong, W.J. (1982), *Orality and Literacy: The Technologizing of the Word.* Londres: Routledge.

Pearce, W.B. (1989), *Communication and the Human Condition.* Carbondale and Edwasville: Southern Illinois University Press.

Pearce, W.B. (1994a), *Interpersonal Communication: Making Social Worlds.* Nueva York: Harper-Collins.

Pearce, W.B. (1994b), "Bringing News of Difference: Participation in Systemic Social Constructionist Communication as a Form of Consultation". En: L. R. Frey (Comp.). *Communication in Context: Studies of Naturalistic Groups.* Hillsdale, NJ: Lawrence Erlbaum Associates.

Pearce, W.B. (1996), "Public Dialogue and Democracy". Vídeocinta. Department of Communication, Loyola University.

Pearce, W.B. y Littlejohn, S.W. (1997), *Moral Conflict: When Social Worlds Collide.* Thousand Oaks: Sage.

Pearce, W.B.; Villar Concha, E. y McAdam, E. (1992), "Not Sufficiently Systemic - An Exercise of Curiosity". *Human Systems, 3,* págs. 75-87.

Senge, P. (1990), *The Fifth Discipline: The Art and Practice of the Learning Organization.* Nueva York: Doubleday.

Weiler, M. y Pearce, W.B. (1991), *Reagan and Public Discourse in America.* Tuscaloosa: University of Alabama Press.

Yankelovich, D. y Immerwahr, J. (1994), "The Rules of Public Engagement". En: D. Yankelovich y I.M. Destler (Comps.). *Beyond the Beltway: Engaging the Public in U.S. Foreign Policy.* Nueva York: Norton.

CAPÍTULO 8

HELOISA PRIMAVERA

GERENCIA SOCIAL Y EPISTEMOLOGÍA: REFLEXIONES ACERCA DE LA CONSTRUCCIÓN DE HERRAMIENTAS DE INTERVENCIÓN

1. Sobre intenciones

Este artículo apunta a presentar algunas *herramientas* que hemos construido en distintos tipos de experiencias en el sector público, y que consideramos especialmente relevantes para el área social. Partimos de identificarnos con la urgencia de rediseñar modelos de funcionamiento organizacional e interinstitucional para el sector público en América Latina, cuyo estado necesita hoy hacer frente a un cuadro de pobreza que, en las últimas décadas, creció más que en ninguna región del planeta.[1] Entendemos que, más allá de las causas reconocidas por distintas corrientes de expertos, entre las cuales las más señaladas son de índole *político* y *técnico*, existen obstáculos de tipo *epistemológico* que inciden sobre éstas, con cuya superación se podrán encontrar más fá-

---

1. Dagmar Raczynski (1995) ha explorado una serie de experiencias de la política social en cuatro países latinoamericanos: Argentina, Brasil, Costa Rica y Chile. Según esta autora, importantes *obstáculos técnicos y político-institucionales* en la formulación e implementación de distintos programas sociales prioritarios en la lucha contra la pobreza atentan contra el logro de una eficiente Gerencia Social que dé respuesta al agravamiento del problema, por lo que necesariamente se deben extremar los esfuerzos para encontrar soluciones creativas y autosustentables para estar a la altura de la magnitud y gravedad de la situación.

cilmente nuevos caminos para la construcción de estrategias para el nuevo orden social que la situación exige. Asimismo, creemos que estas herramientas pueden ser útiles en otros contextos de articulación, y de ahí nuestro interés en ponerlas en discusión.

Por otro lado, estar en esta obra deriva de un doble parentesco: con el encuadre global de los *nuevos paradigmas del conocimiento* que permea los distintos abordajes presentes en ella,[2] y con la búsqueda de la *construcción de estrategias alternativas de resolución de conflictos,* en los distintos ámbitos profesionales que son, casi siempre, multiprofesionales y multiactorales, desde la perspectiva de los actores sociales. Nuestro aporte tratará, esencialmente, de mostrar cómo la negociación puede ser interpretada como elemento constitutivo del contexto permanente de las organizaciones en general, y de los proyectos sociales en particular, independientemente de la especificidad, magnitud y grado de complejidad de éstos. Empezaremos por aclarar el significado que la búsqueda de mayor eficiencia tiene para nosotros, en el marco específico de la Gerencia Social, y enunciaremos luego las herramientas más significativas que han surgido a lo largo de nuestra experiencia. A partir de ahí, desarrollaremos una breve fundamentación de su construcción, desde el encuadre epistemológico que las sostiene.

En nuestro entender, su carácter innovador resulta de interés no sólo porque introduce un *abordaje epistemológico* distinto, en un campo generalmente no penetrado por otras vertientes que no sean el estructuralismo, el funcionalismo, el marxismo o –¿por qué no reconocerlo?– el (legítimo) eclecticismo pragmático de la consultoría de emergencia, sino, principalmente, porque dicho abordaje facilita significativamente la utilización de las herramientas propuestas. Para desarrollar nuestra argumentación, haremos algunas exploraciones alrededor de los siguientes ejes temáticos:

---

2. Una revisión exhaustiva de los nuevos paradigmas del conocimiento y sus condiciones de surgimiento puede ser encontrada en Primavera (1992).

2. La eficiencia en el área social: ¿posibilidad o imperativo ético?

Aceptamos que, si bien idealmente cualquier organización debe funcionar con el máximo de eficiencia para lograr sus objetivos, la *eficiencia* misma de las organizaciones del sector público es materia de debate permanente, tanto en el ámbito de la política, como en la academia o la consultoría especializada. Se solía aceptar, tradicionalmente, que el sector público debía tener otros criterios de eficiencia, puesto que, aun en el sistema capitalista, una de sus funciones era la de compensar los efectos del libre mercado y corregir las asimetrías de los sectores sociales que emergen con desiguales posibilidades de acceso al uso de los recursos de información, materia y energía. En otras palabras, hasta hace algún tiempo, tan importante como cumplir con eficiencia las funciones del Estado era la manutención de cierta estructuralidad institucional, que terminaba por asegurar algún grado de equilibrio de las relaciones Estado-sociedad civil en el régimen democrático.

El derrumbe del estado de bienestar cambió profundamente las reglas de juego, y aunque el proceso no se dio bruscamente, la reconfiguración que fue instalándose a la salida de los regímenes autoritarios de América Latina –pese a las declaraciones de gobernantes y las expectativas de gobernados– no ha avanzado hacia disminuir las desigualdades, sino todo lo contrario. La democracia política no se vio acompañada por una mayor participación de los sectores populares en el reparto de la riqueza producida en la región, y las más distintas formas de *ex-*

clusión social son hoy categorías presentes en la literatura y en la práctica profesional de cualquier especialidad. Las terapias de familia, tanto como la construcción de vivienda son atravesadas por esa nueva realidad. Las clases medias pauperizadas conforman los "nuevos pobres" que engrosan las filas de las estadísticas de todas las especialidades que miden la evolución del desarrollo de las sociedades.

Por otro lado, si atendemos a los guarismos de los indicadores de desempeño, constatamos que en el área social el desvío de la ineficiencia es absolutamente dramático. Hay programas/organizaciones que no logran hacer que el 10% de los recursos asignados llegue a destino. No nos parece, pues, posible dejar *la eficiencia* fuera de la discusión cuando su impacto negativo redunda precisamente en más *desnutrición, analfabetismo, desempleo, violencia* y, en consecuencia, exclusión social.

En síntesis, lo que queremos plantear aquí es la cuestión de la eficiencia en el área social como *imperativo ético*, antes que como *posibilidad* a ser alcanzada[3], más allá de las distintas epistemologías y tecnologías utilizadas. Éste fue el sentido de nuestra búsqueda profesional, a la vez que resultado de nuestra *identificación* con ese Estado al cual se le echan tantas culpas: hemos pretendido operar *desde dentro* del Estado, en posición de *responsabilidad*, en la búsqueda de construir herramientas de intervención que mejoren el acceso de las mayorías a los recursos que les son propios.

3. La gerencia social revisitada

A partir de esta primera circunscripción de significado, es importante explicitar que el enfoque de Gerencia Social al que adscribimos no se limita al "gerenciamiento" de los programas/organizaciones del área social, sino que abarca una concepción

---

3. La propuesta del enfoque de Gerencia Social no ha dejado de causar polémica al interior del campo del Trabajo Social y ha logrado instalarse en la agenda de discusión de distintos contextos, desde el espacio del Trabajo Social propiamente dicho hasta las discusiones sobre los modelos de desarrollo en América Latina (Primavera, 1993, 1995b, 1997).

sistémica integradora, como plantea Kliksberg[4], según la cual, para enfrentar el cuadro crítico de pobreza que atraviesa América Latina, es necesario emprender simultáneamente planes y acciones destinados a:

- redefinir un *modelo de desarrollo* para cada sociedad, lo que implica pensar procesos urgentes, pero de impacto en el mediano y largo plazo;
- instrumentar *políticas redistributivas,* a partir de distintas políticas fiscales, en procesos de corto y mediano plazo; y
- apuntar a una drástica *eficientización* de los programas sociales masivos de superación de la pobreza, es decir, emprender un nuevo estilo de *Gerencia Social*, en los procesos inmediatos y de corto plazo.

Ello resulta tanto más relevante cuando una de las (justas) críticas que se suele hacer a la Gerencia Social deviene de la comprensión acotada a una simple eficientización en el uso de los escasos recursos destinados al área social. En otras palabras, entendemos legítimo cuestionar la mala administración de los recursos, *al mismo tiempo* que hacerlo con los otros dos aspectos, fundantes y complementarios los tres.

De todos modos, debemos reconocer que en América Latina hemos transitado una larga tradición de un dudoso estado de bienestar, en el cual el estilo de gerenciamiento de la cosa pública estuvo más bien asociado a la *ineficiencia* y al *clientelismo* (éste, sí, eficiente), por lo cual no resulta ocioso replantearse los términos estrictamente gerenciales, en este nuevo marco de comprensión de un nuevo papel del Estado que, precisamente, en aras de aumentar su eficiencia, privatizó, desreguló y descentralizó todo lo que pudo, pero no logró con ello consolidar la democracia política en el plano social.

También es útil recordar que, en los sucesivos procesos de reforma de Estado, ha sido rota la relativa estabilidad del em-

---

4. En lo que se refiere a la Gerencia Social, el planteo que desarrollamos a lo largo de este trabajo se inserta en la propuesta desarrollada por B. Kliksberg (1992, 1995) y otros autores, profusamente desarrollado en las obras *Pobreza, un tema impostergable* y *Pobreza, el drama cotidiano. Clave para una nueva Gerencia Social eficiente.*

pleo público, ya sea por una drástica reducción salarial, ya sea por la implementación de programas de retiro voluntario que, en gran medida, inauguraron una etapa de alianzas con las *organizaciones del tercer sector*, que actualmente cumplen buena parte de las funciones del empleo público en el área social. En otras palabras, el empleo público también se precarizó, y buena parte del área social dejó de ser patrimonio de los "empleados públicos", para ingresar a un estilo de gerenciamiento más parecido al sector público no estatal, con lo que también se reconfiguraron los programas y los ejecutores de programas sociales, ahora focalizados y atendidos por nuevos prestatarios.[5]

No hay duda, pues, de que el área social debe ser motivo de atención renovada, tanto por la *complejidad* de su especificidad, como por su nueva reconfiguración: no es posible producir los resultados necesarios, si no partimos de la comprensión del carácter multinstitucional, multiactoral y de alta imprevisibilidad de sus prácticas, que demandan una gerencia permanentemente adaptativa, a la vez que altamente eficiente. De esta comprensión, nace la opción de revisar el enfoque *epistemológico* con que se operó previamente, para aportar algunos avances en materia de complejidad a la gerencia de los procesos sociales, postura quizás mucho más frecuente en el ámbito de las terapias que en la administración pública.

En síntesis, nos interesa resaltar aquí que la resignificación de Gerencia Social que más nos atrajo fue la inevitable *demanda de resultados* que esta expresión lleva consigo. Desde el mismo nombre, no se espera de un *gerente social* que cumpla *reglamentos* o produzca *explicaciones* para sus fracasos dentro de la normativa vigente, sino que apunte a llevar a cabo las acciones que producirán los resultados esperados... Quizás, la interpretación más generativa sea, en este sentido, la que postula la *responsabilidad sobre el todo*, compartida por los distintos actores sociales a nivel de *resultados finales* y no más sobre cada una de sus partes o funciones especializadas, como evoca la comprensión tradicional (burocrática) de las funciones propias del Estado.

5, Una demostración evidente de esta situación es la cantidad y variedad de cursos de formación y posgrado en organizaciones del tercer sector.

4. Las nuevas herramientas de intervención

A partir de nuestra experiencia profesional, de docencia en la formación de especialistas del sector público y consultoría en el asesoramiento de proyectos sociales, hemos sintetizado tres paquetes de habilidades que presentaremos aquí como "herramientas", con la finalidad de poner en evidencia las situaciones problemáticas más frecuentes y las estrategias de solución que hemos propuesto. Es necesario aclarar que, en cada contexto, la presentación e introducción de cada uno de ellos implica la realización de un largo trabajo previo de *diagnóstico participativo*, y la exploración colectiva del *sentido común* de la organización/proyecto en que están involucrados los participantes.

Estas habilidades han sido transformadas en "herramientas" a los efectos de plantear la posibilidad de que "operen" sobre el rediseño de las distintas prácticas al interior de las organizaciones o grupos humanos multinstitucionales, como ocurre en la gestión de los programas más diversos, que abarcan desde la distribución de una copa de leche en la escuela o la entrega de alimentos a la familia, hasta la puesta en marcha de un emprendimiento productivo, individual o comunitario. Si convenimos aquí denominar genéricamente *gerente social* a quien tiene a cargo tal tipo de actividades, nos resultará también más fácil comprender qué clase de procesos e interacciones debe afrontar en su práctica cotidiana. Para ello, las hemos integrado en tres grupos de habilidades: *procedimentales, relacionales y actitudinales*.

Las cinco habilidades procedimentales del gerente social: indicadores meso

Empezaremos por nombrar las herramientas que derivan de esta primera definición del mismo Kliksberg (1993, 1995). Para él, los principales "dilemas de decisión en Gerencia Social son la 'turbulencia' en los objetivos, la complejidad política de los procesos de implementación, la accesibilidad a los beneficiarios, la relevancia del estilo de gestión, las dificultades de coordinación entre los distintos actores sociales y etapas de los proyectos, la necesidad de descentralización, y la evaluación y gerencia de los distintos procesos". En consecuencia, el perfil deseable de gerente social debe incluir necesariamente: "capacidad para gerenciar complejidad", "orientación a la articulación social", "capacidades para la concertación", "gerencia de frontera tecnológica" y "formación hacia el compromiso".

En nuestra propuesta, estas necesidades se satisfacen a partir del cultivo permanente de las siguientes *habilidades* de:

- *administrar la incertidumbre (1)*
- *articular los recursos existentes en redes de ayuda (2)*
- *ejercitar permanentemente la capacidad de concertación (3)*
- *utilizar la tecnología apropiada a cada contexto (4)*
- *actuar hacia el compromiso con los resultados deseados (5).*

Si bien el enunciado de este conjunto de habilidades puede parecer vacío si no se avanza en *cómo* es posible implementarlas en cada caso, su simple adopción como *indicadores* de las fortalezas y debilidades del proyecto, ya sea por auto o heteroevaluación individual de los participantes, ya sea por evaluación (individual o grupal) de las capacidades del equipo involucrado en distintas actividades o etapas del proyecto, se ha revelado una interesante "herramienta" para que los mismos participantes se pongan de acuerdo acerca de lo que tienen y de lo que les falta para poder hacerse cargo de producir los resultados esperados. Por ejemplo, cuando les pedimos que clasifiquen el nivel de competencia individual y del equipo, en una escala de 1 a 10 en cada ítem, suele haber, posteriormente, una aproximación distinta de las posibilidades de interacción, *por el simple hecho de que cada participante empieza a conocer lo que piensan los demás sobre el mismo tema.*

En esas oportunidades, cuando se trata de un proceso de capacitación, en el que hay tiempo suficiente para lograr la construcción de consensos, que no afectan la realización de tareas en curso (como *no* es el caso de la consultoría que se propone lograr cambios en el corto plazo), los participantes salen fortalecidos en sus habilidades de *construir consenso*, y hemos podido comprobar que ésta es una práctica que mejora significativamente las posibilidades del trabajo en equipo.

Vale la pena referirnos a nuestra experiencia reciente, en la que nuevos proyectos emprendidos en el curso de procesos de capacitación, que nos parecían de dudosa factibilidad político-institucional –para no decir utópicos–, han resultado posibles (y de hecho realizados), gracias a que los participantes han podido articular acciones desde una posición "más integradora", según ellos mismos, y *complementar sus habilidades entre todos*.

Frecuentemente, hemos utilizado estos 5 *indicadores meso* –así denominados para permitir una mirada sobre los *procesos* antes que sobre las *interacciones* entre los participantes– para hacer diagnósticos participativos acerca de la gestión de los proyectos en curso o de la misma actividad de rutina al interior de una organización. Cabe también aclarar que, frecuentemente, nuestras actividades de capacitación han estado destinadas a un público heterogéneo que incluye estudiantes avanzados de distintas carreras, profesionales en reconversión laboral, además de funcionarios y técnicos del área social propiamente dicha.[6]

Si, por un lado, hay que reconocer que el auto o heterodiagnóstico de las cinco habilidades (y por lo tanto de las incompetencias) no produce *per se* cambios en la actitud de las personas, por el otro, también es necesario reconocer que sí se producen inevitablemente *acuerdos* o *desacuerdos* acerca de cuáles son las estrategias que deben ser implementadas por los participantes para mejorar, por ejemplo, la eficiencia en el desempeño. Cuando se crea un contexto de confianza y apertura a la participación, los diálogos acerca de temas variados, como pueden ser, entre otras, las matrices de análisis de *fortalezas, debilidades, amenazas* y *oportunidades*, sirven como disparadores de la práctica *construcción de sentido/construcción de consenso*, operando naturalmente sobre el *imaginario social* del grupo o equipo de trabajo.

---

6. A partir de septiembre de 1993, cuando B. Kliksberg y J. Sulbrandt dictaron en la Facultad de Ciencias Económicas de la Universidad de Buenos Aires el primer Seminario "Cómo formar en Gerencia Social", hemos desarrollado una actividad ininterrumpida en esa área, tanto para universidades del interior del país, como en la consultoría para organismos internacionales como el PNUD, la OMS/OPS y el BID, culminando con un programa de posgrado denominado "Formación en Gerencia Pública y Gerencia Social", puesto en marcha en 1997.

Es en esta dirección que proponemos empezar a ver los procesos de *negociación* como *procesos permanentes de construcción de sentido* al interior de las organizaciones y grupos de trabajo. Por lo cual no se trata de una "habilidad" a ser cultivada sólo en el logro de la "habilidad 3" (*ejercitar permanentemente la capacidad de concertación)*, sino de una habilidad mucho más general, traducida en nuestro enfoque en habilidades de *conversar* en grupo para lograr consensos. Aunque más adelante profundizaremos este aspecto, ahora pasaremos a precisar algo más sobre las "herramientas", aclarando sus condiciones de aplicación, o ejemplificándolas en distintos contextos. Ante todo, es necesario aclarar que los cinco indicadores propuestos tienen carácter complementario entre ellos, y que el orden en que los presentamos no es arbitrario, sino que representa, en nuestra experiencia, las dificultades crecientes que se encuentran en la gestión del área social.

(1) Administrar la incertidumbre: Si tenemos en cuenta la naturaleza misma de los procesos de gerenciamiento del área social, constatamos que variadas circunstancias contribuyen a que tanto los objetivos como las estrategias de consecución de los mismos cambien permanentemente, por distintas razones: ya sea porque varía en el tiempo la conformación de la población destinataria, o porque los censos no alcanzan a definirla con precisión o, aun, porque tal definición es distinta en el momento del planeamiento de la del momento de la ejecución de los programas, aparecen nuevos factores que inciden sobre los destinatarios, hay permanentes variaciones de tipo físico (climático, hidrográfico, de impacto en las cosechas que debieran garantizar la provisión de alimentos para el programa, para dar un ejemplo) pero también técnico, institucional o político sobre el entorno inmediato.

Resulta, entonces, difícil planificar para situaciones de estabilidad, si queremos definir en pocas palabras el contexto permanente de los programas sociales. Pese a que la regla es la inestabilidad y no la estabilidad, hacia dentro de los grupos de trabajo, no se han encontrado disposiciones de aceptar que la incertidumbre es *constitutiva* del campo y, luego, de diseñar estrategias permanentes para enfrentarla, y esta situación tiene alto impacto sobre la producción de resultados. Es por ello muy útil plantear en forma anticipada esta característica y, una vez logrado el diagnóstico del equipo, trabajar en el sentido de diseñar *diagramas de opciones* y *caminos críticos*, si es posible en exceso, en lugar de atenerse a secuencias de actividades que generalmente no se cumplen como fueron previstas.

En los grupos de trabajo, la mala administración de la incertidumbre suele ser también una buena oportunidad para justificar la *no responsabilidad de algunos* sobre los pasos siguientes, si los anteriores no se dieron como previstos. Ésta suele ser una habilidad en la cual los responsables de las distintas actividades se adjudican generalmente bajos puntajes individuales y bajos puntajes de equipo, por lo que es importante construir consenso acerca de lo constitutivo de la incertidumbre en el operar cotidiano.

(2) Articular los recursos existentes en redes de ayuda: Otra de las habilidades que los involucrados en la gestión del área social reconocen como crítica es la de articular los (siempre escasos) recursos existentes para el logro de los (casi siempre máximos) objetivos deseados. Se trata aquí de apuntar a lograr muy distintas formas de articulación para que la eficiencia aumente significativamente, tanto a nivel del equipo de trabajo de una misma organización como también a nivel de distintas organizaciones/ instituciones que comparten una misma problemática. En realidad, frecuentemente, somos víctimas de poner "la problemática" en el centro de la escena y no "las personas" y, en todo caso, la calidad de vida de las mismas.

Con la actual focalización de la política social y la descentralización creciente, resultante de las transferencias de responsabilidades de la administración nacional a nivel provincial y luego municipal, se carece de los mecanismos institucionales necesarios para el aprovechamiento máximo de los recursos, pero también de los mecanismos conceptuales básicos para ello. Tratamos entonces de ejercitar el *pensamiento en red*, tanto a nivel del equipo como a nivel de "pares" de otras instituciones. Sabemos que, en la práctica, hay "pobres" atravesados por varios programas sociales (porque han "aprendido" a tener acceso a

223

ello, más allá de, o incluidas, las formas clientelares básicas de acceso a tales "beneficios"), al mismo tiempo que hay muchos que quedan fuera de todos.

¿Cómo hacer para que esta práctica se vuelva rutinaria? La respuesta que nos da nuestra experiencia es la *capacitación* y el *entrenamiento para el pensamiento en red*[7], aun como ejercicio intelectual, aun fuera del contexto de intervención, para que la práctica termine por mostrar las ventajas para todos de contar con recursos de terceros que, solos, carecen de la posibilidad de hacer impacto sobre los fenómenos a que se abocan. Es importante recordar que, en el contexto de organizaciones y proyectos sociales, el pensamiento en red al que nos referimos debe ser siempre desarrollado entre miembros de *distintas tribus*, es decir, entre actores sociales muy distintos (políticos, técnicos, funcionarios de carrera, administrativos, líderes comunitarios y vecinos), portadores de esquemas conceptuales y prácticas muy distintos.

Es también en esta situación que adquiere importancia el *enfoque epistemológico constructivista lingüístico*[8] que hemos adoptado y que desarrollamos en mayor detalle en el punto 5, en tanto permite legitimar las distintas lecturas y flexibilizar las condiciones para la coordinación de acciones entre (im)pares. Si estamos abiertos a la legitimación del otro, es más probable "ver" nuevas posibilidades de coordinación de acción, lo que significa también tener *nuevos recursos para la acción*. Finalmente, es importante reconocer que la práctica sostenida de la articulación en redes construye nuevas categorías de pensamiento y acción, es decir, *nuevos observadores*.

(3) Ejercitar permanentemente la capacidad de concertación: Si bien habíamos anticipado que el enfoque epistemológico constructivista facilita significativamente las operatorias de las nueve

---

8. Este enfoque tal como lo hemos profundizado y desarrollado posteriormente se encuentra fundamentado en la obra seminal de Winograd y Flores (1987) en la que se plantea una comparación nueva entre la inteligencia artificial y el fenómeno cognitivo.
7. Distintos tipos de facilitadores y obstáculos a la participación en el trabajo en redes han sido extensamente tratados por nosotros (Primavera, 1995a).

habilidades aquí planteadas, no es menos cierto que es en el ejercicio de la capacidad de concertación permanente donde ese aporte se expresa con mayor claridad. Asimismo, ésta es una habilidad crítica en la Gerencia Social, en la que distintas instituciones se entrelazan continuamente y el carácter político permanente de las distintas legitimidades se manifiesta con mayor dramatismo. Cuando un programa social debe atender a una situación de brindar alimento para que un alumno pueda estudiar ¿cómo definir a qué institución le toca la mayor responsabilidad?, ¿a la Escuela?, ¿a Salud?, ¿a Acción Social? En esta situación es donde se plantean las grandes dificultades del *gerenciamiento inter-institucional*, fuentes de la ineficiencia antiética a la que nos hemos referido anteriormente, y que se traducen en más desnutrición y analfabetismo hoy, y desempleo, violencia, criminalidad y exclusión social mañana, en nuestras sociedades que hoy parecen definitivamente dualizadas.

Pese a que no pretendemos hacer la apología de un enfoque teórico y metodológico, nos parece relevante señalar los cuellos de botella críticos que no son necesariamente tenidos en cuenta a la hora de buscar soluciones. Las dificultades de la gerencia interinstitucional se comprenden dentro de la *racionalidad política* que atraviesa la vida de las instituciones: es tan "real" y materia de intervención como cualquier otro aspecto, material o no. Por otro lado, si entendemos a la política como *el arte de manejar permanentemente conversaciones conflictivas, todas legítimas,*[9] es comprensible la necesidad de entrenarnos para la concertación permanente. En Gerencia Social es imprescindible aceptar esta práctica como *constitutiva* de la vida de las organizaciones o proyectos que se hacen cargo de redistribuir recursos a los sectores más postergados de la sociedad. En este cuadro, es también comprensible que se deba priorizar la *negociación permanente* sobre la *mediación* como práctica organizacional.

---

9. Fernando Flores (Spinosa, Flores y Dreyfus, 1997) sostiene que la capacidad emprendedora, el cultivo de la solidaridad y la capacidad de organizarse políticamente forman parte del *mismo* contenido de liderazgo social y propone una nueva visión acerca de las posibilidades de esta complementariedad.

De nuestra experiencia profesional, tomamos como ilustrativo el testimonio de un participante que sostuvo que, con el nuevo enfoque, *"podía 'ver' a los participantes de otras instituciones como 'socios' y no más como 'adversarios' empecinados en lograr 'sus' metas en desmedro de las del proyecto integrado"*.

(4) Utilizar la tecnología apropiada a cada contexto: Cuando nos propusimos explorar lo que Kliksberg plantea como "gerenciar la frontera tecnológica" y que se refiere a la necesidad de elegir en cada situación el camino que más se adecua a lograr la eficientización del funcionamiento de la organización o proyecto, nos pareció que era necesario introducir no sólo el aspecto "duro" de la tecnología, es decir, qué tipo de artefactos materiales se utilizan, sino también complementarlo con el aspecto "blando", relacional, de cualquier proyecto u organización del área social. Esta extensión del concepto de tecnología a los aspectos humanos y relacionales pone el acento en prácticas que condicionan, frecuentemente más que los artefactos, la vida de las organizaciones y los resultados de los proyectos.

Para redefinir esta habilidad dentro de nuestro enfoque de trabajo, hemos partido de la premisa de que la tecnología *apropiada* para cada caso es aquella reconocida por la mayor parte de los integrantes como válida/útil u óptima, es decir, hemos aplicado un criterio de promover la *participación* de los protagonistas en la definición de la modalidad de componer la tecnología integral, blanda y dura, más allá del modelo burocrático tradicionalmente vigente en el contexto del sector público latinoamericano.

El resultado es una *flexibilización* permanente del estilo de gestión, con la adopción de modelos de organización de tipo matricial o por proyectos, que permite la rotación de los recursos humanos según las variaciones de la realidad y metas cambiantes que conocemos como parte de la rutina de ese campo. Hemos podido verificar que, frecuentemente, el modo de hacer las cosas no necesita ser homogéneo y que, cuando se homogeniza, puede hacerlo por emulación de líderes naturales que saben ganarse el lugar entre sus pares. Lograr, entonces, una gerencia de frontera tecnológica puede ser la oportunidad de incorporar la *creatividad* y *responsabilidad* de elección del grupo, al servicio de la obtención de los mejores resultados. Ello implica una "liberación" del factor tecnología –en lugar de una sujeción a él–, y produce equipos de trabajo competentes en utilizar paloma mensajera o comunicación satelital, en distintas posibilidades de arreglos organizacionales, en función de los requerimientos de cada caso.

(5) Actuar hacia el compromiso con los resultados deseados: Como síntesis de las habilidades precedentes, es fácil reconocer que si en nuestra práctica logramos complementar las cuatro habilidades enunciadas previamente, llegaremos casi indefectiblemente a esta última. Sin embargo, preferimos expresarla autónomamente, para discriminar situaciones especialmente relevantes en el caso de la gestión de los programas sociales, que demandan postergar lealtades corporativas de todo tipo y tener presente, en todo momento, las necesidades del beneficiario final. Todos conocemos el riesgo de confundir nuestra *responsabilidad* con éste, con la responsabilidad de lograr los objetivos del "proyecto" o la organización en que estamos insertos. En la práctica, es necesario contar con posturas flexibles, eficientes mecanismos de monitoreo que garanticen rapidez en las respuestas correctoras, y con la habilidad –permanente– de generar consenso para compartir la responsabilidad en el cambio de decisiones que se deben tomar en el curso de las acciones en marcha.

En nuestro entender, ello requiere un alto grado de identificación con los objetivos del programa/organización: ésta es la que genera, a su vez, la disposición a hacer *lo necesario* –y no lo planificado o lo "debido"– para llegar a los resultados deseados. En este sentido, nuestro aporte ha sido el de *desplegar* la noción de compromiso, de modo de hacerla más "tangible" y pasible de modificación desde el enfoque que practicamos: al *compromiso* actitudinal –traducido en el ejercicio de búsqueda permanente de alternativas– agregamos la habilidad de seleccionar, promover y articular las *competencias* necesarias al logro de los objetivos. En otras palabras, proponemos la comprensión de compromiso como la articulación continua del "cumplimiento de promesas relevantes" con "aprendizajes renovados" que mejoren la eficiencia de las interacciones.

El enunciado producido como "aprendizaje" por un grupo de trabajo en un taller reciente lo expresa así : "(Aprendimos que...) tan importante como el *compromiso* con el proyecto es la habilidad de articular las mejores *competencias* del grupo. Así como tan importante como la presencia de las mejores competencias en el grupo es el *compromiso* sostenido de ponerlas a servicio de los objetivos perseguidos. Necesitamos cultivar la actitud de *gerentes sociales* tan *comprometidos* como *competentes,* como la gravedad de la situación demanda. Necesitamos gerentes sociales que hagan a cada integrante de su proyecto sentirse como gerente social él mismo, *responsable* de los resultados finales del proyecto y no de su función específica".

Las cuatro habilidades relacionales del gerente social: indicadores micro

Así como hemos definido anteriormente los cinco indicadores procedimentales como *indicadores meso,* los *indicadores micro* se conforman a partir de la evaluación de las *habilidades individuales* de generar *visión compartida* en la coordinación de acciones en el grupo, organización o proyecto, y se expresan en cuatro habilidades:

- *establecer relación (1);*
- *escuchar al otro como legítimo (2);*
- *construir consenso para definir la acción (3);* y
- *acompañar sostenida y responsablemente los procesos acordados (4).*

Estas habilidades, que hemos denominado *relacionales,* estuvieron, hasta hace relativamente poco tiempo, subsumidas en lo que se relacionaba con la "vida privada" de las organizaciones, diseminadas en varios enfoques de Dinámica Grupal, distantes, en general, del interés de planificadores y evaluadores de las políticas públicas. Su disciplina era más la Psicología que la Administración, y sus actividades se organizaban más en la consultoría de resolución de problemas que en la planificación de la rutina. No eran parte de los objetivos relevantes de los proyectos, como si fueran "datos" pre-existentes, con los que se contaría siempre y permanentemente. En otras palabras, como si fueran *opcionales o secundarios* y no parte constitutiva y relevante de los procesos. Como para los "niños-problema" en la escuela, plantear el tema era más bien visto como hablar de la "organización-problema": anticipar una desviación de la normalidad...

Actualmente, gracias al efecto no planeado de las distintas reformas de estado, en las nuevas reconfiguraciones que han resultado de éstas, las fronteras entre los estilos de gestión de lo público y lo privado se han ido rediseñando, aun sin incluir corrimientos epistemológicos, aun dentro del mundo de hegemonía de las objetividades materiales. El tema empieza a ser descubierto en distintos ámbitos reformadores. Un ejemplo claro de ello es, por ejemplo, la implantación de los criterios de Calidad Total, aplicados a las organizaciones del sector público, y el premio nacional instituido a tal efecto por la Secretaría de la Función Pública, que muestra el interés en complementar los aspectos de la gestión que tradicionalmente estuvieron ubicados en el sector privado. Nuestro interés aquí es mostrar cómo, desde el enfoque constructivista lingüístico, hemos articulado ambos campos, el de administración y el de gestión de los recursos humanos, en simultaneidad, trascendiendo el abordaje reduccionista de la disciplinariedad acotada. Las estrategias que hemos utilizado en nuestra propuesta consistieron esencialmente en:

- desprivilegiar cualquier lectura al interior del grupo de trabajo, en la etapa de discusión de alternativas, aceptar el disenso como constitutivo (además de inevitable y necesario) y, por lo tanto, operar dentro de la existencia de una multiplicidad de opiniones/diagnósticos de la realidad, buscando prioritariamente términos de *estabilidad de sentido* y *consenso* para la definición de cursos de acción, antes que para el nivel diagnóstico;
- alternar permanentemente la lectura de los niveles meso (procedimentales) y micro (interaccionales) para la evaluación, monitoreo y redireccionamiento de los cursos de acción.

Es en esta perspectiva que configuramos nuestro abordaje de la *complejidad*, como articulación permanente de *indicadores micro* y *meso*, partiendo del enfoque epistemológico constructivista lingüístico, que explicitaremos más adelante, en el punto 5 de estas reflexiones (Ideas generativas: las premisas del nuevo paradigma gerencial).

Si aceptamos que la evaluación de cualquiera de los *indicadores meso* desarrollados anteriormente implica, en la práctica, hacer un diagnóstico cualitativo que debe ser consensuado al interior del grupo a cargo de la gestión del proyecto/organización social (más allá de los indicadores cuantitativos fijados en cada caso), aparece con claridad que la búsqueda de *acuerdos de sentido* requiere competencia en la práctica de *relaciones entre personas,* y es en esta observación que intervienen las habilidades del nivel *micro.* Evaluar "mi" competencia en articular los recursos existentes (y expresarla en el *indicador meso 2*), requiere incluir −como habilidades personales− mi capacidad de construir el vínculo con mi interlocutor, escucharlo como legítimo otro, construir consenso con él acerca de las próximas acciones que nos involucren y, luego, acompañar el proceso hasta los resultados deseados.

No es posible evaluar, por ejemplo, la habilidad 2 del nivel *meso* (ni ninguna otra del mismo nivel) si no incluimos al interior de ese proceso el conjunto de las habilidades *micro* que acabamos de enunciar. No es suficiente que alguien *conozca el algoritmo* de construcción de una secuencia de coordinación de acciones, sino, y principalmente, que lo *realice permanentemente* en la práctica, hasta la conclusión del algoritmo en cuestión, es decir, hasta el logro de los resultados. Dicho de otro modo, el *compromiso* y *competencia* a los que nos hemos referido en el Indicador 5 se expresan también a través de la totalidad de pasos de los cuatro *indicadores micro.* Al igual que las habilidades procedimentales, las habilidades relacionales son *habilidades lingüísticas* de construir consenso, diseñar y llevar a cabo distintas clases de conversación, en las que hacemos declaraciones, pedidos, ofertas y promesas.[10] A la vez, cuando nos referimos a tales habilida-

---

10. En este sentido, los aportes y enseñanzas de Fernando Flores han sido los impulsores de un rediseño radical de nuestra práctica profesional, además de fuente de las líneas de investigación que seguimos desarrollando hasta la fecha. Ver Flores, 1986, 1994; Winograd y Flores, 1987.

des lingüísticas, no nos referimos sólo a la capacidad de *diseñar* las conversaciones necesarias, sino, y quizás principalmente, a la de *generar los contextos* para que las conversaciones se lleven a cabo hasta lograr los resultados deseados. Nuestro abordaje reconoce un nivel de complejidad complementaria cuando identifica tales habilidades relacionales como habilidades "emocionales", además de "lingüísticas", propiamente dichas.

Sostenemos, entonces, que las habilidades de diseñar y llevar a cabo las conversaciones necesarias al interior de las organizaciones/grupos de trabajo ponen en juego competencias que involucran los dos niveles simultáneos de interacción, si aceptamos aislarlos arbitrariamente: el del *lenguajear* y el del *emocionar,* en los términos planteados por Maturana.[11] Si bien no nos extenderemos aquí sobre este aporte, suficientemente explorado en el campo de las terapias, vale la pena señalar que ello no ha ocurrido en la misma medida en otros campos. Quizás sea éste el aporte más innovador de nuestra propuesta, en la medida que, en los distintos ámbitos de intervención, hemos articulado, permanentemente, las condiciones de producción de los distintos *discursos* a las condiciones de producción de las respectivas *emociones* que los acompañan y, a la inversa, hemos considerado cómo determinadas emociones o estados de ánimo producen o alteran los respectivos discursos que los acompañan o suceden, teniendo a ambos como *espacios de diseño* y no simplemente de observación resignada.

A tal efecto, hemos construido los *indicadores micro,* de modo de introducir en el ámbito de la Gerencia Social la capacitación de los distintos actores para *generar emociones* en sus respectivos contextos de interacción. Este saber, a cuya construcción apuntamos, deviene así un *saber hacer* y no simplemente tener "la información" o "el conocimiento" acerca de las distintas mate-

---

11. En la concepción de H. Maturana (Maturana, 1990; Maturana y Varela, 1984), el "lenguajear" y el "emocionar" son aspectos constitutivos del ser humano (y del "ser" humanos), imposibles de disociar uno del otro, en todo momento. A partir de estas ideas, fue posible re-significar la comunicación humana como coordinación de acciones, y ésta como fenómeno que requiere la inclusión de ambos aspectos en su análisis, planificación y evaluación.

rias, un hacer que se puede expresar en términos de producción de las emociones o estados de ánimo necesarios para desarrollar las conversaciones requeridas en cada caso.

Tal como lo hicimos anteriormente con los indicadores procedimentales, reflexionaremos brevemente acerca de las condiciones de desempeño y evaluación de las habilidades, individuales o de equipo, en los cuatro tipos de interacción que se traducen en *indicadores micro:*

(1) Establecer relación: Se trata de una habilidad muy básica, que reconocemos que está presente en la comunicación humana, como habilidad que todos poseemos, con mayor o menor grado de eficiencia en los distintos ámbitos, que varía, además, en las distintas relaciones particulares y en distintas situaciones de una misma relación. Asimismo, le podemos reconocer sin dificultad *estilos* particulares o características personales. Lo que no es tan obvio es considerarla *materia de diseño* en los distintos ámbitos de intervención. En el caso de la gerencia pública, con frecuencia se la considera "una propiedad de las personas", relativamente estable y poco tangible, para ser intervenida o rediseñada.

En este campo, hemos podido mostrar cómo es posible *analizarla, deconstruirla* en términos de "danza" emocional y lingüística y luego *modificarla,* al solo efecto de poner en evidencia que es materia de rediseño. Una práctica relativamente sencilla ha sido la utilización de videograbaciones de situaciones de simulación entre los participantes, con el uso de la técnica de Resolución de Casos de Estudio. Un aspecto conceptual que hemos abordado sistemáticamente en la deconstrucción de esta habilidad ha sido la observación de los distintos dominios que intervienen en la "competencia" de establecer relación, como son la *confianza* y el *compromiso*, vistos como espacios de construcción permanente en las conversaciones privadas que acompañan las distintas actividades de "establecer relación".

En los términos de nuestro abordaje, esta habilidad puede ser definida como la *capacidad de crear el contexto para ser escuchado, a través de la generación de la emoción y los juicios del otro sobre las posibilidades que le abre entrar en conversaciones con quien tuvo la iniciativa.*

232

(2) Escuchar al otro como legítimo: Una de las prácticas sostenidas en el proceso de la comunicación humana es el *comentario.* Aparece, al menos en nuestra cultura, en las situaciones más diversas, como confrontación permanente con nuestras *expectativas.* Decimos, asimismo, en el sentido heideggeriano más elemental, que el fenómeno nos es *transparente,* en el sentido de que no advertimos su presencia y entidad, por lo que es necesario desarrollar estas ideas para avanzar sobre el tema. Es decir, para provocar los *comentarios* del lector sobre esta idea.

Dicho de otro modo, nunca estamos preparados para observar *desde la nada:* ni las condiciones climáticas del día que acaba de amanecer, ni el sonido del teléfono que suena o la primera aparición de una "manchita" en un cuadro con el que convivimos desde hace años. El *comentario* está siempre presente, es parte de nuestro estar lanzados en el mundo y, Piaget mediante, haciendo analogías desde nuestra experiencia previa, nos indica el camino por el que debieran ir las cosas para que el mundo estuviera ordenado. O, simplemente, un poco mejor. Este fenómeno, de la transparencia del comentario, si bien es materia de investigación y diseño en algunas actividades profesionales, como lo son la práctica del terapeuta y la publicidad como espacios de generar/modificar el deseo, permanece prácticamente inabordado en aquellas situaciones en que es crítico para construir el sentido y generar consenso, como es el caso de las conversaciones que acompañan la gestión de los proyectos sociales.

Si aceptamos, como propone Humberto Maturana (1990), que *la obscenidad nunca está en el cuadro, sino en la mirada de un Observador que es,* como nosotros, *un legítimo otro",*[12] es posible empezar a desprendernos de nuestros comentarios como producciones lingüísticas privilegiadas en relación con la observación de cierta "realidad" y la consecuente "recomendación" acomodadora.

Desde nuestra propuesta, enraizada en la epistemología constructivista lingüística, que sostiene que *no hay nada fuera de*

---

12. Una variada y rica compilación de enfoques sobre una Ontología del Observador ha sido sistematizada en la obra ya clásica de Watzlawick y Krieg (1994).

nuestras mentes y que todo es interpretaciones, es posible resignificar el comentario como la legítima manifestación de un *lenguajear* y un *emocionar* que busca encontrarse con aliados para emprender proyectos comunes.[13] Aunque del dicho al hecho hay un trecho demasiado complejo, que tarda siempre muchos conflictos en instalarse, éste también puede ser visto como un proceso de re-diseño de la forma de pensar y actuar desde esta postura episte-mológica y de fuerte impacto ético, como hemos anticipado al comienzo de estas reflexiones.

He aquí un aspecto muy polémico de nuestras intervencio-nes en el ámbito de la *política,* al que consideramos como *el arte de manejar permanentemente conversaciones conflictivas, todas legítimas,* tal como propone Flores (Spinosa, Flores y Dreyfus, 1997). Nues-tra práctica permitió diseñar una serie de ejercicios en los que es posible jugar a *detectar* "el comentario", a *salirse de él* e *inventar comentarios alternativos* desde distintos papeles (simulados o no), a *adivinar* el comentario del otro y a *diseñar posibilidades de interac-ción* que den distinto grado de satisfacción a ambos, estables en el corto plazo pero inestables en el mediano, y así sucesivamente. Una de las propuestas más productivas resultó ser la inclusión del comentario "¡Qué interesante!" impuesto a las situaciones de conflicto, frente a la confrontación con opiniones divergentes con las nuestras.

(3) Construir consenso para definir la acción: En la medida que se avanza sobre la capacidad de escuchar al otro desde la posición de legitimidad, resulta significativamente más fácil definir cursos de acción sin comprometer nuestras opciones ideológicas/teóri-cas/técnicas más respetadas (por nosotros). Es mucho más fácil acordar sobre un curso de acción si se reconoce que ésta es *la me-jor acción posible hoy,* con los recursos que tenemos, que si debiéra-mos adscribir al "paquete" fundamentación/cursos de acción.

Hemos comprobado que relativizar el valor de las interpre-taciones permite asumir con mucha más responsabilidad y com-

---

13. Un enfoque convergente acerca de los actos de la imaginación en la construcción de mundos "posibles" ha sido planteado por Bruner (1988), con matices distintos y particularmente interesantes.

promiso los cursos de acción del grupo/equipo de trabajo. Se reconoce fácilmente que éstos pueden cambiar si es necesario y se acepta que el "juego" que se está jugando es el de *tener resultados* y no el de *tener la razón*, como desarrollaremos en el aparte referido a las habilidades actitudinales. Por otro lado, es frecuente en Gerencia Social reconocer que los cursos de acción generalmente cambian desde su planificación hasta su realización, por lo que la atención puede, legítimamente, pasar al plano de la observación de los resultados de los procesos, en los que se intenta obtener el mayor grado de participación posible de la población beneficiaria. Para ello, es fundamental la habilidad de construir consenso.

(4) Acompañar sostenida y responsablemente los procesos acordados: En la gestión de proyectos sociales, como en otros ámbitos de la vida, frecuentemente se constatan dificultades de seguimiento de las distintas actividades, como si ésta fuera una actividad de menor relevancia y el mero hecho de acordar, elegir y ponerlos en marcha garantizara el éxito en su realización. Nuestra experiencia ha demostrado que, si logramos jerarquizar el monitoreo tanto como el diseño y la evaluación, esta habilidad mejora significativamente. Con frecuencia, es posible detectar, al interior de los equipos, integrantes cuyo perfil se adecua a ese tipo de tarea, generalmente desvalorizada. Así, si desde el comienzo dichas tareas son valorizadas, a través de estrategias muy variadas, es posible mejorar dramáticamente los resultados buscados. Cuando ello no es posible, es necesario llegar a acuerdos permanentes con el grupo/equipo de trabajo para que la mayor cantidad posible de miembros sea capaz de ejercer esas tareas y rotar en su ejercicio, si fuera factible, luego de cierto período mínimo que garantice la posibilidad de responsabilizarse por las tareas y no fragmentarlas demasiado.

Por último, antes de desarrollar algunas ideas acerca de las *habilidades actitudinales,* nos parece importante indicar que, en nuestra experiencia, los mejores resultados se obtienen cuando el grupo/equipo logra combinar en una proporción adecuada la alternancia entre la observación/redireccionamiento de los *indicadores micro* y *meso*, es decir, cuando los flujos de procesos e interacciones personales cambian su dinámica de integración previa, al mismo tiempo que mejoran la producción de resultados. Más aun, como en la teoría física cuántica, en la que las partículas ahora son y luego no son, se trata aquí de buscar en cada caso las estrategias para lograr un nuevo estado de funcionamiento del equipo que permita mejorar los resultados para los beneficiarios, a la vez que el reconocimiento y crecimiento personal de los integrantes del equipo.

Las habilidades actitudinales del gerente social: del automatismo explicativo a la reflexividad responsable

En tercer término, nos referiremos a las habilidades que hemos denominado *actitudinales* y que, en nuestra experiencia, se revelaron como las de mayor facilidad de incorporación a la práctica cuando se trata de procesos de intervención de corta duración. Frecuentemente, en nuestra práctica profesional, empezamos por ellas y no por las desarrolladas anteriormente, porque permiten visualizar con mayor claridad las situaciones conflictivas más frecuentes.

De modo muy general, la propuesta es ubicar las cuatro habilidades en dos columnas enfrentadas, correspondientes a dos "paradigmas" diferenciados, que denominaremos aquí, a los efectos de simplificar la presentación, el *tradicional* y el *nuevo,* considerando como elemento de diferenciación entre ambos el particular papel del lenguaje. En el primero, el lenguaje tiene el papel de "*descriptor*" de la realidad, mientras que en el segundo es "*creador*" de la realidad y generador, por lo tanto, de otro tipo de posibilidades. Al reunir en *cuatro puertas de entrada* básicas (*conflictos, culpa/justificaciones, juego de "tener razón" y problemas*) las percepciones de obstaculización más frecuentes en las situaciones que nos interesan, podemos enunciar la herramienta resultante en dos columnas, que pasan a representar la "lectura de la realidad" desde el paradigma tradicional (columna izquierda) y desde el nuevo paradigma (columna derecha). La puesta en práctica de esta herramienta consiste en correr la interpretación del paradigma tradicional al nuevo.

236

• Conflictos	*Diferencias (con el legítimo Otro) (1)*
• Culpa, justificaciones	*La pregunta sobre mi responsabilidad (2)*
• Juego de "tener razón"	*Juego de "tener resultados" (3)*
• Problemas	*PROYECTOS (4)*

Una forma muy sencilla de transferir este aprendizaje a determinado grupo/equipo de trabajo es pedirle –antes de la presentación de la herramienta– que haga un *diagnóstico* de la situación, identificando los principales conflictos, las posibles causas de los mismos, las razones por las cuales las principales situaciones conflictivas no se pudieron revertir hasta el momento y, finalmente, cuáles son los problemas críticos del proyecto/organización en ese momento. Si el grupo es suficientemente pequeño, es conveniente trabajar en dos etapas: primero individualmente y luego en pequeños grupos, en los que integrantes de distintas áreas se puedan escuchar. Luego, se trata de llegar a un diagnóstico por consenso en cada subgrupo y se buscan soluciones. Frecuentemente, es posible verificar que los mismos grupos proponen "corrimientos" del viejo paradigma al nuevo, y estos aportes pueden ser mostrados al grupo según el esquema propuesto arriba. En este caso, suele ser importante recorrer las distintas etapas en el orden propuesto, con la finalidad de generar nuevos *proyectos* o alternativas de curso de acción, según el caso.

Si bien las herramientas son complementarias entre ellas, hemos presentado las *capacidades actitudinales* en tercer lugar porque, desde la perspectiva del interventor (docente o consultor), es más fácil "visualizar" cómo se construyen las herramientas dentro de este recorrido. La *actitud* identificada con el nuevo paradigma –constructivista lingüístico– corresponde así a la postura interpretativa de ruptura de las lecturas privilegiadas, a la aceptación del otro como legítimo otro y a la primacía de la interpretación sobre los "hechos" sociales, a la aceptación de la causalidad como un proceso inestable de producción de significado, pasible de revisión en todo momento. Si tenemos en cuenta que el paradigma tradicional, aristotélico-newtoniano de causalidad lineal, presente en las teorías de la administración tradicionales, también está presente en el pensar y actuar de la vida cotidiana, es decir, en nuestro sentido común, podemos comprender la dificultad de instalarse en el "nuevo" paradigma y aceptar la posibilidad de operar con este mecanismo (en sí mismo reduccionista) de alternar *conflicto o diferencia* como formas excluyentes.

Como esta clase de procesos suele ser muy lenta, proponemos aceptar, igualmente, todas las "concesiones" necesarias para evitar la parálisis en la acción y facilitar la transición a un nuevo modelo, que está, dicho sea de paso, en construcción en muchos nichos disciplinarios, a los que debiéramos acceder periódicamente, para hacernos cargo del contacto permanente con la legitimidad de los otros Otros fuera de nuestro círculo inmediato. Éste es un camino crítico en Gerencia Social: la construcción de sentido compartido en contextos multi institucionales y multiactorales.

En nuestra experiencia, hemos obtenido resultados muy movilizadores al trabajar con *preguntas generativas*, como propiciatorias de nuevas conversaciones entre los integrantes del grupo/equipo de trabajo. Éstas han facilitado la exploración de las cuatro "puertas de entrada" que integran esta herramienta. Aunque la batería de preguntas debe ser diseñada especialmente en cada caso, hay algunos recaudos que mejoran significativamente los resultados buscados, en el caso, el hacer emerger distintas posibilidades de interpretación de lo que está "ocurriendo", para generar nuevas posibilidades de coordinación de acciones responsables de los resultados finales del proyecto en cuestión. Entre estos recaudos, podemos incluir la práctica de la *escritura automática individual y privada* (que garantiza el acceso a las creencias y mitos que en general no nos atrevemos a compartir en público, pero que son fundamentales para generar confianza en el otro) y el *enunciado de las preguntas en forma parcial y sucesiva* por el docente/consultor, de modo que el "paquete" completo no condicione las respuestas. Por otro lado, es recomendable que el *estilo* de preguntar sea el más cercano posible al de diálogo de los integrantes. A título de ejemplificación, algunas de las preguntas más utilizadas por nosotros han sido:

1. *¿Qué pasa cuando alguien en mi equipo se niega a hacer lo que me parece obvio que es la mejor solución? (...) ¿Me enojo? (...) ¿Me aíslo? (...) ¿Hago de cuenta que está todo bien y soporto la jaqueca en mi casa?*

2. *¿Alguna vez me pasó descubrir que una solución que parecía no muy inteligente lo era? (...) ¿Lo pude reconocer públicamente? (...) ¿Lo hago habitualmente?*

3. *¿Me cuesta admitir mis errores? (...) ¿Trato de "explicar" detenidamente por qué pasó? (...) ¿O simplemente sigo las actividades previstas sin preocuparme de las justificaciones?*

4. *Cuándo algo sale mal en mi trabajo ¿encuentro rápidamente el culpable? (...) ¿Me pregunto qué pude haber hecho y no hice? (...) ¿Qué podría hacer si volviera a repetirse una situación similar?*

5. *¿Defiendo mis ideas y modos de hacer las cosas hasta las últimas consecuencias? (...) ¿Reconozco y valorizo habitualmente a mis compañeros de equipo? (...) ¿De qué modo? (...) ¿Soy reconocido por ellos?*

6. *¿Qué opino acerca de mi conducta como miembro de un equipo? (...) ¿Estoy cómodo? (...) ¿Prefiero trabajar solo o siempre con las mismas personas?*

7. *¿Qué creo yo que opinan de mí mis compañeros de trabajo? (...) ¿Qué grado de importancia les doy a esas opiniones? (...) ¿Puedo hablar públicamente sobre este tema? (...) ¿Expreso de alguna manera mi opinión sobre ellos?*

8. *¿Qué consecuencias tienen en los resultados del trabajo de la organización los distintos conflictos en su seno, latentes o manifiestos?*

9. *¿Cómo podría evitárselos?*

10. *Cuando algo sale mal ¿se me ocurre preguntarme acerca de mi responsabilidad en las actividades del proyecto/organización? (...) ¿Creo que siempre hice lo mejor que pude? (...) ¿O sólo lo que "debía", según acuerdos pre-establecidos? (...) ¿Qué podría hacer en el futuro si tal situación se volviera a dar?*

11. *Cuando observo los problemas de la organización ¿a quién creo –honestamente– que le tocaría resolverlos?*

12. *¿Cuántas veces en los últimos meses he generado (o ayudado a hacerlo) nuevos proyectos o actividades para mejorar el funcionamiento global de la organización/proyecto? (...) Cuando he estado ausente de esas iniciativas ¿cuál ha sido mi respuesta a ellas? (...) ¿He contribuido con su implementación? (...) ¿He aportado nuevas sugerencias?*

Tal como hemos señalado anteriormente, hay permanentes evidencias en la vida de las organizaciones/proyectos sociales de que la actitud interpretativa más corriente, es decir, la actitud "automática" es la de la columna izquierda (ver pág. 239). La construcción de la actitud reflexiva responsable (columna derecha), que proponemos construir desde el nuevo paradigma, requiere un entrenamiento sostenido, y en lo posible guiado, para instalarse como norma. Entendemos que cultivarla es crítico para el área social. El proceso de cambio resulta mucho más sencillo si es emprendido desde el enfoque propuesto, cuya "realidad" fluida podemos reconfigurar con mucha más facilidad y, por lo tanto, en favor del rumbo que elijamos.

5. Ideas generativas: las premisas del nuevo Paradigma Gerencial

A efectos de rescatar aquí las principales ideas generativas, premisas que dieron origen a nuestras investigaciones primero, y luego a la construcción de las herramientas propuestas, las enunciaremos simplemente en forma de diálogo con algunos autores seminales de distintas corrientes de la epistemología constructivista.

- *No hay nada fuera de nuestras mentes: todo es interpretaciones.*[14]
  Esta postura ha sido discutida y polemizada en las últimas dos décadas, en muy variados ámbitos y, precisamente, la terapia familiar sistémica, la mediación y la negociación son de las más afectadas por su adopción, aun relativizando su aplicabilidad en los distintos contextos institucionales. No la profundizaremos, pues, por optar por hacerlo en sus corolarios inmediatos.

---

14. Esta tesis de Humberto Maturana (Maturana, 1990; Maturana y Varela, 1984) se encuentra expuesta en su pensamiento en una gran cantidad de obras, aquí consignadas solamente en dos clásicas que forman parte de la primera etapa del desarrollo de su Ontología del Observador.

* *Una clasificación de las distintas interpretaciones acerca de nuestras observaciones permite reconocerles dos grandes familias: las de foco hermenéutico (explicaciones tranquilizantes) y las de foco pragmático (explicaciones generativas).*

En primer lugar, señalamos aquí la característica de *"interpretaciones"* acerca de *"nuestras observaciones"*, para evitar explícitamente la problemática referencia del acceso a lo "real". En segundo lugar, llamamos la atención en esa categorización arbitraria a la hegemonía sobre los aspectos lógicos de la producción discursiva, en la que se ponen en juego la defensa de marcos teóricos, metodologías, ideologías y toda clase de preferencia (no siempre manifiesta), sin advertir que la tautología final sería llegar a la conclusión de la misma premisa o mito del que se partió. Como si fuera necesario, cada vez que se apela a un pensamiento ajeno, volver a "demostrarlo" lógicamente con los "datos empíricos" que, lamentablemente, no son otra cosa más que "nuestras observaciones". Este tipo de interpretación –que denominamos también explicaciones tranquilizantes o ansiolíticas– en general obvia la participación del hablante en la producción discursiva y, frecuentemente, más aun en las acciones que dieron origen a lo que se quiere explicar. Un recurso típico de esta operatoria es el uso de ciertas muletillas generalizantes como "Se debe...", "La vida...", "La sociedad..." o "El grupo...". El ejemplo de interpretación: "Dada la escasa participación de los vecinos, se han agotado las mínimas condiciones necesarias para el cumplimiento de los objetivos del proyecto", oculta perfectamente las responsabilidades de los distintos actores sociales que debían, precisamente, ocuparse de crear las condiciones para tal participación y parece, además, atribuir a los vecinos el fracaso del proyecto. En nuestras actividades de capacitación y consultoría, hemos comprobado que la mayoría de los enunciados que componen los diagnósticos grupales del estado de situación de proyectos sociales pertenece a esa categoría "tranquilizante". Somos expertos en producir piezas retóricas que explican prolijamente qué ha pasado, principalmente cuando debemos justificar nuestros fracasos en producir resultados.

241

La alternativa de foco pragmático, o explicaciones generativas, sin dejar de lado la lógica discursiva, pone el énfasis en el análisis de los resultados y arriesga establecer relaciones de causalidad que puedan atribuir *responsabilidades* a los distintos participantes. Es posible trabajar para lograr una o más versiones "responsables" de lo enunciado arriba, a partir del "desglose" de los compromisos no cumplidos en el curso de las actividades. Por ejemplo: "El equipo de comunicación no logró reunirse con los vecinos más que en una ocasión. La actividad prevista inicialmente no fue remplazada por ninguna alternativa. Los vecinos no fueron consultados luego de la realización del censo acerca de la vigencia y prioridad de la problemática", hasta llegar a "Debemos encontrar con urgencia nuevos mecanismos que garanticen la realización del proyecto o la posibilidad de utilización de los recursos para otra finalidad, si la prioridad cambió". Si bien esta alternativa parece impensable a primera vista, no es raro que se produzcan situaciones similares a ésta. De todos modos, a los efectos de nuestra discusión, es importante llamar la atención sobre el impacto de la cultura burocrática (experta en explicaciones tranquilizantes) y de la posibilidad de su transformación en cultura gerencial (experta en producir resultados).

• *Las ideas son cárceles de larga duración, fuera de las cuales no podemos vivir.*[15] En la comprensión de que las mismas ideas a las que adherimos para comprender nuevos fenómenos se transforman en "cárceles" cuando envejecen y tratamos de aplicarlas a otros contextos, de distinta complejidad o por simple evolución temporal, sostenemos la posibilidad de generar nuevas *ideas-llaves*[16] cada vez que nos paramos

---

15. Fernand Braudel (1984), historiador francés impulsor de la corriente conocida como Historia Nueva y autor de *La dinámica del capitalismo*, sostiene que "las ideas son cárceles de larga duración" y reconoce que, desde su óptica, la contraposición entre "vida material" y "vida económica", entre rutina y decisión consciente plantea una nueva comprensión de cómo, a partir de los objetos, los instrumentos, los gestos cotidianos de la gente, surge la actividad económica en su forma más rudimentaria, hasta el dios Mercado de la religión contemporánea.

por *ideas-cárceles* que producen imposibilidades en el avance de metas significativas para el proyecto u organización. Este concepto nos ha permitido flexibilizar las "certezas" explicativas, tan frecuentes en la actitud profesional y a la vez causa del encierro al escuchar propuestas distintas a las habituales, primer paso para abrir la puerta a la auténtica legitimidad del Otro. Por otro lado, es importante aclarar que el trabajo sobre metáforas (como las *ideas-cárceles* o *llaves*) tal como se observa en distintos abordajes constructivistas/construccionistas sociales,[17] apunta a reconstruir nuevos órdenes del *"lenguajear"* a partir del *"emocionar"*. La ambigüedad de la metáfora, en tanto no permite "fijar" el significado, no se distrae en el foco lingüístico y trabaja fundamentalmente sobre la emoción antes que sobre el aspecto racional.

Finalmente, completamos esta secuencia con dos ideas generativas que se explican por sí mismas y despliegan toda una gama de impactos posibles para quienes se animan a ponerlas a prueba :

- *El Otro es siempre un legítimo Otro en todo su derecho.*[18]
- *Es mi elección ver al Otro como mi patrimonio.*[19]

---

16. La noción de *idea-llave,* desarrollada como superación de la *idea-cárcel,* ha sido contribución del Grupo Chiapas, en el curso del Programa de Capacitación en Gerencia Social llevado a cabo en la Universidad Nacional de Jujuy, en 1997. Queda aquí sentado nuestro reconocimiento.
17. Una multiplicidad de uso de las metáforas puede ser encontrada, entre otras, en Edgar Morin (1994b), en W. Barnett Pearce (1994), en Fried Schnitman (1994). En el campo de la terapia familiar el uso de metáforas ha sido desplegado de forma poética y a la vez pragmática, en la construcción de un original modelo generativo de intervención, tal como se puede observar en Fried Schnitman (1995, 1996).
18. Éste es, probablemente, uno de los conceptos desarrollados por Humberto Maturana (1990) más relevantes para las ciencias sociales y más generativos en el contexto de la intervención organizacional, siendo pieza fundamental para emprender el proceso de negociación.
19. Este aporte (personal, no publicado) de Enrique Fernández Longo (1997), excelente profesional de la negociación en contextos de alta conflictividad, ha representado para nosotros la culminación de una serie con la que hemos trabajado exhaustivamente desde el momento mismo de su emergencia.

Los resultados más visibles del cultivo sostenido de estas premisas, reflejados en nuestras prácticas de la vida cotidiana y de la vida profesional han sido:

- una nueva visión del mundo, las organizaciones y las biografías individuales como numerosas y abultadas *interpretaciones* acompañadas de tan sólo muy escasos *hechos*;
- una nueva visión de la comunicación como *coordinación de acciones en el lenguaje,* organizada en conversaciones para posibilidades y conversaciones para la acción, que pueden ser permanentemente re-diseñadas;
- una nueva forma de analizar el contexto organizacional en términos de los *compromisos lingüísticos básicos* de pedir/ofrecer, prometer, afirmar y declarar;
- una nueva comprensión de las prácticas comunicacionales como procesos permanentes de *negociación:* negociación de sentido, seguida de construcción de consenso, seguida de negociación de condiciones de satisfacción, seguida de nueva negociación de sentido...

6. Las nuevas prácticas: ¿qué clase de hacer es conversar?

Las nuevas prácticas, originadas en/y fundantes a la vez del cambio de postura epistemológica, se traducen en nuevas *habilidades lingüísticas complejas* (de impacto sobre el lenguaje y las emociones), que se corporizan, a su vez, en nuevos tipos de *conversaciones* que cambian el curso de los acontecimientos en la medida que hacen impacto sobre los *resultados* de los proyectos sociales. Interpretaciones tranquilizantes empiezan a dar lugar a interpretaciones generativas, las quejas y las justificaciones son remplazadas por la búsqueda de soluciones, con la adopción de criterios de responsabilidad compartida y ampliada.

La posibilidad de construir nuevas *prácticas conversacionales* instaura la semilla de nuevas *prácticas sociales* al interior de los grupos de trabajo. Que sus miembros se sientan convocados a ampliar su espectro de utilización, permanece como nuestro desafío y nuestra expectativa, puesto que trabajamos sobre personas y no sobre puestos o clientes.

Aceptar que el lenguaje no describe la realidad, sino que la crea, permite mirar desde otra perspectiva estas nuevas *habilidades lingüísticas elementales,* que están vinculadas con un tipo de "hacer" que se concreta en el mismo momento de su enunciación. Un pedido se concreta cuando lo hacemos, al igual que una promesa o una afirmación. Tales habilidades se expresan, así, en tiempo real, y comprometen al hablante en la construcción de su identidad pública: empezamos a "ser" lo que afirmamos, declaramos, pedimos, ofrecemos y prometemos. Empezamos a "ser" las interpretaciones de nuestra responsabilidad frente a la coordinación de acciones con los demás, en proyectos que están destinados a cambiar el orden social en sus términos menos éticos: los de la inequidad imperante en nuestras latitudes. Vale el desafío.

Las operaciones elementales que permiten el rediseño conversacional pueden ser sintetizadas en:

1. Discriminar permanentemente *hechos* de *interpretaciones.*
   "Hay 50 niños en este aula" (hecho).
   " Las aulas están superpobladas" (interpretación).

2. Identificar interpretaciones *hermenéuticas* e interpretaciones *pragmáticas,* posición de *justificación* y posición de *responsabilidad* frente a los diagnósticos consensuados.
   "No es posible trabajar en esta situación de inestabilidad político institucional, en un régimen burocrático que nos impide flexibilizar la gestión" *(posición de justificación).*

   "Debemos encontrar la forma de atenuar los efectos de la turbulencia política en nuestra institución, logrando acuerdos que nos permitan cumplir con los objetivos del Programa" *(posición de responsabilidad).*

3. Definir con la mayor precisión posible los *estándares* de nuestras declaraciones y juicios.
   "El nivel de cumplimiento será ADECUADO cuando logremos llegar al 60% de la población objetivo en los seis primeros meses del Programa."

4. Definir con la mayor precisión posible las *condiciones de satisfacción* de nuestros *pedidos, ofertas* y *promesas.*
   "Los Informes deberán contener la evaluación de todos los indicadores previstos en el formulario entregado al comienzo de las actividades.
   No se aceptarán formularios incompletos. El plazo de entrega es el viernes a las 14:00 horas en la oficina del 1er. Piso."

5. Escuchar al Otro como *legítimo otro.*
   Escuchar las explicaciones (a veces tranquilizantes) del Otro es una forma de entender su "historia", es decir, el conjunto de valores y creencias del cual es portador en el momento mismo de su manifestación. Llevarlo a la explicación de responsabilidad es la forma de escucharlo como legítimo otro responsable de los resultados de los demás. Cuando sus historias nos provocan emociones indeseadas, podemos recordar la fórmula de tomar distancia de la confusión entre "lo que el mundo me está diciendo" y "lo que creo que el mundo es": *"¡Qué interesante!".*

6. Aceptar el *No* del (legítimo) Otro y prometerlo con la misma libertad. *"No haré lo que me pides"* es tan legítimo en nuestra respuesta como en la del Otro, independiente de las posiciones ocupadas. ¿Estamos abiertos a escucharlo o a decirlo?

7. A modo de invitación

Todo lo dicho quedaría incompleto si no lográramos interesar al lector que llegó a este párrafo a continuar la exploración de estas ideas, para discutirlas, cuestionarlas, polemizar, apoyar o refutar. En otras palabras, necesitamos *el comentario* al que nos hemos referido anteriormente. Más allá de esta *declaración, pedimos* respuestas, aceptamos *ofertas,* invitamos a *negociaciones de sentido* y *prometemos* seguir el juego, definiendo los *estándares* y las *condiciones de satisfacción* requeridos. Para ello, sin ánimo de cerrar o concluir nada, sólo nos queda reconstruir algunos sentidos que vamos estabilizando desde la postura que hemos adoptado, y que estimamos fundamentales en la intervención:

- **El sentido no existe** *per se:* se construye permanentemente, logrando producir en el otro la *emoción* de que allí se encuentra un sentido que es "algo más" (legítimo, verdadero, moral, ético, probable, conveniente, agradable, insolente, molesto, exuberante, etc.) que otro. Planteamos, entonces, que la construcción del sentido es un proceso de índole *emocional* antes que racional. Lo racional viene luego, para legitimar la emocionalidad que le dio origen, dada nuestra condición cultural que privilegia la primera en desmedro de la segunda.
- **Construir consenso** significa, asimismo, construir la emocionalidad necesaria para aumentar las probabilidades de que la emoción y la argumentación se acompañen en la ratificación de las decisiones que se tomarán a posteriori, cualesquiera sean éstas.
- **Lograr consenso** permite interpretar más fácilmente como *posición de responsabilidad* individual las elecciones colectivas y, por ende, facilita la coordinación de acciones al interior del grupo/organización.
- **Algunos pasos necesarios** pueden ser, por ejemplo, revisar los supuestos básicos sobre los que se apoyan las declaraciones y juicios de terceros, confrontarlos con los propios, deconstruir sus estándares y las condiciones de satisfacción de promesas rotas.
- **La negociación** es una práctica de construcción de sentido seguida de la construcción de consenso y renovada en múltiples instancias, como parte de la secuencia de conversaciones en la coordinación de acciones, por lo que es también constitutiva de la vida de las organizaciones. Estamos, pues, condenados a ella.
- **La complejidad** de las organizaciones/proyectos sociales puede ser gerenciada a partir de la alternancia de los *indicadores micro* y *meso* aquí expuestos, además de la inclusión de la díada emoción/palabra como parte de los contenidos discursivos.

Finalmente, a nivel de *simple* invitación especulativa, pero no por ello menos relevante, queremos dejar planteadas tres ideas-en-transición-a-hipótesis:

- Aunque hablemos con cierta frecuencia de la *complejidad* de los sistemas u objetos de intervención, vivimos razonando de modo bastante simple, por no decir simplón. La *simplicidad* más significativa y, por cierto, de alto impacto en nuestro razonamiento –tanto en la vida cotidiana como a nivel de las prácticas profesionales– está en la creencia misma de que la causalidad *es* un mecanismo explicativo suficiente. Además, lo practicamos siempre reducido a algunas relaciones causa-efecto posibles, como si fuéramos, nosotros mismos, quienes estamos razonando, y nuestros objetos de razonamiento, máquinas newtonianas de comportamiento previsible. Por ello, encontramos enriquecedora la postura planteada por Rupert Riedl (1995) acerca de la *causalidad como superstición*[20] o, en los términos aquí desarrollados, como mecanismo para lograr interpretaciones tranquilizantes que "cierren" el conjunto de premisas que estamos interesados en defender en contra de o por encima de otras.

- En otro orden de cosas, si quisiéramos salir de la lógica lineal de las máquinas aplicada a los sistemas sociales, podríamos dejarnos inspirar por *lógicas algo más complejas* como la que sugiere Kevin Kelly,[21] que se encuentran plasmadas en complejidades naturales, como la colmena

---

20. Rupert Riedl (1995), sostiene que existe una "superstición en las causas", puesto que seleccionamos con premeditación nuestros datos empíricos para no perturbar una elegante combinatoria de asignación de cierta "causalidad" a cierto orden de cosas denominado bastante arbitrariamente "efecto". Si queremos empeorar las cosas, basta con agregar dos definiciones de superstición: "desviación de la creencia religiosa fundada en el temor o la ignorancia, y que confiere a ciertas circunstancias carácter sagrado", o simplemente "presagio infundado originado sólo por sucesos fortuitos".

21. La obra *Out of Control. The New Biology of Machines, Social Systems and the Economic World* (Kelly, 1995) fue best seller en los Estados Unidos y preanuncia el inicio de una nueva era en la que máquinas y sistemas que controlan nuestra economía son tan complejos y autónomos que casi no se diferencian de los seres vivientes.

o la economía globalizada de Benetton. Según ese autor, la *complejidad* se rige según las nueve leyes que Dios utilizó para la creación y que implican : 1. *Ser distribuido; 2. Controlar desde abajo; 3. Crecer por pedazos; 4. Honrar los errores; 5. Cultivar retornos crecientes; 6. Establecer metas múltiples, no óptimas; 7. Maximizar lo marginal; 8. Promover el desequilibrio persistente; y 9. Aceptar que el cambio se cambie a sí mismo.*

En parte porque hemos aceptado el desafío de buscar nuevas *ideas-llaves*, en parte porque advertimos que, hace rato, no nos "cierran" –emocionalmente– las categorías rutinarias de causalidad, hemos empezado a utilizar estas nueve leyes como indicadores de complejidad, con resultados algo alentadores, tanto en el plano de la evaluación como en el del diseño. Se asemeja a jugar malabares con nueve piezas, lo que resulta bastante más entretenido que hacerlo con dos o tres (variables) en el caso de los proyectos sociales.

- Finalmente, puesto que hemos abordado la clasificación de interpretaciones hermenéuticas y de responsabilidad, invitamos a los lectores a incorporar la categoría de *responsabilidad epistemológica*, para atribuir responsabilidad a las consecuencias de la elección de ciertas categorías teóricas, en desmedro de otras. Por supuesto, sin restringirla al campo de la Gerencia Social. En este sentido, el enfoque constructivista lingüístico aquí desarrollado representa una opción privilegiada, porque brinda, asimismo, alternativas de diseño de cursos de acción responsable.

¿Qué pasaría si pudiéramos aceptar que la causalidad no es más que una superstición? ¿Qué pasaría si pudiéramos aceptar que la incertidumbre es la regla y no la excepción, en el contexto de los proyectos sociales? ¿Y en otros? ¿Y qué pasaría si pudiéramos no sólo aceptar la incertidumbre, sino, además, aprender a amarla?

¿Qué pasaría si pudiéramos aceptar las nueve leyes de Dios según Kelly, como principio organizador de la complejidad de los sistemas sociales, de la empresa, la escuela o la familia?

¿Y qué pasaría, aun, si nos trasladáramos ahora a la Rusia zarista de principios del siglo, en el pensamiento de Máximo Gorki, quien sostenía no creer que el futuro estuviera escrito en alguna página sagrada, y decía por boca de dos personajes de sus Pequeños Burgueses:

> *Tatiana: Cuando miro lo que hay en esta sala, sólo sé que esto es una pared, aquello es una silla. Nada más. No hay nada más delante de mí... ¡No hay nada en el futuro para ver! Ustedes mienten. ¡Simplemente inventan!*
> *Tzveitáieva: ¿Cómo podés estar segura? ¡Lo que hoy ves como SÍ, tal vez mañana sea NO!*

Referencias bibliográficas

Braudel, F. (1984), *Civilización material, economía y capitalismo*. Madrid: Alianza.

Bruner, J. (1988), *Realidad mental y mundos posibles. Los actos de la imaginación que dan sentido a la experiencia*. Barcelona: Gedisa.

Flores,F. (1986), *Inventando la empresa del siglo XXI*. Santiago: Hachette.

Flores, F.(1994), *Diseñando organizaciones para el futuro*. Santiago: Dolmen.

Kelly, K.(1995), *Out of control. The new biology of machines, social systems and the economic world*. Nueva York: Addison Wesley.

Kliksberg, B. (Comp.) (1989), *¿Cómo enfrentar la pobreza ? Estrategias y experiencias organizacionales innovadoras*. Buenos Aires: GEL.

Kliksberg, B. (Comp.) (1992), *¿Cómo enfrentar la pobreza? Aportes para la acción*. Buenos Aires: PNU/GEL.

Kliksberg, B. (1993), *Pobreza, un tema impostergable. Nuevas respuestas a nivel mundial*. México: CLAD/FCE/PNUD.

Kliksberg, B. (1995), *Pobreza, el drama cotidiano. Clave para una gerencia social eficiente*. Buenos Aires: Tesis/Norma/CLAD/PNUD.

Fried Schnitman, D. (1994), *Nuevos paradigmas, cultura y subjetividad*. Buenos Aires: Paidós.

Fried Schnitman D. (1995), "Hacia una terapia de lo emergente: construcción, complejidad, novedad". En: S. McNamee y K.J. Gergen (Comps.). *La terapia como construcción social*. Barcelona-Buenos Aires-México: Paidós, págs. 253-274.

Fried Schnitman, D. (1996), "Between the Extant and the Possible". *Journal of Constructivist Psychology, 9* (4), 263-282.

Maturana, H. y Varela, F. (1984), *El árbol del conocimiento*. Santiago: Universitaria.

Maturana, H. (1990), *Biología de la cognición y epistemología*. Santiago: Universidad de la Frontera, Serie Ensayos.

Morin, E. (1994a), *Introducción al pensamiento complejo.* Barcelona: Gedisa.

Morin, E. (1994b), "Epistemología de la complejidad". En: D. Fried Schnitman. *Nuevos paradigmas, cultura y subjetividad.* Buenos Aires: Paidós, págs. 421-442.

Pearce, W.B. (1994), "Nuevos modelos y metáforas comunicacionales: el pasaje de la teoría a la praxis, del objetivismo al construccionismo social y de la representación a la reflexividad". En: D. Fried Schnitman. *Nuevos paradigmas, cultura y subjetividad.* Buenos Aires: Paidós, págs. 265-283.

Primavera, H. (1992), en: A. Piscitelli y otros. *Ciencia en movimiento: la construcción social de los hechos científicos.* Buenos Aires: Centro Editor de América Latina.

Primavera, H. (1993), "Nuevos paradigmas e intervención en trabajo social". *R.T.S. (Revista de Treball Social)*, 130: 6-16.

Primavera, H. (1995a), "Todo/nada siempre/nunca igual/distinto. Acerca de la participación en las redes sociales". En E. Dabas y D. Najmanovich (Comps.). *Redes: el lenguaje de los vínculos. Hacia la reconstrucción y fortalecimiento de la sociedad civil.* Buenos Aires: Paidós, págs. 159-188.

Primavera, H. (1995b), "América Latina en los umbrales del año 2000: hacia una nueva propuesta de gestión". *R.T.S. (Revista de Treball Social)*, 137: 12-26.

Primavera, H. (1997), *Gerencia social y trabajo social.* Buenos Aires: Espacio.

Raczynski, D. (1995), *Estrategias para combatir la pobreza en América Latina: programas, instituciones y recursos.* Santiago: BID/CIEPLAN.

Riedl, R. (1995), "¿Efecto o causa? Las consecuencias del pensamiento radical". En: P. Watzlawick (Comp.). *La realidad inventada. ¿Cómo sabemos lo que creemos saber?* Barcelona: Gedisa, págs. 62-81.

Spinosa, C.; Flores, F. y Dreyfus, H. (1997), *Disclosing New Worlds. Entrepreneurship, Democratic Action and the Cultivation of Solidarity.* Nueva York: MIT Press.

Watzlawick, P. y Krieg, P. (Comps.) (1994), *El ojo del observador. Contribuciones al constructivismo.* Barcelona: Gedisa.

Winograd, T. y Flores, F. (1987), *Understanding Computers and Cognition. A New Foundation for Design.* Nueva York: Addison-Wesley.

CAPÍTULO 9

JAMES R. BARKER Y KATHY L. DOMENICI

PRÁCTICAS DE MEDIACIÓN PARA EQUIPOS GENERADORES DE CONOCIMIENTO

En la última década, hemos asistido a un notable aumento de la cantidad de organizaciones que utilizan equipos de trabajo participativo en alguna de sus variantes. Con la difusión de la estructura de equipo, también advertimos una creciente necesidad de comprender las particulares condiciones de las organizaciones que promueven un trabajo en equipo más eficaz, y de traducirla en métodos de cambio capaces de crear ágilmente las condiciones ideales para que la gente trabaje en equipo. Con frecuencia, una de las cuestiones clave en la instrumentación y desarrollo de los equipos es la creación de un ambiente colaborativo, en oposición a un ambiente competitivo, polémico o muy conflictivo (Katzenbach y Smith, 1993; Larson y LaFasto, 1989; Orsburn y otros, 1990; Wiig, 1995). En especial, los equipos de alto grado de participación –como los dedicados a la investigación, el desarrollo de productos y otros basados en el conocimiento– requieren un entorno de gran colaboración donde puedan desarrollar al máximo su capacidad de interactuar y de comunicarse con eficacia. Tales equipos se encuentran en una situación algo paradójica. Para colaborar eficazmente, sus integrantes necesitan experimentar el conflicto y manejarlo de modo de preservar su ambiente para el trabajo en equipo colaborativo. Cuando tienen disputas, deben ser capaces de trabajarlas y de resolverlas de manera pronta y eficaz. Desafortunadamente, las disputas pueden volverse fácilmente contraproducentes, y crear ámbitos de trabajo muy opresivos que deterioren la capacidad del equipo para colaborar en forma creativa y adaptarse a las circunstancias cambiantes (Barker, 1993, págs. 430-432).

A menudo, comprobamos que el proceso de la *mediación* está ligado a la necesidad de cultivar y mantener ambientes de trabajo sumamente colaborativos. En estas circunstancias, la mediación se presenta como un procedimiento para que los equipos puedan manejar constructivamente sus conflictos y disputas de un modo creativo, colaborativo y útil. A medida que proliferan los equipos de trabajo, la mediación ha llegado a ser un proceso cada vez más decisivo para el manejo de los conflictos en una organización. Además, desde que los tradicionales modelos verticales de liderazgo, van siendo sustituidos o integrados por modelos horizontales basados en equipos, la mediación cobra mayor importancia porque los miembros del equipo comparten responsabilidades administrativas y de supervisión. Cuando los miembros de una organización, de un sector de una organización, de un equipo o de un grupo especial confluyen en un proyecto, la capacidad de los dirigentes para manejar las situaciones conflictivas y resolver las disputas cotidianas es tan importante como el propio manejo del desarrollo del proyecto y de los procesos de trabajo.

Sin embargo, los ejemplos actuales de práctica de la mediación sólo tienen una limitada utilidad en contextos de equipos de trabajo altamente participativos. Con frecuencia, la mediación se presenta en nuestros días como un último recurso, la intervención de un "tercero" a la que sólo se apela cuando el equipo está varado en una disputa ardua, que posiblemente no sea capaz de resolver bien por sí mismo. Creemos que la aplicación de la mediación por terceros limita su utilidad como herramienta para el manejo del conflicto en las organizaciones participativas. Los equipos, en especial los muy participativos, necesitan contar con los beneficios de la mediación, previo a quedar estancados en un conflicto difícil. Necesitan un *sistema de mediación* que esté integrado a su ambiente laboral cotidiano. Los equipos muy participativos tienen que experimentar y utilizar la mediación como *un método permanente para el manejo de los conflictos cotidianos que sobrevienen entre los propios miembros del equipo.*

En el presente artículo, nuestro propósito es desarrollar y describir un sistema de mediación de esa índole. Al hacerlo, sacamos la "mediación" del ámbito de la intervención de terceros y la introducimos en el ambiente cotidiano de trabajo del equipo. En primer lugar, pasaremos breve revista a los requisitos que tienen los equipos en materia de manejo del conflicto. En segundo lugar, examinaremos las diferentes formas de resolución de conflictos, incluida la mediación, que suelen practicarse en las organizaciones, e ilustraremos de qué manera "funciona" la mediación. A continuación describiremos las distintas variantes de práctica de la mediación que hoy se utilizan y desarrollaremos la mediación como proceso sistemático que los miembros del equipo pueden integrar a sus procesos laborales cotidianos. Por último, describiremos las destrezas que necesitan los miembros de un equipo para utilizar la mediación como método permanente para el manejo de los conflictos que, natural y necesariamente, se dan entre ellos.

Producción de conocimiento, equipos y conflictos

A medida que nuestra sociedad organizacional se desplaza cada vez más hacia las "tareas de producción de conocimiento" (*knowledge work*) (Drucker, 1994), vamos descubriendo las condiciones necesarias y suficientes que se requieren para que la gente colabore en esos ambientes muy participativos (McDermott, 1995). Una "tarea de producción de conocimiento" u "organización basada en el conocimiento" (*knowledge-based organization*) se caracteriza por la presencia de grupos de especialistas de muchas disciplinas y dotados de gran cantidad de habilidades, quienes trabajan conjuntamente en contextos interdependientes complejos (Purser y otros, 1992). Tankasi (1995, pág. 164) diferenció los procesos más conocidos de trabajo "rutinario" respecto de las "tareas de producción de conocimiento":

El trabajo rutinario implica la fabricación de determinados productos o producción de determinados procesos, mientras que la tarea de producción de conocimiento implica la *creación de conocimiento* y su aplicación para la empresa, bajo la forma de nuevas o mejores tecnologías, productos, servicios o procesos. Es natural que, en una economía global de alta tecnología en constante evolución, la ventaja competitiva de empresas fuertemente basadas en la producción intensiva de conocimiento dependa de la calidad de las actividades de investigación y desarrollo que crean los conocimientos indispensables para producir continuamente productos, servicios y capacidades novedosos.

El trabajo eficaz en una empresa de producción intensiva de conocimiento requiere que los miembros de la organización sean capaces de coparticipar de manera muy eficiente y creativa (Katzenbach y Smith, 1993).

Debido a la gran necesidad de acciones participativas e interdependientes, en estas organizaciones solemos ver que los trabajadores están estructurados en algún tipo de diseño en equipo (*team based design*) (Drucker, 1994; Katzenbach y Smith, 1993; Mohrman y otros, 1995). En estas organizaciones, el trabajo en equipo suele presentarse bajo una variedad de formas. Por ejemplo, algunas firmas de investigación y desarrollo agrupan a sus empleados en equipos de desarrollo de productos que sólo trabajan juntos durante un período. Ammeter y Dukerich (1997, pág. 1) describieron así estos equipos:

> Como grupo temporario, un equipo de desarrollo de productos, o en general un equipo de proyecto, se forma con una sola finalidad: completar en determinada fecha o fechas la tarea asignada, y luego disolverse. A diferencia de un grupo permanente, su ciclo vital está predeterminado y todos sus miembros lo saben. La imposición de este marco temporal y la segura caducidad del equipo son factores clave que establecen una diferencia en la manera en que sus miembros perciben su relación de trabajo (Bryman y otros, 1987). A consecuencia de esta naturaleza temporaria, así como del hecho de que los individuos proceden en general de áreas funcionales diferentes (y aun de

distintas organizaciones), pueden tener perspectivas y lealtades en conflicto.

Otros ejemplos frecuentes de equipos basados en la producción de conocimiento son los de investigación científica, los de toma de decisiones a nivel ejecutivo y los de producción y servicio, cuyo ambiente de trabajo está signado por un alto grado de procesamiento de la información (Tenkasi, 1995, pág. 166). De hecho, McDermott (1995, pág. 36) sostiene que las personas ocupadas en tareas de producción de conocimiento comprenden ya el 75% de la fuerza laboral de los Estados Unidos.

Dada la necesidad de una colaboración conjunta, los miembros de estos equipos se enfrentan frecuentemente con serios conflictos y disputas. Como ya vimos en la descripción anterior de Ammeter y Dukerich (1997), con frecuencia tendrán perspectivas, objetivos y valores en pugna (Wiig, 1995). A menudo, los conflictos, sobre todo los referidos a los valores que el equipo debe compartir (Barker, 1993, 1996), desbaratan sus indispensables esfuerzos colaborativos (McDermott, 1995).

Incluso conflictos simples, como el desacuerdo sobre los procedimientos que debe seguir el equipo, el grado de participación de sus integrantes y la disciplina, pueden hacer perder el control y paralizar los empeños laborales del equipo. Morhman, Morhman y Cohen (1995) han afirmado que, a raíz de la propensión al conflicto en los equipos basados en el conocimiento, sus miembros deben ser capaces de manejar entre todos el proceso de su trabajo y de generar lo que McDermott (1995, pág.42) llamó un "diálogo" en el que puedan compartir ideas, discrepar, hallar soluciones creativas a sus disputas y aprender de la experiencia del conflicto (véase Purser y otros, 1992; Tenkasi, 1995). Ese diálogo o sistema de comunicación acerca del trabajo conjunto es una de las claves para que una tarea de producción de conocimiento pueda resultar eficaz y productiva a largo plazo (Beyerlin, 1997).

Con el fin de sostener su productividad en el tiempo, los integrantes de estos equipos (*knowledge workers on team*) precisan un sistema útil de manejo de los conflictos y disputas que se adecue al carácter forzosamente participativo y colaborativo de su tarea. Los métodos confrontativos, como el hecho de que un gerente "le diga al equipo cómo tiene que hacer las cosas" (al estilo de ese gerente), pueden deteriorar la capacidad del equipo para trabajar en común y, como ya dijimos, generar ambientes de trabajo opresivos (Barker, 1993; Domenici, 1996; Shailor, 1994). Quienes trabajan en equipos basados en la producción de conocimiento (*knowledge-based team workers*) precisan una forma no adversarial de resolver sus disputas, que no desgarre la trama social del equipo y que ayude a éste a operar en forma creativa y productiva. Estos equipos necesitan una forma *alternativa* de manejo del conflicto: la mediación.

La mediación como forma "alternativa" de resolución de conflictos

El crecimiento de la mediación en los últimos veinte años ha sido significativo. Desde sus orígenes en las prácticas comunitarias de los primeros colonos religiosos de los Estados Unidos y su posterior difusión a partir de la resolución de conflictos laborales durante la década de 1950 (Domenici, 1996; Shailor, 1994), la práctica de la mediación se ha desarrollado exponencialmente en las últimas décadas. En nuestros días, los programas de mediación comunitaria, vecinal, ambientalista, empresarial, judicial, familiar, escolar, entre otros, abarcan diversas situaciones en que las personas enfrentan conflictos muy difíciles. A medida que se difunde en nuestra sociedad el uso de la mediación, vemos cada vez con más frecuencia programas para la mediación de disputas en los lugares de trabajo integrados al gerenciamiento de la empresa. En este caso, los programas están destinados a que las disputas en los lugares de trabajo puedan ser mediadas en el lugar.

Tres formas comunes de resolución de conflictos en las organizaciones

Quienes trabajan en el manejo del conflicto suelen considerar que la "mediación" es una de las tres grandes formas de *reso-*

lución de conflictos que se practican actualmente; las otras dos son la *negociación* y el *arbitraje* (Bush y Folger, 1994; Shailor, 1994). Hay varias organizaciones, sobre todo grandes corporaciones, que ya han tomado los recaudos para poner en práctica estas tres formas de resolución de conflictos en el lugar de trabajo. Si bien existe alguna superposición entre ellas, tal como hoy se las practica, siguen representando métodos diferenciados.

Negociación. La negociación es el proceso por el cual dos partes procuran resolver los temas en disputa que los preocupan o dividen, o al menos alcanzar un consenso al respecto. Normalmente, se desarrolla como una discusión de ida y vuelta durante la cual cada parte cede en algunos puntos y saca ventajas en otros, hasta que ambas llegan a un compromiso y un acuerdo. Las negociaciones más eficaces son las que se basan en los intereses respectivos de las partes, como lo ilustran Fisher y Ury (1981) en su popular obra *Sí, ¡de acuerdo! Cómo negociar sin ceder.* En una negociación, con frecuencia las partes comienzan por presentar sus intereses o sus posiciones en la disputa, lo que contribuye a identificar los temas principales que bloquean el avance. Además, la exposición de las respectivas posiciones ayuda a focalizar a los disputantes sobre las cuestiones fundamentales que deben satisfacer para que la negociación tenga un buen desenlace. En las organizaciones, el ejemplo más conocido de negociación es la que tiene lugar entre las empresas y los sindicatos, para resolver una disputa o firmar un nuevo contrato laboral. Como se aprecia en las negociaciones obrero-patronales, a menudo los disputantes no logran resolver su conflicto por negociación mutua, y deben recurrir a un tercero, quien ingresa a la situación conflictiva ya sea para facilitar la negociación (mediación) o para dirigirla (arbitraje).

Mediación. Mientras que la negociación permite el control óptimo de los participantes sobre la dirección que sigue el proceso de resolución del conflicto, la mediación, tal como se la practica habitualmente, involucra a un tercero que facilita el proceso de negociación. En una mediación formal, las partes en conflicto aún tienen la oportunidad de negociar frente a frente, pero disponen de un "guía". Los mediadores deben ser imparciales, aunque no necesariamente neutrales; o sea, pue-

259

den tener opiniones y sesgos vinculados con el tema en disputa, pero no deben pronunciarse a favor de un resultado determinado, y deben dejar sus opiniones de lado durante el proceso. A menudo, las mediaciones son más formales que las negociaciones y exigen establecer pautas o reglas básicas que fomenten el proceso negociador. El mediador formal suele facilitar la negociación ayudando a las partes a expresar sus intereses o posiciones de inicio, es decir, a identificar y manifestar las cuestiones esenciales a ser satisfechas en la negociación.

Un segundo método al que recurren los mediadores formales para facilitar la negociación consiste en ayudar a los disputantes a encontrar una solución creativa y aceptable por ambos. Si una negociación poco fructífera hace que las partes en conflicto se pongan a la defensiva, en una actitud irreductible, los mediadores tratarán de identificar los intereses de cada cual y, a partir de este conjunto de intereses, estimularlos para crear opciones y soluciones factibles. Esta táctica, llamada de "ampliación de la torta" (*expanded pie*), ayuda a los participantes en la negociación a desarrollar opciones similares y compatibles, que luego puedan ser elaboradas en un acuerdo (Fisher y Ury, 1983, pág. 61). En la sección siguiente, desarrollaremos el tema de las prácticas contemporáneas de mediación.

Arbitraje. Hay arbitraje toda vez que un tercero interviene en un conflicto para hacer alguna recomendación o tomar una decisión en lugar de las partes. Los procesos de arbitraje son más formales que los de negociación y mediación. El árbitro, que puede ser un individuo o un panel, "juzga" la disputa, establece normas de procedimiento y adopta una decisión de cumplimiento obligatorio. Controla el proceso examinando las pruebas existentes y entrevistando a los testigos, pero puede ocurrir que entre las partes exista muy poca comunicación.

A lo largo del tiempo, fueron surgiendo otras variantes de resolución de conflictos, como la búsqueda de pruebas por parte de un especialista neutral, la intervención de defensores públicos, los minijuicios (*minitrials*), la evaluación neutra temprana, el establecimiento negociado de reglas y la asociación; sin embargo, con el fin de crear sistemas para el manejo y la resolución de conflictos, la negociación, la mediación y el arbitraje siguen siendo las formas más conocidas a las que pueden recurrir las organizaciones. (Para un examen más detenido de la evolución de las teorías sobre manejo y resolución de conflictos, ver Fink, 1968; Nicotera, 1995; Ruben, 1978; Shailor, 1994.)

Características comunes de la práctica de la mediación

Tal como hemos dicho, la mediación es uno de los tres tipos más conocidos de formas de resolución de conflictos que se practican actualmente. Dado que al hablar de la mediación en las organizaciones la palabra "resolución" suele crear la expectativa de que aquélla garantice la obtención de un resultado, con el fin de reducir esa expectativa y también para captar el carácter evolutivo del conflicto muchos autores contemporáneos prefieren hablar de "manejo" del conflicto o las disputas. Sin embargo, con frecuencia advertimos que frases como la "resolución de conflictos" o el "manejo de los conflictos" se usan casi como si fueran sinónimas.

En su definición más simple y usual, la mediación se refiere a un proceso de facilitación de la discusión o de manejo de la exploración del conflicto en una negociación. El mediador o tercero neutral asiste a los disputantes para que obtengan un resultado aceptable. A diferencia de un árbitro, no impone a las partes ningún aspecto de lo resuelto. El proceso habitualmente es voluntario, pues las partes asisten a la mediación de buena fe y no son forzadas a participar. Además, el proceso de la mediación suele ser confidencial, de manera tal que las partes pueden sentirse seguras explorando los aspectos más intrincados de su conflicto, sin temor a que lo que dicen se repita en otro lado. Los acuerdos resultantes deben ser aceptables para ambos.

Como las mediaciones son confidenciales, el mediador y las partes crean para sí un ambiente seguro, en el que los disputantes puedan discutir con sinceridad y franqueza. Las partes en conflicto suelen ser guiadas por el mediador para generar nuevas y creativas opciones durante la fase de "ampliación de la torta". Si bien la mediación abarca habitualmente sólo a

261

dos litigantes, puede usársela en grupos en conflicto en temas de interés público. Los programas de mediación educan a la población acerca del manejo del conflicto y, a la vez, contribuyen a resolver problemas o pautas problemáticas. Los procesos de mediación ayudan, además, a evitar conflictos futuros, pues las personas aprenden a comunicarse de un modo constructivo y eficaz.

El carácter "alternativo" de la mediación

Teniendo en cuenta las características mencionadas, vemos que la mediación se suele presentar como una forma de *resolución alternativa de conflictos*, una opción frente a los sistemas adversariales tradicionales, a los que comúnmente se recurre para resolver disputas, como un proceso judicial o la adopción de una decisión arbitraria por un gerente (Bush y Folger, 1994; Domenici, 1996). Como concepto, la resolución alternativa de conflictos deriva de la pragmática de la interacción humana de Watzlawick, Beavin y Jackson (1967), y como movimiento valoriza el manejo participativo del conflicto, en el que éste no es considerado un problema que debe arreglarse, sino una oportunidad para el crecimiento y la transformación humanos (Bush y Folger, 1994; Shailor, 1994). Las formas alternativas de resolución de conflictos, como la mediación, procuran aprovechar la creatividad inherente a la interacción humana como el medio más provechoso para el manejo eficaz del conflicto. El corolario lógico de esta postura es que si utilizamos formas alternativas de resolución de conflictos, podemos aprender nuevos y mejores procedimientos –menos violentos, competitivos y agresivos– para manejar los conflictos en nuestra cultura diversificada.

Según la práctica contemporánea, los mediadores y los programas de mediación utilizan a menudo procesos "alternativos" de manejo del conflicto, que se asemejan a las técnicas confrontativas más conocidas. Una de esas formas de mediación es la que Bush y Folger (1994) describieron como el *enfoque de resolución de problemas*, que es una variante de mediación sumamente directiva y pone el acento en encontrar soluciones. Los mediadores que aplican este enfoque realizan movimientos que influyen en las partes y las dirigen. El enfoque de resolución de problemas se está volviendo muy corriente, sobre todo en las mediaciones en organismos judiciales. Representa un enfoque *reactivo*, entendiendo por tal que la mediación se realiza "en reacción" frente a una disputa ya suscitada. No ayuda concretamente a las partes a evitar disputas futuras o a manejarlas mejor.

Otra dimensión importante de la mediación, que no se pone de manifiesto con igual asiduidad que el enfoque de resolución de problemas, es el potencial *transformador* del proceso. La perspectiva transformadora de la mediación es un abordaje que enfatiza la dimensión alternativa de la resolución de conflictos. En este contexto, "transformador" alude al uso de la mediación como instrumento de aprendizaje que "transforma" la concepción que tienen los disputantes sobre sus conflictos actuales y futuros (Bush y Folger, 2000; Littlejhon y Domenici, 2000). En la mediación transformadora, el mediador no sólo facilita el proceso de resolución sino que intenta que las partes aprendan nuevas perspectivas sobre su conflicto común y nuevas maneras de comunicarse entre sí en los episodios conflictivos. Por ejemplo, podría tratar de enseñarles que una de las primeras cosas que debe hacerse en todo conflicto es que las partes identifiquen y articulen sus propias cuestiones esenciales o posiciones iniciales (véase lo anterior). De este modo, sabrán que en su próximo conflicto deberán empezar por enunciar las cuestiones clave importantes para ellos como medio de favorecer la facilitación del proceso de resolución del conflicto.

En busca de perspectivas más proactivas para el manejo de conflictos, los profesionales e investigadores que trabajan hoy en mediación transformadora están desarrollando metodologías que no sólo modifiquen la conducta conflictiva inmediata de los disputantes, sino también las circunstancias en que se produce un conflicto. Tratan de establecer una forma de mediación que modele nuestras percepciones y actitudes hacia el conflicto en todas sus presentaciones cotidianas. Una de esas variantes es la conocida como "resolución apropiada de conflictos" (juego de palabras con la frase "resolución alternativa de conflictos"; ver Littlejhon y Domenici, 2000). En un proceso guiado por la "resolución apropiada del conflicto", el mediador procurará incrementar la idoneidad de las partes para avanzar hacia una solución creativa. Siendo un enfoque transformador, la resolución apropiada de conflictos se focaliza en capacitar a los individuos para que hagan elecciones claras y deliberadas, a la vez que los ayuda a entender mejor su propia perspectiva y la del otro acerca del conflicto. Este abordaje parte de la presunción de que la gente puede cambiar para mejor cuando se enfrenta con un conflicto, y el mediador intenta sutilmente enseñar a los disputantes nuevas formas creativas de abordarlo, como reconocer que un convenio cabal sólo es uno de los desenlaces posibles de la mediación (Littlejhon y Domenici, 2000).

Los "sistemas de mediación" como perspectiva convergente

Así, pues, el pensamiento actual sobre la mediación como forma alternativa de resolución de disputas refleja una dicotomía entre dos perspectivas divergentes: la solución direccionada de los problemas o la búsqueda no direccionada de una solución, característica de la mediación transformadora. Un tercer enfoque, en lugar de destacar la divergencia de los anteriores, promueve la posible convergencia de los enfoques direccionado y no direccionado. Por ejemplo, algunas técnicas actuales de resolución apropiada de conflictos ofrecen a las partes una variedad de opciones que van desde prácticas mediadoras muy direccionadas a otras no direccionadas (Pearce y Littlejohn, 1997). En ciertos tribunales se crearon programas denominados "de puertas abiertas" o "de puertas múltiples", en los que se permite elegir a las personas entre una variedad de procesos para el manejo de su conflicto (Littlejhon y Domenici, 2000), poniendo a su disposición abogados, asesores y mediadores, junto con instrumentos educativos, para ayudarlos a decidir de qué manera prefieren manejar su problema. Estos procedimientos procuran eludir nuestro habitual impulso competitivo, que nos lleva a buscar a quién inculpar o quién es el ganador y quién el perdedor en una disputa. Autores como Kolb (1994) o Pearce y Littlejohn (1997) han señalado que en el campo de la mediación no tendría por qué haber divergencias de la índole mencionada. Los caminos de los enfoques direccionado y no direccionado no debieran ser excluyentes, y su divergencia sólo sirve para generar una polarización que puede obstaculizar el logro de un convenio o una transformación.

Nuestro deseo es contribuir aquí a la mencionada tendencia a la convergencia de las prácticas de mediación. Quisiéramos desarrollar la mediación como un *sistema* para el manejo del conflicto que representa, a la vez, un método de comunicación entre partes en conflicto y un método que permita a las personas abordar los conflictos que se les presentan en el curso de su trabajo diario en una organización. Desde nuestro punto de vista, *la mediación se convierte en un proceso continuo, a través del cual los participantes crean el mundo en el que quieren vivir y trabajar, mediante sus propias interacciones laborales.* La comunicación colectiva en este tipo de sistema de mediación explora las nuevas pautas de interacción que permiten a los participantes salir *por sí mismos* del estancamiento y hallar sus propios métodos para manejar constructivamente sus conflictos (Cronen y otros, 1979; Shailor, 1994). Visualizamos un futuro ambiente de trabajo cuyos integrantes sienten las bases para el respeto y la comprensión mutuos mientras definen sus temas en disputa, generan opciones, deliberan y llegan a acuerdos. Dentro de un sistema de mediación, los participantes (como ocurre con los miembros de un equipo de producción de conocimiento) pueden crear para sí y por sí mismos nuevas formas de comunicación que los ayuden a manejar con eficacia las situaciones conflictivas.

Nicotera (1995) argumentó que si bien en los últimos años nuestras teorías del conflicto en las organizaciones se han diversificado, rara vez hemos dirigido nuestra conceptualización al desarrollo de modelos para la práctica, de base sistémica comunicacional, focalizados en la dinámica del conflicto. Tradicionalmente, los estudiosos describieron el conflicto en una organización como un problema basado en la comunicación: una fuerza negativa o disociadora interrumpe la actividad de la organización. Recientemente, especialistas en comunicación se han apartado de esta concepción del conflicto como una "interrupción en la transmisión" y han adherido a una visión más sistémica del conflicto y de su manejo. Estos teóricos suelen concebir el conflicto en una organización como una serie de procesos relacionales fluidos y dinámicos, que ocurren dentro de esa organización como sistema. Desde este ángulo, el conflicto debe comprenderse a partir de sus pautas relacionales establecidas, de cómo lo experimentan los miembros de la organización, y no a través del estudio de los mensajes individuales o de la transmisión de mensajes conflictivos.

Quienes abogan por esta perspectiva sistémica ven al conflicto como un elemento útil para la organización y no como una fuerza negativa y destructiva. Los miembros de la organización necesitan tener experiencias de conflicto "buenas" o "saludables", con el fin de adoptar decisiones razonadas y creativas. Putnam (1995, pág. 183) sostuvo que en las organizaciones el conflicto "promueve la adaptación, el crecimiento y la estabilidad; además, facilita una efectiva toma de decisiones al cuestionar la complacencia y la omnipotencia (de las partes en conflicto)".

Al considerar una organización como sistema, a menudo analizamos la manera en que distintas actividades se relacionan entre sí dentro de la organización total. Al interactuar las diversas partes de la organización, se crea algo nuevo. Por ejemplo, los departamentos de investigación, de fabricación y de ventas de una empresa trabajan "juntos" con el objeto de que la misma sea rentable. La mayoría de las organizaciones complejas están compuestas por sistemas tendientes a compartir la información disponible, el manejo de los recursos humanos y la administración financiera. Con frecuencia, las organizaciones consideran al conflicto que surge dentro de un sistema o entre sistemas con baja prioridad, y sólo atienden el conflicto apagando el incendio cuando está en su apogeo. Los gerentes prefieren atender los conflictos como si fueran reductos aislados, con el resultado de que destinan mucho tiempo de trabajo a "extinguir el incendio" o a aplicar medidas de urgencia, y cuando terminan de resolver un conflicto aparece otro en otro lugar.

Un abordaje sistemático de la mediación en las organizaciones va más allá de estos enfoques del "extinguidor de incendios" o de las "medidas de urgencia", y procura examinar las pautas del conflicto en la organización y sus implicaciones sistémicas. Constantino y Sickles Merchant (1996, pág. 33) abogaron por el diseño de un sistema que ofreciera a las partes en conflicto la máxima posibilidad de elección y de asistencia, con el fin de resolver sus disputas en beneficio mutuo. También sostuvieron que tales sistemas de manejo del conflicto pueden tener un costo bajo en materia de tiempo, dinero y recursos con que cuenta la organización:

> Algunas organizaciones han avanzado hacia enfoques más sistémicos de manejo del conflicto, mientras que otras continúan abordando o eludiendo los conflictos según los métodos de la lucha o la fuga. En el medio se encuentran aquellas organizaciones que han diseñado un programa de resolución alternativa de conflictos para abordar determinados tipos de disputas. Estos programas de RAD suelen surgir cuando la gerencia, los consultores, los abogados de la empresa o los propios disputantes advierten que los métodos tradicionales de resolución de conflictos no funcionan tan bien como debieran o no promueven los objetivos de la organización.

La organización actual, constituida por equipos y muy participativa, requiere un sistema de manejo del conflicto que funcione correctamente y sea parte permanente de la actividad laboral habitual del equipo. Este sistema permanente de mediación debe fusionar los enfoques direccional y no direccional, de modo tal que los integrantes del equipo puedan naturalmente recurrir a él, ya sea para solucionar con prontitud problemas sencillos o para manejar con creatividad los difíciles. Aunque el desarrollo de un sistema de mediación (*mediation system*) en las organizaciones formadas por equipos ofrece grandes posibilidades, sigue siendo una idea relativamente innovadora, y sólo unas pocas organizaciones han adoptado este enfoque de manera activa. Tal como veremos en lo que sigue, la mayoría utiliza a terceros en las mediaciones, ya sea internos o externos a la empresa. Sin embargo, nuestra reseña de la práctica actual de la

267

mediación en las organizaciones pondrá de relieve las condiciones necesarias para el desarrollo de un sistema mediador eficaz para un ambiente de trabajo cuyo producto es el conocimiento.

La práctica de la mediación en las organizaciones contemporáneas

En general, la mediación en las organizaciones se caracteriza, en nuestros días, por tres prácticas corrientes que trasuntan elementos de los enfoques ya examinados: el de resolución de problemas, el transformador y el sistémico. Son ellas: 1) *mediación externa*, realizada por un recurso ajeno a la organización misma; 2) *mediación interna*, realizada por un recurso interno de la organización; y 3) *sistema de mediación*, donde la mediación se realiza como un componente sistémico de la actividad laboral de la organización. En esta sección describiremos estas tres prácticas.

Mediación externa. A medida que la gente se familiariza con la mediación como alternativa para abordar los conflictos en las relaciones (tanto personales como profesionales), suelen recurrir a un grupo o recurso externo en busca de la ayuda de un mediador. Al contratar uno o más mediadores, como se contrataría un abogado, puede obtenerse un proceso que sea informal y confidencial, y que brinde resultados satisfactorios para las partes. Los mediadores, ya sea que estén contemplados como parte de un proceso de presentación de reclamos, o que sean requeridos de manera individual por las partes interesadas en un proceso distinto del adversarial tradicional, pueden ser llamados para ayudar a las partes a resolver aquellas situaciones que las tienen "atascadas".[1]

El hecho de recurrir a un mediador externo casi siempre compromete a la organización con el uso de técnicas direccio-

---

1. En los últimos años han surgido en los Estados Unidos centros de mediación –entidades sin fines de lucro– que ofrecen servicios de bajo coste a individuos, grupos u organizaciones que los requieren para la resolución de conflictos (Domenici, 1996). Estos centros median en cualquier problema que le presente la organización contra-

nadas y de un enfoque reactivo frente al manejo del conflicto. El mediador llega a la escena sólo cuando la propia organización ya no puede manejar eficazmente el conflicto por sí misma, y debe acudir a un recurso externo. En este caso, como ya vimos, la mediación a menudo "resuelve" el problema con medidas de urgencia, aunque puedan ser creativas, y no necesariamente instruye a los miembros de la organización sobre la forma de resolver sus problemas en el futuro.

Además, en la práctica de la mediación externa suelen surgir algunos problemas secundarios. Por ejemplo, la organización puede tener nuevos conflictos al ocuparse de quién pagará a los mediadores. ¿Los fondos deben proceder del presupuesto asignado para recursos humanos? ¿Tendrá que hacerse cargo de ellos la administración del establecimiento o los individuos que tienen el problema? También suelen ser problemáticos los desequilibrios de poder en estas disputas. Cuando entre los directivos y los empleados se plantea un conflicto no basado en un contrato, tanto las partes en pugna como el mediador pueden tener dificultades para superar las diferencias de poder. Cada vez que en una disputa sobreviene una diferencia de poder o de estatus, el mediador externo enfrenta un serio desafío si pretende otorgar poder a cada individuo para que éste pueda, a su vez, mediar en forma voluntaria y de buena fe.

Mediación interna. Muchas organizaciones no dispuestas a derivar fondos a una mediación externa u otros servicios de re-

---

tante. Por ejemplo, The Mediation Alliance (TMA) de Albuquerque, Nuevo México, cuenta con más de un centenar de mediadores voluntarios. Por un pequeño arancel, una organización puede contratar a TMA para mediar en disputas contractuales, en el lugar de trabajo y personales. Los mediadores voluntarios tienen así una experiencia de trabajo con conflictos reales que les permite perfeccionar su habilidad. Mediadores profesionales de amplia experiencia también brindan sus servicios externos para casos concretos en áreas como los conflictos ambientales, los problemas interdepartamentales complejos y cuestiones judiciales como las vinculadas con la discriminación racial y los derechos civiles (Domenici, 1996). Las escuelas primarias y secundarias proporcionan otro ejemplo actual de prácticas de mediación externa. Hoy es frecuente que el director de una escuela llame a mediadores para "resolver" conflictos que involucran a los maestros o profesores con los directivos, a éstos con el consejo escolar, o a aquéllos con los estudiantes (Khor, 1995).

solución de conflictos se han sumado a la reciente tendencia al establecimiento de programas de mediación internos (Kolb, 1994). Hospitales, organismos públicos, bases militares, grandes y pequeñas fábricas y empresas de servicios, establecimientos educativos y escuelas públicas han iniciado programas de mediación internos que a menudo son de "mediación entre pares".

Estos programas de mediación entre pares apuntan a proveer servicios de manejo del conflicto para los empleados de la organización. La organización hace arreglos para que individuos seleccionados por la gerencia, o que se ofrecen voluntariamente, se capaciten y adquieran las destrezas básicas entrenándose en un programa de formación en mediación que cuente con reconocimiento nacional. Si bien muchas veces los individuos en cuestión provienen del departamento de recursos humanos de la empresa, a menudo se seleccionan individuos de otros departamentos o de distintos campos para seguir este curso de capacitación. Cuando sobreviene un conflicto intra o interdepartamental, se cuenta con ellos para que ayuden. Según el espíritu de la mediación por terceros, los mediadores internos suelen provenir de una sección de la organización lo bastante alejada de las partes en conflicto como para asegurar su imparcialidad. De vez en cuando, pueden ocuparse de los conflictos que surgen entre los clientes o los contratistas externos y la organización; sin embargo, en estos casos se requiere que la organización evalúe con cuidado la pertinencia de la mediación interna.

Habitualmente, los programas de mediación interna tienen un "coordinador" que organiza la labor de los mediadores, lleva registro de las sesiones y cumple las demás tareas administrativas necesarias. Esta persona suele provenir del departamento de recursos humanos o jurídico, pero, con más frecuencia, los "coordinadores de mediación" constituyen una oficina aparte, siguiendo nuevamente el espíritu de la mediación de terceros. Los mediadores internos suelen debatirse con el problema de mantener el importante carácter "voluntario" en la mediación, ya que la organización principal tiene que diferenciar ese programa de otros procedimientos de presentación de reclamos más formales. Si las partes no están dispuestas a acudir en forma voluntaria a la mediación, ellas y el mediador interno deberán apelar a algún otro mecanismo de resolución de conflictos existente en la organización.

Sistemas de mediación en organizaciones. Una organización dotada de un "sistema de mediación" procura utilizar la mediación en forma proactiva y no reactiva. En este caso, la mediación es sistémica en cuanto a la forma en que el personal de la organización se comunica e interactúa. Los sistemas de mediación no giran en torno a la intervención de terceros; más bien son un método de manejo del conflicto que permite a los empleados identificar los conflictos, sacarlos a la superficie y luego encontrar por sí mismos soluciones creativas para ellos como parte natural de su comunicación laboral. Por lo tanto, el foco sistémico en la mediación como método de manejo de conflictos armoniza muy bien con la necesidad que tienen las organizaciones basadas en el conocimiento de estructurarse en grupos y equipos.

Con el fin de crear un sistema de mediación eficaz en una organización, se requiere que sus miembros se comprometan a aprender un método coherente para comunicarse acerca de sus conflictos y disputas. El primer requisito de esta mediación "sistémica" es el cultivo de pautas de comunicación que permitan a los miembros de la organización transmitir con claridad aquello que intentan comunicar en sus mensajes a sus compañeros de trabajo, saber manejarse en tareas en las que personalidades y estilos de trabajo entren en colisión, y aprovechar al máximo el tiempo, el dinero y los demás recursos dentro de los grupos de trabajo de la organización. En tal caso, los miembros generan activamente y participan de una nueva "manera de hablar" acerca de sus conflictos y disputas. Una vez que aprendieron a comunicarse acerca de los conflictos, pueden involucrarse en su propia mediación cuando sobreviene una disputa. Pueden manejar activa y creativamente sus problemas, sin la constante necesidad de un tercero que los ayude a encontrar una solución.

Muchos establecimientos de enseñanza han instrumentado estos procesos proactivos de mediación utilizando lo que los estudiosos de la mediación denominan el "enfoque de todo el alumnado". A todos los alumnos se les enseña a manejar en forma constructiva los conflictos, en la hipótesis de que serán capaces de autorregular su conducta y de resolverlos constructivamente. El alumnado, en su conjunto, aprende a negociar acuerdos integrativos y a ayudar a sus compañeros a lograrlo. La responsabilidad de la mediación va rotando entre los alumnos de modo tal que cada uno tenga la oportunidad de actuar como mediador en casos apropiados (Johnson y otros, 1995).

Un sistema de mediación de este tipo fue implantado en una de las más grandes empresas constructoras del estado de Nuevo México. Esta empresa organiza equipos de contratistas para trabajar en grandes proyectos, como la construcción de una galería comercial o de todas las medianeras de un plan de viviendas; esto hace que la compañía se asemeje a un equipo de desarrollo de productos. Los miembros del equipo deben colaborar eficazmente para cumplir muy distintas tareas (planificación, construcción de la estructura, colocación de los pisos o techos, instalación eléctrica, cañerías, pintura, etcétera). Todos los equipos tienen un mismo objetivo: conseguir que el proyecto se termine a plena satisfacción del cliente. La gerencia ha comprendido que para obtener el alto grado de colaboración que necesita, los miembros del equipo deben aprender a utilizar técnicas comunicativas de manejo del conflicto como parte de su relación diaria. A tal fin, la compañía exige que los contratistas que componen sus equipos asistan en su totalidad, antes de iniciar el proyecto, a sesiones de capacitación que abarcan varios días.

En dichas sesiones, se pone el acento en que los contratistas aprendan nuevas formas de hablar entre sí acerca de los conflictos y de las posibles áreas de discrepancia. Por ejemplo, a una de las prácticas que se enseñan en las sesiones se la denomina "réplicas" (*talk back*). Un miembro del equipo enunciará lo que él o ella necesita, en materia de recursos, de los demás miembros. Éstos repetirán o "replicarán" exactamente lo dicho por aquél y luego manifestarán su reacción ante esa necesidad. A primera vista, podría parecer que la "réplica" es algo confrontativa, pero cuando los integrantes del equipo comprenden la importancia de compartir la información de un modo preciso, pueden emplear las réplicas con gran eficacia y sin que resulten peligrosas.

Otro punto en que la empresa hace hincapié en la formación es la absoluta incorporación, por parte de todos los miembros del equipo, de las técnicas de mediación en sus comunicaciones cotidianas. Los directivos de la empresa piensan que este compromiso es clave para que el sistema de mediación opere. Aclaran cuáles son sus expectativas respecto del manejo del conflicto por parte del equipo, y una vez finalizado el programa de capacitación inicial se empeñan en reducir al mínimo la rotación del personal del equipo.

Los miembros del equipo de esta empresa no siempre son "amigos" entre sí ni simpatizan unos con otros. Lo que sí hacen es comprometerse a trabajar y comunicarse de un modo sano y constructivo mientras que el proyecto está en curso. Aprenden "de antemano" a manejar sus disputas de un modo especial y altamente productivo. Además, los directivos de la empresa se dan cuenta perfectamente de que deben destinar por adelantado tiempo y recursos para capacitar a los equipos en comunicación en mediación y alertarlos sobre los pasos que deben dar cuando se desencadena un conflicto. La organización ha manifestado que entiende que el dinero gastado en esta formación fue bien invertido, y cita como "prueba" de que esa capacitación fue útil su permanente capacidad para llevar a buen término proyectos importantes (como la construcción de galerías comerciales y grandes edificios de oficinas), en los plazos y con los presupuestos fijados.

Para los equipos altamente participativos, en especial los de investigación o de desarrollo de productos, y para otros equipos que producen conocimiento como los que ya vimos, la mediación puede ser muy útil para manejar efectivamente los conflictos entre miembros de equipos. Sin embargo, los enfoques de la mediación externa e interna representan métodos reactivos. Los equipos, en general, y los basados en la producción de conocimiento, en particular, necesitan contar con un método que genere un contexto de comunicación capaz de promover un trabajo productivo, que ayude al equipo a sostener un alto nivel de colaboración a lo largo del tiempo y que ayude proactivamente a que sus miembros aprendan buenos procedimientos para el manejo de sus conflictos. La creación de un sistema de mediación dentro de los equipos ofrece a las organizaciones basadas en la producción de conocimiento dicho método proactivo.

Los sistemas de mediación ofrecen a las organizaciones compuestas por equipos un modo muy conveniente de integrar los procesos de dinámica de grupos, necesariamente colaborativos, que permiten a los equipos funcionar con eficacia a lo largo del tiempo. En la próxima sección, señalaremos cuáles son las partes esenciales de un sistema de mediación dentro de una organización. Luego, analizaremos los objetivos y habilidades en materia de comunicación, indispensables para que un sistema de mediación funcione bien. Las siguientes secciones se fundan en nuestro contacto con investigaciones y trabajos en equipo relevantes, así como en nuestra propia experiencia en el uso de la mediación y otros procesos para el manejo de conflictos dentro de organizaciones basadas en equipos.

Creación de un sistema de mediación en organizaciones basadas en equipos

Tal como ya vimos, la instrumentación de un sistema de mediación exige montar por anticipado un programa de capacitación y una serie de controles periódicos del proceso. Sin embargo, la formación necesaria se ajusta a los programas de entrenamiento típicos en dinámica interpersonal y grupal que requiere el trabajo en equipo. Básicamente, la capacitación necesaria para comenzar a crear un sistema de mediación incluye cinco áreas principales: la creación de un ambiente de trabajo seguro, el aprendizaje de la comunicación colaborativa, el aprendizaje del manejo del poder, el aprendizaje de procesos de gerenciamiento y el aprendizaje de técnicas para dejar a salvo el prestigio de los miembros.

Creación de un ambiente de trabajo seguro

Para que un sistema de mediación funcione bien, los miembros de los equipos necesitan sentir que pueden hablar de sus disputas y conflictos sin temor a hacer el ridículo o a la competencia (ver el examen de la necesidad que tiene el equipo de un "espacio público" en McDermott, 1995, pág. 50). Las organizaciones basadas en equipos crean un ambiente de trabajo seguro valorizando la confidencialidad, adhiriendo expresamente –tanto directivos como miembros de equipos– al establecimiento de un sistema de mediación y empleando formas de comunicación que no prioricen obviamente la asignación de culpas propias o ajenas por los conflictos. Los directivos y los miembros de los equipos deben crear un ambiente de trabajo donde las discusiones sobre los conflictos permanezcan confidenciales. Desde luego, si hay que analizar cierta información que los gerentes u otros miembros de los equipos deben conocer, será necesario compartirla, pero de acuerdo con un esquema que los propios miembros consideren apropiado. Toda conversación referida al manejo del conflicto dentro del equipo puede y debe mantenerse exclusivamente en conocimiento de éste. Si los miembros de un equipo piensan que pueden transmitir libremente sus inquietudes, el equipo genera un ambiente en el que sus miembros se sienten cómodos para ofrecer opciones creativas al abordar un determinado problema.

El equipo debe abordar el tema de la confidencialidad en los compromisos iniciales que los miembros asumen unos con otros. Una forma de establecer este clima esencial de confidencialidad es mediante un formulario de "acuerdo" escrito, que los miembros del equipo tendrán que leer, analizar y firmar. Entre los puntos principales de dicho formulario de acuerdo podrían incluirse los siguientes:

1. El sistema comunicativo de mediación que opera en este equipo de trabajo no tiene el propósito de establecer culpas, determinar quién tiene o no razón, o castigar o recompensar a los individuos que lo integran.
2. En este sistema, la capacidad de decisión le corresponde al equipo en su conjunto y los métodos para la toma de decisiones deberán ser acordados por todos.
3. Los miembros del equipo se comprometen al comienzo de cada proyecto a realizar "controles del proceso" periódicos. Estos controles verificarán el manejo del

conflicto en los equipos y analizarán las mejoras que sea preciso introducir para asegurar una productividad máxima.

4. La participación en este proceso es voluntaria. Si algún miembro del equipo desea retirarse de él, debe notificar rápidamente a todos los demás. El equipo inicia, entonces, un nuevo proceso de toma de decisiones que le permita avanzar en el conflicto.

5. El equipo fijará los objetivos o resultados deseados para cada una de sus sesiones de trabajo. Si algún miembro ve que la sesión no se encamina hacia el objetivo fijado, debe sentirse en libertad de pedir un "control del proceso", para aclarar la dirección que éste toma.

6. El equipo será coordinado por quien decidan todos sus miembros. Ya sea que el equipo designe un líder único o que la conducción sea rotativa, éste aceptará avenirse a ese liderazgo en lo referente al manejo del proceso (el avance del trabajo del equipo), mientras el contenido del debate y la decisión sobre el conflicto quedan en manos del equipo en su totalidad (o bien de algún otro especialista en dicho contenido, que se haya designado).

7. Todos los participantes acuerdan hacer de buena fe sus mejores esfuerzos para continuar comunicándose en forma apropiada dentro del sistema de mediación.

La finalidad de un acuerdo como éste es ayudar a los miembros del equipo a alcanzar un consenso sobre determinados valores decisivos para su capacidad de resolver pronto y creativamente los problemas, como la confidencialidad, el poder de decisión y la autoridad del liderazgo del equipo. Para que un equipo crezca, sus miembros deben desarrollar valores compartidos que conduzcan al trabajo conjunto, y orientar de acuerdo con dichos valores su actividad cotidiana (Barker, 1993, 1996).

El aprendizaje de la comunicación colaborativa

Muchos especialistas consideran que para un trabajo eficaz en equipos de producción de conocimiento el elemento más importante es la colaboración (Purser y otros, 1992; Wiig, 1995). En los contextos laborales en equipos existen muchos métodos para colaborar ante situaciones conflictivas, y cada integrante reaccionará de manera singular a las distintas situaciones. Los teóricos de la comunicación han agrupado los "estilos de manejo del conflicto" en cinco categorías generales: evitación, acomodación, compromiso, competencia y colaboración (Filley, 1975). Cada uno de estos estilos representa un conjunto diferente de opciones para involucrarse en comunicaciones conflictivas y en la negociación de disputas. Los sistemas de mediación ponen el acento en los procesos colaborativos, sobre todo cuando la actividad se realiza en equipo, pero es probable que en la mayoría de los programas de formación para el manejo del conflicto se encuentren los cinco estilos mencionados.

La manera habitual de representar la *evitación* del conflicto, incluyendo la difundida por los medios, suele ser que alguien se va del cuarto dando un portazo, o un empleado abandona su empleo después de haber tenido una reyerta con su jefe. Estas formas de manejo del conflicto indican la falta de disposición a abordar la situación. Además de la evitación física, a veces los conflictos se eluden por medios no verbales o emocionales: la gente evita ocuparse del asunto subestimando el problema, tratando con ligereza la situación, cambiando de tema o haciendo una broma. Si los miembros del equipo evitan el conflicto, corren el riesgo de que éste se incremente y que las divergencias entre las partes no se subsanen. Por ejemplo, tal vez un miembro del equipo tenga graves problemas personales que afecten en forma adversa su trabajo en el equipo. El resto del equipo evitará el conflicto para no generarle una angustia a ese miembro o provocar un estallido emocional o defensivo, y esperará a que el problema se resuelva por sí solo. Sin embargo, a la larga, el equipo tendrá que hacer frente, de una u otra manera, a este conflicto. Los conflictos evitados se vuelven más enconados con el tiempo, hasta que estallan provocando algún gran incidente en el equipo.

La *acomodación* suele considerarse una "renuncia". Supongamos que en un equipo hay una madre soltera o separada, que deja a sus niños en la guardería diariamente antes de entrar a trabajar, motivo por el que suele llegar tarde. Quizás el equipo se canse de estas tardanzas y simplemente resuelva ocuparse del asunto, aceptando el hecho de que siempre se producirán. Si en un equipo el interés personal de un miembro cobra preponderancia respecto del interés general, el equipo estará transmitiendo el claro mensaje de que las necesidades de una persona se consideran más importantes que las de otras. Con frecuencia, la acomodación deja insatisfechos a los miembros del equipo y, como sucede con la evitación, el problema seguirá generando malestar hasta que el equipo deba afrontar una disputa mayúscula.

"Tú cedes la mitad y yo cedo la otra mitad" es la fórmula con que se suele describir el *compromiso,* aunque la resolución del conflicto no implique que ambas partes cedan lo mismo. Estas soluciones de compromiso suelen darse después de un *impasse* o callejón sin salida, cuando ambas partes sienten que no pueden avanzar más en sus negociaciones. El riesgo es que las partes renuncien al 50% que, en ese caso particular, querían o necesitaban. Quizás ambos salgan insatisfechos de la situación de compromiso, sin haber realizado el esfuerzo para alcanzar una solución colaborativa. Una de las más frecuentes situaciones de compromiso que se da en los equipos es cuando éstos resuelven algo que favorece a algunos de sus miembros (v. gr., que el equipo se tome franco un día viernes), a cambio de decidir algo que favorece a los restantes en la situación siguiente (tomarse el día franco un lunes).

El resultado más corriente de un abordaje de la negociación que se apoye en la *competencia* es que unos ganen y otros pierdan. La persona de más poder (por lo común en términos de dinero, tiempo, recursos e idoneidad comunicativa) suele ser el competidor más favorecido y el que gana. La competencia puede provocar en las otras partes una actitud defensiva que los aliente a asumir posturas irreductibles e inamovibles. Los miembros del equipo más elocuentes, o de más fuerte personalidad, pueden creer que sus decisiones son siempre las mejores para el equipo, y quizá traten de imponerlas. Los miembros menos poderosos se hallarán en la difícil situación de tener que competir con los poderosos para que el equipo tome en cuenta sus deseos.

Estos estilos de manejo del conflicto son adecuados para situaciones bien definidas. Cuando el conflicto es temporario o secundario, los miembros del equipo podrán recurrir a la evitación o a la acomodación sin grandes perjuicios. Si ambas partes definen claramente la situación y el modo de abordar el conflicto, ambas pueden involucrarse en una relación de competencia, pero manejando dicho conflicto. Si las partes intentaron colaborar pero no pudieron, el compromiso puede ser una alternativa útil. Una metodología de *colaboración* es preferible para aquellos grupos –en particular los equipos basados en la producción de conocimiento– que precisan un método que respete la expresión de las necesidades de los demás y, a la vez, posibilite expresar libremente las propias necesidades y deseos.

La toma de decisiones y el manejo del conflicto por medio de la colaboración parten de la base de que las partes tienen como objetivo central alcanzar un acuerdo satisfactorio para ambos. La colaboración funciona bien cuando las personas deben trabajar juntas para cumplir con la tarea que tienen entre manos, ya se trate de adoptar una decisión respecto de un problema o de desarrollar un nuevo producto. Este compromiso no implica que se conviertan en grandes amigos, ni siquiera que coincidan forzosamente entre sí. El compromiso colaborativo apunta a "ampliar la torta", creando opciones y soluciones suficientes como para que cada parte encuentre el acuerdo satisfactorio. Con frecuencia, estos acuerdos colaborativos no incluyen las posturas "iniciales" de los individuos. Si el cuestionamiento es cuidadoso y la atmósfera apropiada para una resolución creativa de los problemas, las personas trascienden esas posiciones y jerarquizan en cambio los intereses a cuyo servicio están.

Los equipos enfrentan numerosas situaciones en que necesitan colaborar sobre ciertas decisiones y manejos del conflicto. Por ejemplo, un equipo de desarrollo de productos requiere un alto grado de colaboración para vislumbrar, diseñar y desarrollar con eficacia un producto nuevo (McDermott, 1995). Tendrá que colaborar en puntos clave que involucran el rumbo futuro del proyecto y resolver los temas que surjan durante el desarrollo del producto. Los sistemas colaborativos ayudan a los miembros a avanzar en común eficaz y eficientemente, porque ofrecen la posibilidad de utilizar la colaboración en forma creativa y la libertad para zafar de las conductas defensivas que llevan al estancamiento.

El aprendizaje del manejo del poder

El manejo del poder se refiere a la necesidad de los miembros del equipo de reconocer sus diferencias (de estatus, de personalidad, de idoneidad) y trabajar con ellas. También se vincula con la necesidad de encontrar en las situaciones conflictivas un "equilibrio de poder" que permita llegar a un acuerdo equitativo para todos los involucrados. El logro de esos complicados equilibrios de poder plantea numerosos desafíos. ¿Cómo saber quién posee mayor poder? ¿Qué supuestos orientan nuestros juicios acerca de los desequilibrios de poder? Por ejemplo, el hecho de que una persona tenga una posición más alta que otra dentro de una organización, ¿significa automáticamente que tiene más poder que la de menor posición? Recientes análisis sobre el poder en la mediación en el manejo de un conflicto han revelado que más importante que determinar quién tiene más poder y cómo corregir los desequilibrios es facilitar que cada individuo recupere su capacidad para comunicar/se y para elegir sus opciones (Domenici, 1996). A medida que los miembros del equipo aprenden a manejar la dinámica del poder, también aprenden a realizar elecciones reflexivas acerca de cómo, cuándo y dónde pueden contribuir mejor a las discusiones y decisiones.

Bush y Folger (1994) han establecido, asimismo, la importancia del *empowerment* en la mediación. Su definición más simple es la siguiente: "El *empowerment* implica restaurar a un individuo el sentido de su propio valor y fortaleza, así como de su capacidad para manejar los problemas de la vida" (pág. 2). Como las partes en conflicto suelen sentirse temerosas, desorganizadas e inseguras acerca de su próximo paso, tienen que encontrar la forma de crear un ambiente en que puedan obrar con mayor confianza y organicidad. Un individuo se siente potenciado cuando:

1. Obtiene mayor claridad acerca de qué le interesa y qué es importante para sí.
2. Conoce sus objetivos e intereses y por qué son importantes.
3. Toma conciencia de la gama de opciones disponibles y del control que posee sobre ellas.
4. Aumenta su habilidad para el manejo del conflicto, aprendiendo a escuchar, a comunicarse, a organizar, a proponer ideas y a evaluar soluciones.
5. Sabe reflexionar, deliberar y adoptar decisiones conscientes sobre el rumbo que se debe tomar.
6. Evalúa perfectamente las virtudes y defectos propios y de la otra parte, y formula sus decisiones a la luz de esta evaluación (Bush y Folger, 1994, pág. 87).

En un sistema de mediación, los individuos pueden potenciarse recíprocamente si se recuerdan unos a otros estas seis pautas para restablecer en sí mismos la autoconfianza y la autovaloración (*self-empowerment*). Por ejemplo, en consonancia con cada una de ellas podría formularse el siguiente comentario:

1. "Entiendo que el hecho de que tu nombre figure en primer lugar entre los autores del artículo es importante para ti. Realmente te gustaría sentir que la investigación te pertenece en alguna medida." (Darse cuenta más claramente de lo importante.)
2. "Parece que tú deseas que este proyecto esté terminado antes de que pasemos a la próxima etapa." (Objetivos importantes y motivo de que lo sean.)
3. "Estamos analizando unas cuantas opciones. Algunas de ellas se ajustan mejor que otras a las necesidades de todos. ¿Cuál de ellas defenderá cada uno?" (Conciencia de la gama de opciones y de su control.)
4. "Veamos si te entendí correctamente: a ti te gustaría que se hicieran cinco pruebas piloto antes de pasar a la próxima etapa. ¿Te capté bien?" (Énfasis en la habilidad para la comunicación.)
5. "Tú ya has reflexionado mucho sobre esto y has tomado una decisión de la que te sientes seguro." (Adopción de decisiones conscientes.)

6. "Ahora que tenemos un buen panorama de lo que cada uno de nosotros aporta a este proyecto, ¿podemos avanzar de un modo que permita a cada uno hacer el mejor trabajo posible?" (Adoptar decisiones a la luz de las virtudes y defectos.)

Cuando las personas sienten una mayor autonomía, autovaloración y seguridad, no tienen dificultades en avanzar con medidas que mejoren la productividad general sin tener que detenerse a averiguar dónde está parado cada uno.

El aprendizaje del manejo del proceso

En un sistema de mediación, quienes trabajan juntos en grupo o en equipo deben manejar sus propios procesos de conflicto. Esto es, deben tomar algunas decisiones clave sobre el *proceso* que emplearán para manejar los conflictos y adoptar decisiones. Cuando aprenden la importancia del proceso y su relación con el contexto específico en cuestión, no sólo se interiorizan del "qué" de su trabajo sino además del "cómo". En la administración de procesos, los miembros del equipo toman decisiones sobre los procesos que utilizan basándose en dos fuentes: los procedimientos preestablecidos por la organización (por ejemplo, una norma para la toma de decisiones) y las reglas y formato que el equipo estableció para sí mismo, como marco informal de las reuniones del equipo (Barker, 1996). Lo más importante es que en el equipo debe haber un alto grado de consenso en cuanto a la forma en que serán liderados y conducidos sus procesos de comunicación. Hemos encontrado que la creación de un sistema de mediación exige a los miembros del equipo explorar los cuatro interrogantes siguientes, relacionados con los procesos de liderazgo y conducción del equipo:

1. ¿Qué tipo de liderazgo del proceso se aplicará? Los equipos pueden decidir utilizar un solo líder –liderazgo personalizado-, un liderazgo rotativo, o un liderazgo compartido. El hecho de escoger una persona como conductora del proceso no le otorga a ésta ningún poder en el proyecto, mas allá del manejo del proceso en sí. El conductor aclara la comunicación entre

los miembros o impide que haya equívocos y ayuda al equipo a manejarse ante el conflicto –lo que lo convierte en algo parecido a un mediador "pre-insertado" en el sistema de trabajo del equipo. Frecuentemente, el líder o conductor del proceso también es llamado facilitador. Por lo general, el facilitador es la persona que ayuda al grupo a liberarse de los obstáculos o dificultades internos y externos para que pueda concretar en forma eficaz y eficiente los resultados estipulados para la sesión (Kayser, 1994). En tales situaciones, una regla práctica consiste en que los miembros del equipo controlen el contenido del debate y el facilitador controle o maneje el proceso (Prosperity Institute, 1994). Cuando llegue el momento de dar su opinión sobre el contenido, el conductor podrá cambiar de papel, pero mientras sea conductor no impondrá sus juicios o dará soluciones al equipo. A fin de manejar con eficacia el proceso, el conductor-/facilitador debe recordar lo siguiente:

a) ¿Cuál es el objetivo o el resultado deseado de la sesión?
b) ¿En qué dirección está avanzando efectivamente el grupo? ¿Se dirige al logro del objetivo o resultado buscado?
c) ¿Hay alguna diferencia entre las respuestas a a) y b)?
d) Si la hay, el conductor quizás necesite intervenir para reencaminar al grupo hacia el objetivo o resultado buscado.

Muchos equipos productores de conocimiento deciden utilizar diversos esquemas de conducción rotativa de procesos. Los líderes rotativos de procesos pueden turnarse en el manejo de los mismos, identificando las etapas del desarrollo del proyecto o dividiendo de acuerdo con el calendario el tiempo que el equipo debe dedicar a cada problema concreto. Si un nuevo conductor reemplaza al anterior, el equipo deberá aclarar los problemas de proceso o los desafíos que enfrenta en ese momento. En el caso de los equipos muy participativos, es útil que instauren este control del proceso para que opere en intervalos regulares, ya sea que cambie o no de conducción.

Un tercer método de conducción del proceso en los sistemas de mediación consiste en la conducción compartida. Para que funcione, es esencial que todos los integrantes del equipo adhieran firmemente a los objetivos del mismo y comprendan que para alcanzarlos deben trabajar de común acuerdo. Además, en un esquema de conducción compartida, también tendrán que acordar cómo pueden intervenir en sus propios conflictos. Si un miembro del equipo siente que éste se ha apartado del temario, debe poder decir sin vacilaciones: "Me parece que estamos hablando de la cuestión financiera en vez de ocuparnos del desarrollo tecnológico, como habíamos dicho. ¿No lo creen? ¿Volvemos al tema de la tecnología o resolvemos cambiar los planes y pasar a discutir el problema financiero?". Si los demás miembros coinciden en que se han descaminado, no les costará mucho volver a encaminarse. Si alguien discrepa y manifiesta que, según él, van por el camino correcto, tal vez el grupo necesite (a sugerencia de alguno de sus integrantes) hacer un intervalo para el "control del proceso" y la discusión del rumbo que quieren seguir. Si el debate se vuelve particularmente tenso, el grupo puede solicitar a alguno de sus integrantes que actúe en dicho debate como conductor del proceso.

2. Tal como ya mencionamos, las reglas o pautas básicas pueden provenir del departamento de diseño de programas de la organización, del conductor del proceso o del equipo mismo. Las más eficaces son las que favorecen una conducta respetuosa y cortés con los demás, como las siguientes: "Hablará una persona por vez. No están permitidos los ataques personales. Todos los comentarios que se hagan deberán ser breves y concisos". Quizás el equipo necesite fijar pautas relacionadas con la tarea entre manos; por ejemplo: "Los miembros del equipo asentarán su hora de llegada (en la computadora, máquina de registro horario, etc.), y si precisan quedarse fuera de hora lo notificarán a otros miembros o al conductor del proceso. La última persona que se retire de la oficina apagará las luces, la computadora, llevará las tazas de café a la cocina y cerrará la puerta con llave". El equipo puede distribuir estas normas básicas en un instructivo o imprimir un póster y colgarlo en la pared. Ellas servirán a los conductores del proceso como recordatorio para los miembros.

3. Con el fin de focalizarse en la tarea y mantenerse siempre dirigido a ella, el equipo necesita, asimismo, una agenda clara que ordene el curso de acción. Esta agenda crea un conjunto de supuestos comunes para todos los participantes involucrados.

Dado que la mayoría de los miembros del equipo llegan al proyecto y a las tareas específicas con percepciones, premisas e ideas diferentes, es bueno que el equipo confeccione una agenda específica para cada sesión y otra para el proyecto en su conjunto.

4. Al comienzo de sus procesos de trabajo, los equipos muy participativos deben establecer una buena metodología para tomar decisiones. Como los sistemas de mediación son más colaborativos que competitivos, la norma suele ser que sus acuerdos sean consensuados. Aquí entendemos por *consenso* una solución con la que cada miembro del equipo concuerde plenamente o acepte prestarle apoyo. Si los miembros del equipo sienten que han contribuido personalmente a la decisión común, se sentirán más unidos y comprometidos, y sentirán que la decisión adoptada les pertenece en mayor medida. Por otra parte, prestar apoyo a una idea no significa necesariamente coincidir con ella. Las decisiones por consenso hacen avanzar al grupo hacia su objetivo final con grandes posibilidades de que su instrumentación futura tenga éxito (Prosperity Institute, 1996).

El aprendizaje de técnicas para cuidar la imagen

"Cuidar la imagen" implica el deseo de mantener una buena imagen pública durante interacciones interpersonales o grupales. Dados los estrechos confines interpersonales del trabajo en tareas de conocimiento, los miembros del equipo deben estar atentos a los momentos en que se ponga en juego el prestigio de alguien. En las situaciones conflictivas, una persona puede ver amenazado su prestigio o sentir que se torna vulnerable. No obstante, en los sistemas de mediación, la posibilidad de dejar a salvo el prestigio forma parte natural del manejo del conflicto por parte del equipo (Domenici, 1996). Si la mediación es parte indisoluble de dicho manejo, los miembros recurrirán a habilidades comunicativas que mantendrán bien alto el prestigio de todos reduciendo la posibilidad de que surjan conductas defensivas. Las habilidades comunicativas que exponemos en la sección siguiente ofrecen diversas formas de mantener y sustentar el prestigio de cada cual.

Un método eficaz para que los miembros del equipo puedan preservar su "imagen" es tratar de "separar a la persona del problema" (Fisher y Ury, 1981). Fagre (1995) sostuvo que los conductores de procesos (*process managers*) o mediadores eran como "administradores de imagen" (*face managers*) que saben separar las cuestiones vinculadas a las relaciones (personas) de las vinculadas al contenido (problemas). Un conductor de procesos debe insistir en tratar esas dos cuestiones como elementos diferentes del temario; en un caso concreto, podría decir algo así: "A ti te parece muy importante que discutamos los motivos de que haya sido promovido tu compañero y no tú, pero también parece importante tener en cuenta los plazos inminentes para el proyecto que tenemos entre manos. ¿Cuál de estas dos cosas discutiremos primero?".

Si una situación conflictiva crea una atmósfera de incomodidad o inseguridad, es más probable que los miembros del equipo incurran en conductas de evitación o de escalada. Si el sistema de mediación alienta la búsqueda de puntos comunes y facilita un tipo de debate que permita a los miembros mantener su imagen, es muy posible que el resultado sea una toma de decisiones colaborativa.

Objetivos y habilidades comunicacionales para un sistema de mediación operativo

Los cinco elementos de un sistema de mediación (creación de un ambiente de trabajo seguro, aprendizaje de la comunicación colaborativa, del manejo del poder, del manejo del proceso y de métodos que dejen a salvo el prestigio de los miembros) se vuelven manifiestos en los procesos comunicacionales del equipo a medida que éste trabaja conjuntamente y maneja sus conflictos. Los equipos pueden entonces crear un sistema de mediación operativo centrándose en siete objetivos específicos para comunicarse acerca de los conflictos (Domenici y Littlejohn, 1996; Littlejohn y Domenici, 2000), y en las siete habilidades correspondientes que permiten dialogar en su tránsito a través del conflicto cuando éste se produce.

En la Figura 1, tomada de Domenici y Littlejohn (1996; Littlejohn y Domenici, 2000), presentamos los siete objetivos y habilidades discursivos y comunicacionales que constituyen el sistema de mediación del equipo. Ellos reflejan en muchos aspectos los utilizados por mediadores profesionales que actúan como terceros en la resolución de conflictos familiares, escolares, en la justicia y en los lugares de trabajo. Sostenemos que los miembros del equipo pueden apoyarse en esos mismos objetivos y habilidades con el fin de manejar más eficazmente sus propios conflictos. Pueden tomar conciencia de los objetivos que en un momento dado no se están cumpliendo (digamos, si el equipo está estancado y no avanza en el manejo de la disputa, o

Figura 1. Objetivos y habilidades comunicacionales
en un sistema de mediación

Objetivo	Habilidad	Ejemplo
Comprensión	Habilidad comunicacional para la comprensión	*"Tengo motivos válidos para esto"*
Reconocimiento y respeto	Habilidad comunicacional para el reconocimiento y respeto	*"Veo que tú también tienes motivos válidos"*
Conciencia social	Habilidad comunicacional para la conciencia social	*"A este conflicto lo hemos producido juntos, y juntos tendremos que encontrarle una salida"*
Avance	Habilidad comunicacional para el avance	*"Para salir de este estancamiento necesitamos nuevas pautas"*
Definición del tema en disputa	Habilidad comunicacional para la definición del tema en disputa	*"Estos son los temas que nos dividen"*
Deliberación	Habilidad comunicacional deliberativa	*"Todas las opciones tienen pros y contras"*
Decisión	Habilidad comunicacional decisoria	*"Ahora hemos elegido"*

si sus miembros se debaten en una lucha interna sin percatarse de las cuestiones que los dividen), y aprender los procedimientos comunicativos adecuados que reorientarán sus esfuerzos hacia un episodio productivo dentro del conflicto (v. gr., un miembro procura enunciar el tema en disputa que parece dividirlos).

A través de la Figura 1, no deseamos presentar la mediación en equipo como un proceso rigurosamente lineal. En el diagrama, los siete objetivos y habilidades se presentan de un modo lineal y es posible que no capten de manera realista el carácter complejo, flexible y cambiante del conflicto en los equipos. Por ejemplo, mientras los miembros deliberan sobre las opciones que hay frente a una determinada decisión, tal vez dos de ellos lleguen a darse cuenta de que no comprenden sus respectivos puntos de vista, y surge así un conflicto. En tal caso, la comunicación del equipo puede retrotraerse de la etapa de deliberación a la de comprensión. Una vez que esos miembros alcanzan mayor claridad sobre sus posiciones, el equipo puede volver a deliberar. Entendemos la Figura 1 como la representación de un repertorio de objetivos y habilidades que entran en juego en diversos puntos del proceso. Al perfeccionar su sistema de mediación, los miembros del equipo aprenderán a reconocer en qué momentos necesitan aplicar una habilidad particular para lograr el objetivo que permita al equipo seguir focalizado en el conflicto que tiene entre manos.

Objetivo y habilidad de mediación No. 1: Comprensión

La *comprensión* se refiere a que los miembros del equipo conozcan no sólo la posición de los otros miembros acerca del tema en disputa, sino los supuestos más profundos que ellos puedan tener acerca de ese tema. En esencia, todos tenemos "buenos motivos" que sustentan nuestras creencias, apetencias y deseos, y, por ende, también tenemos buenos motivos para participar en conflictos sobre esas creencias, apetencias y deseos. A fin de que la mediación sea eficaz, tenemos que poder compartir esos buenos motivos con otros miembros del equipo, y ellos deben compartir los suyos con nosotros. Muchas veces, quienes participan en un conflicto no tienen en claro los intereses, posiciones y preferencias de los demás, como tampoco los suyos propios. El objetivo de la comprensión propicia una mayor claridad entre los miembros y los ayuda a tomar importantes medidas en el plano comunicativo, que es como decir lo siguiente: "Esta es mi posición en este asunto y éstos son los motivos que tengo para defenderla. Veo que también tú tienes una posición al respecto".

La *habilidad comunicacional para la comprensión* designa un tipo de práctica discursiva tendiente a la clarificación y un tipo de escucha tendiente a la comprensión. En equipos muy participativos, la forma de hablar y de escuchar no es pasiva; son procesos activos que entrañan la adopción de decisiones permanentes en cuanto a la elección de las palabras y del camino que debe seguir la conversación dentro del equipo. Esta práctica comunicacional deliberada se centra en los intereses en lugar de centrarse en las posiciones de los miembros y se asemeja a un diálogo. Un diálogo es la clase de conversación o intercambio que, sin llevar necesariamente a un acuerdo, puede dar por resultado la comprensión y el respeto mutuo entre las personas. Para que se dé esta clase de conversación debe existir confianza mutua, lo cual subraya la necesidad de reglas básicas como las que antes referimos. En un diálogo, los miembros del equipo despliegan una escucha activa y procuran comprender el mensaje que intenta transmitirles quien está en el uso de la palabra. En vez de responder directamente con una enunciación cuyo propósito es contrarrestar la posición expresada por otro miembro, quien escucha apunta a la clarificación, para lo cual comenzará diciendo, por ejemplo: "Veamos si te entendí correctamente. Tú dices que para lograr X, primero necesitamos hacer Y". Las destrezas discursivas de comprensión pueden exigir a los "oradores" abstenerse de emitir sus propias opiniones hasta que el mensaje previo haya sido aclarado y comprendido a su entera satisfacción.

Objetivo y habilidad de mediación No. 2: Reconocimiento y Respeto

Para que los miembros del equipo cumplan con el objetivo de *reconocimiento y respeto* no tienen que coincidir entre sí ne-

289

cesariamente, sino comprender por qué los demás toman una posición diferente de la propia. En los equipos muy participativos y productivos, los miembros de hecho deben discrepar entre sí para analizar con eficacia las decisiones difíciles. Sin embargo, esto sólo se consigue si reconocen las razones o motivaciones que hay detrás de una posición conflictiva y respetan los motivos de un compañero de equipo que sustente una postura distinta. Si hay *reconocimiento y respeto*, los miembros del equipo podrán decir: "No coincido contigo, pero entiendo que también tú tienes buenos motivos para pensar así".

La *habilidad comunicacional para el reconocimiento y respeto* es la que recurre a buenas preguntas y alienta a los miembros a compartir con los demás no sólo sus posturas firmes, sino también sus dudas e incertidumbres. Las preguntas que promueven el diálogo e indican respeto hacia el otro suelen estimular a los compañeros de equipo a hablar en forma franca y directa. Un sujeto designado como conductor del proceso puede señalarle a un miembro: "María, por favor coméntale a Jaime cuál es tu reacción frente a su propuesta". Este tipo de comunicación pretende, además, compartir inquietudes, reconociendo que dentro de la discrepancia puede haber puntos en común: "Tres de ustedes han dicho que el plazo fijado puede constituir un inconveniente. Me gustaría saber qué piensa sobre esto el resto del equipo". Luego, los miembros o el conductor del proceso pueden admitir sin tapujos los buenos motivos manifestados durante la discusión: "Javier está convencido de que el producto químico X tendrá efectos adversos en el experimento. Es importante que antes de seguir adelante aceptemos y evaluemos su inquietud".

Objetivo y habilidad de mediación No. 3: Conciencia social

Cuando un equipo se ocupa de un conflicto, la mera comprensión y respeto por las opiniones y sentimientos de los demás pueden no ser suficientes para ir más allá de la primera etapa. A menudo, los miembros del equipo no se dan cuenta de que muchos de los problemas que se les presentan para abordar los conflictos derivan de sus propias pautas de comunicación

(Pearce, 1989). Por ejemplo, si un equipo ha establecido como pauta que se inculpe a aquellos miembros que sacan a relucir las dificultades, tal vez le cueste lograr el grado de comprensión mutua necesario para seguir avanzando. Si esa pauta de inculpación o las discusiones inoportunas acerca de lo que está bien y está mal entorpecen la productividad del grupo, sus miembros tendrán que procurar como objetivo la conciencia social. En vez de buscar culpables o de averiguar quién es el causante del obstáculo actual, necesitan "ver" que en la creación del conflicto están todos involucrados. Pondrán más atención en su interacción si pueden decirse unos a otros: "Este conflicto lo hemos producido juntos, y juntos tendremos que encontrarle una salida".

La *habilidad comunicacional para la conciencia social* reconoce las conexiones y relaciones existentes entre los miembros del equipo y sus ideas, así como los efectos de las pautas de interacción que el equipo ha desarrollado a lo largo del tiempo. Las preguntas sistémicas (Pearce y Littlejohn, 1997) están destinadas a hacer transitar a los miembros del equipo por distintos puntos del sistema, a ver éste desde diferentes ángulos y a formarse un cuadro y un cúmulo de conocimientos sobre un sistema de interacciones más amplio. Una pregunta sistémica puede, por ejemplo, inquirirle a María cuál cree ella que ha sido el efecto que tuvo en su trabajo la tardanza de Tomás, para luego inquirirle a Tomás de qué modo piensa él que su tardanza afecta al grupo. Las preguntas sistémicas presentan alguna combinación de estos cuatro factores: 1) Pueden centrarse en las diferencias entre las cosas: "¿En qué sentido la reacción de Juana ante este plan estratégico difiere de la suya?". 2) Pueden instar a efectuar comparaciones: "¿Quién saldrá beneficiado si se adopta esa decisión?". 3) Pueden plantear formas de puntuar los sucesos: "Si no tuviéramos el problema de la restricción financiera, ¿cómo podría progresar nuestro equipo?". 4) Pueden pedir a los miembros del equipo que expresen sus conjeturas acerca del resultado de ciertas interacciones: "Si persiste la actual pauta de comunicación entre nosotros, ¿qué crees tú que sucederá con nuestro proyecto dentro de dos semanas?". Las respuestas a estos interrogantes permiten a los miembros apreciar sus conexiones y darse cuenta de que todos ayudaron a crear la situación conflictiva.

Objetivo y habilidad de mediación No. 4: Avance

Estrechamente relacionado con el objetivo de la conciencia social se encuentra el del *avance*. Si los miembros del equipo se hallan aparentemente "atascados" en sus pautas de interacción, necesitarán forjar nuevas maneras de hablar sobre la tarea que tienen entre manos. Tal vez, los participantes deban dejar atrás la identificación de "la persona con el problema", como ya vimos, y considerar al equipo como un sistema en el que la conducta de cada uno es un movimiento entre muchos posibles, todos los cuales están interrelacionados. Avanzar hacia un nuevo espacio es imaginar un nuevo futuro, nuevas formas de interacción para salir del "atascamiento".

La *habilidad comunicacional para el avance* es un tipo de comunicación que genera recursos positivos para el cambio. Los equipos atascados en un callejón sin salida necesitan una sacudida leve o fuerte con el fin de "superar la fase crítica" que suele sobrevenir a raíz de las pautas de interacción repetitivas o indeseadas. Con una indagación apreciativa (Pearce y Littlejohn, 1997; Srivastva y Cooperrider, 1990) se invita a los miembros a "mirar hacia adelante". Las personas comprometidas con el equipo quizá resuelvan que deben dejar de reproducir un problema grave con sus pautas de interacción poco saludables. La comunicación basada en la indagación apreciativa ayuda a los miembros a buscar en su sistema las virtudes ocultas que podrían mover al equipo e impulsarlo a cambiar. Las preguntas y comentarios se efectúan en un espíritu de sana curiosidad. Un miembro o el coordinador del proceso pueden preguntar, por ejemplo, cómo está funcionando una determinada parte del sistema, cómo podría funcionar mejor y qué mecanismos será necesario aplicar para encaminarla: "Me sorprende la cantidad de informes que usted y Juan pudieron preparar en dos semanas. ¿Podría contarnos algo más acerca del procedimiento que utilizaron para lograrlo?"

En la indagación apreciativa, el equipo dedica un tiempo mínimo al "problema"; prefiere dedicarlo a describir la situación. Al invitar al equipo a que mire hacia adelante, la conversación sistémica favorece que los participantes imaginen diversos "desenlaces posibles". Nótese que la siguiente enunciación, lejos de reproducir el problema, introduce en la conversación nuevas formas de pensar: "Veo que a todos nos preocupa cuál sería el mejor enfoque para la comercialización de este producto. Hay dos que querrían dar el salto y mostrarlo esta misma semana en los medios. Tres de nosotros preferimos ser más cautelosos y esperar a que lleguen las pruebas definitivas. Me parece verdaderamente interesante que todos coincidamos en los datos que deben difundirse y el método de comercialización, y me impresiona el entusiasmo que tenemos con este producto. Propongo que cada uno comente cómo vislumbra que debería ser la calidad del producto". Estos comentarios no dedican mucho tiempo a las posiciones individuales, sino que amplían el contexto con el fin de sortear la fase crítica.

Objetivo y habilidad de mediación No. 5: Definición del tema en disputa

Los tres últimos objetivos y habilidades ayudan a los miembros del equipo a construir una relación de trabajo positiva, en la que puedan conversar sobre sus tareas y conflictos en forma provechosa. Una vez que el equipo ha alcanzado este punto en su capacidad de comunicación mutua, puede comenzar a trabajar en un conjunto distinto de objetivos. Si los miembros identifican las opciones realistas que se presentan al equipo, deberán empezar a elaborar una definición del tema en disputa (proceso también denominado "encuadre del tema en disputa"). Sólo después de haber definido sus preferencias, el equipo podrá avanzar en la toma de decisiones. Al precisar sus diferencias, tal vez se escuchen comentarios de este tipo: "Éstos son los temas que nos dividen". Los miembros ya están en condiciones de esbozar una serie de opciones para sí.

La *habilidad comunicacional para la definición del tema en disputa* permite a los miembros del equipo puntuar sus diferencias y alternativas correspondientes, encuadrándolas cuidadosa y reflexivamente en los episodios del conflicto. Los mediadores tradicionales suelen ayudar a los disputantes a definir con claridad sus divergencias. Si los miembros del equipo disciernen los temas que los dividen, pueden ocuparse de ellos de a uno por vez. En cada caso, podrán involucrarse o iniciar una propuesta espontánea de ideas creativas y enumerar diversos enfoques posibles u opciones sobre la cuestión discutida. En la etapa de la definición del tema en disputa, el foco siempre está puesto en lo que podría hacerse, no en lo que algún miembro del equipo preferiría personalmente. El equipo podrá descartar luego las ideas que no son realistas y reunir las restantes en unos pocos enfoques generales del problema, poniéndolos "sobre la mesa" para su discusión. En tales circunstancias, puede ser conveniente que se recurra al pizarrón, a un rotafolio o a hojas de papel comunes. Poner por escrito el contenido del debate permite separar el problema de las personas y dejar a salvo el prestigio de alguien, si se corre el peligro de que los demás olviden que la propuesta fue suya.

Objetivo y habilidad de mediación No. 6: Deliberación

La *deliberación* se refiere a la exploración sistemática de las opciones que encontró el equipo, y es un requisito fundamental para los equipos basados en el conocimiento (Purser y otros, 1992, pág. 21). En su transcurso, el equipo tendrá que evaluar con cuidado las consecuencias de cada opción y los pros y contras del camino futuro que cada una implica. Si la deliberación tiene lugar en un clima de respeto mutuo, ayuda a preparar a los miembros para que tomen la decisión que resuelva el conflicto mientras reconocen las inquietudes profundas que los llevaron a preferir esa opción particular. Cuando la deliberación tiene éxito, las partes pueden declarar: "Todas las opciones tienen pros y contras", suavizando las posturas polarizadas y tornándose más capaces de colaborar en dicha decisión.

En la *habilidad comunicacional deliberativa*, el equipo ponderará las opciones y tratará de formarse un panorama más claro acerca de las concesiones mutuas que cada una entraña. El objetivo de esta etapa es comprender los buenos motivos que tiene cada miembro para inclinarse en favor de una determinada opción. Los equipos confían en que se reconozcan las inquietudes profundas y las experiencias que los llevaron a adoptar sus decisiones; la charla deliberativa representa una "prueba de realidad" sistemática de cada opción. En su transcurso, el equipo tal vez decida los criterios que se emplearán para juzgar las opciones y adoptar decisiones. Muchos equipos emplean a tal fin el método llamado WADU*: factibilidad, accesibilidad financiera, conveniencia, utilidad (Prosperity Institute, 1996). Si la deliberación tiene lugar en un ambiente seguro y todos los objetivos anteriores ya fueron alcanzados, los miembros del equipo suavizarán sus posiciones previas y comenzarán a trabajar en pos de soluciones colaborativas.

Objetivo y habilidad de mediación No. 7: Decisión

Cuando la discusión del equipo llega al punto en que tiene lugar una *decisión*, los procesos más saludables para hacerlo son los que cumplen con todos los objetivos mencionados. Es decir, alcanzados los seis objetivos previos y las seis habilidades correspondientes, el equipo está ya en condiciones de tomar una decisión "sana": eficaz respecto de sus necesidades y capaz de preservar la integridad de los valores y el entorno social del equipo. Puede hacerlo recurriendo a cualquier método previamente acordado por sus integrantes, preferentemente uno definido desde el comienzo del proceso decisorio, cuando se creó el equipo o se inició el proyecto. Ya sea que utilicen el consenso o el voto mayoritario, los miembros conocen ya las opiniones y preferencias de sus compañeros y, por lo tanto, pueden realizar elecciones más reflexivas y mejor informadas.

Preparado el terreno por una cuidadosa deliberación, la *habilidad comunicacional para la decisión* del equipo determinará las selecciones y decisiones en esta última etapa. El consenso constituye una parte vital de los procesos de trabajo de un equi-

---

* La sigla WADU corresponde a las iniciales de las cuatro palabras inglesas: workability, affordability, desirability, usability. (N. del T.)

po (Barker, 1996). Cuando la decisión se adopta por consenso, los miembros tal vez escojan una opción "tolerable", aunque no necesariamente todos concuerden con ella. Este tipo de elecciones salva el prestigio de los individuos que han manifestado anteriormente con todo énfasis opiniones en contra, a las que ahora deben renunciar. En muchos aspectos, la conversación decisoria es un proceso de "edificación del prestigio", que permite que los miembros sigan adelante con un acuerdo efectuado en bien del proyecto. Además, esta etapa final de una clara y deliberada conclusión les permitirá experimentar el grado de compromiso y pertenencia con el proyecto necesario, para que éste pueda seguir adelante de modo confiable. Involucrados en el proceso desde su inicio, los miembros del equipo pueden cumplir un papel activo, y no pasivo, en el manejo de conflictos cuando se les crucen en el camino.

Conclusiones

En este artículo hemos descripto la aplicación de prácticas de mediación en organizaciones que emplean equipos sumamente participativos en tareas de producción de conocimiento. Luego de revisar las diversas aplicaciones de la mediación, hemos argumentado que las organizaciones que se basan en equipos no necesitan recurrir al método tradicional de mediación de un tercero imparcial: pueden utilizar la mediación como un método sistémico que los miembros del equipo usarán en el manejo de sus propias diferencias y disputas. Como procedimiento sistémico para comunicarse acerca de los conflictos que se presentan en el equipo, la mediación se convierte en *un método permanente para manejar los conflictos cotidianos que se les presentan a los propios miembros*.

Hemos mencionado que la capacitación del equipo en mediación suele complementar otros programas interpersonales o grupales de formación que reciba dicho equipo, pero queremos manifestar con toda claridad que, si una organización desea instrumentar un sistema de manejo del conflicto como éste, debe destinarle recursos. Además de tiempo y dinero, tendrá que lograr la adhesión de todos los participantes a esta clase de mediación y de comunicación. Los instructores de mediación (Domenici y Littlejohn, 1996) recomiendan que para iniciar la tarea del equipo se ponga en marcha un programa de capacitación de veinte horas en el sistema de mediación. Una vez comenzada la tarea, los miembros deberán revisar y verificar en forma periódica, por sí mismos, si el sistema funciona bien. Una manera de lograrlo es intercalar en su horario de trabajo reuniones de "información" o de discusión de algún episodio conflictivo reciente. Tal vez, los directivos o conductores de la organización deseen poner en práctica sesiones de "control del proceso", en las que se tome nota del progreso general que logra el equipo en cuanto a su capacidad para comunicarse de un modo que favorezca el manejo eficaz de los conflictos.

El enfoque que hemos expuesto refleja una orientación muy pragmática y preventiva respecto de los conflictos del equipo, tendiente a crear un ambiente de trabajo que éste pueda mantener a lo largo del tiempo, y que es particularmente apropiado para las tareas de conocimiento. En un sistema de mediación, la forma en que los miembros del equipo se comunican o las prácticas comunicacionales que utilizan los mantiene centrados en la tarea que tienen entre manos y reduce al mínimo los ataques personales disgregadores, las conductas que hieren los sentimientos de los demás y la adopción de cursos de acción ocultos. Las prácticas comunicativas de los miembros del equipo en un sistema de mediación son, más que un "vendaje", un procedimiento preventivo que les enseñará cómo encontrar por sí mismos soluciones creativas. Una vez que hayan desarrollado pautas constructivas de comunicación conjunta, se sentirán más aptos para manejar sus disputas y vacilarán menos en sacar a relucir los conflictos cuya dilucidación se vuelve necesaria para que puedan adoptar decisiones eficaces.

Referencias bibliográficas

Ammeter, T.P. y Dukerich, J.M. (1997), "Project Team Identification as a Measure of Project Team Success". Trabajo presentado al Fifth Annual Advanced Concepts Conference on Work Teams. Dallas, Texas, mayo.

Barker, J.R. (1993), "Tightening the Iron Cage: Concertive Control in Self-Managed Teams". *Administrative Science Quarterly, 38,* 408-437.

Barker, J.R. (1996), "Communal, Rational Authority as the Basis for Leadership on Self-Managing Teams". En: M.M. Beyerlein, D.A. Johnson y S.T. Beyerlein (Comps.). *Advances in the Interdisciplinary Studies of Work Teams. Volume 3.* Greenwich, CT: JAL, págs. 105-126.

Beyerlein, M.M. (1997), Ponencia de Apertura del Fifth Annual Advanced Concepts Conference on Work Teams. Dallas, Texas, mayo.

Bryman, A.; Bresnen, M.; Beardsworth, A.D.; Ford, J. y Keil, E.T. (1987), "The Concept of the Temporary System: The Case of the Construction Project". *Research in the Sociology of Organizations, 5,* 253-283.

Bush, R.A.B. y Folger, J.P. (1994), *The Promise of Mediation: Responding to Conflict Through Empowerment and Recognition.* (*La promesa de la mediación,* Ed. Granica, Buenos Aires, 1996). San Francisco: Jossey-Bass.

Constantino, C.A. y Sickles Merchant, C. (1996), *Designing Conflict Management Systems.* San Francisco: Jossey Bass.

Bush, R.A.B. y Folger, J.P. (2000), "La mediación transformadora y la intervención de terceros: los sellos distintivos de un profesional transformador". En: D. Fried Schnitman (Comp.). *Nuevos paradigmas en la resolución de conflictos. Perspectivas y prácticas.* Buenos Aires: Granica.

Cronen, V.E.; Pearce, W.B. y Snavely, L. (1979), "A Theory of Rule Structure and Forms of Episodes, and a Study of Unwanted Repetitive Patterns (URP)". En: D. Nimmo (Comp.). *Communication Yearbook 3.* New Brunswick: Transaction Press, págs. 225-240.

Domenici, K.L. (1996), *Mediation: Empowerment in Conflict Management.* Prospect Heights, IL: Waveland.

Domenici, K.L. y Littlejohn, S. (1996), "Creative Ideas for Experienced Mediators". Inédito. Department of Communication and Journalism, University of Nuevo Mexico, Albuquerque, New Mexico, 87131.

Druker, P.F. (1994), "The Age of Social Transformation". *Atlantic Monthly, 247* (5) 53-80.

Fagre, L. (1995), "Recognizing Disputant's Face Needs in Community Mediation". Trabajo presentado en el encuentro anual de la Western States Communication Association, Portland.

Filley, A.C. (1975), *Interpersonal Conflict Resolution.* Glenview, IL: Scott, Foresman.

Fink, C.F. (1968), "Some Conceptual Difficulties in the Theory of Social Conflict". *Conflict Resolution, 12,* 412-460.

Fisher, R. y Ury, W. (1981), *Getting to Yes: Negotiating Agreement without Giving in.* Nueva York: Penguin. (*Sí ¡de acuerdo! Cómo negociar sin ceder,* Colombia, Norma, 1985).

Johnson, D.W.; Johnson, R.T.; Dudley, B. y Magnuson, D. (1995), "Training Elementary School Students to Manage Conflict". *The Journal of Social Psychology, 135,* 673-686.

Katzenbach, J.R. y Smith, D.K. (1993), *The Wisdom of Teams: Creating the High-Performance Organization*. Boston: Harvard Business School Press.

Khor, K. (1995), "Violence-Plagued Schools Turn to Conflict Resolution". *Consensus: MIT-Harvard Public Disputes Programs*. Cambridge, MA, enero, págs. 1-9.

Kolb, D.M. (1994), *When Talk Works: Profiles of Mediators*. San Francisco: Jossey Bass.

Larson, C.E. y LaFasto, F.M.J. (1989), *Teamwork: What Must Go Right/What Can Go Wrong*. Newbury Park: Sage.

Littlejhon, S. y Domenici, K. (2000), "Objetivos de la comunicación y métodos de mediación". En: D. Fried Schnitman (Comp.). *Nuevos paradigmas en la resolución de conflictos. Perspectivas y prácticas*. Buenos Aires: Granica.

McDermontt, R. (1995), "Working in Public-Learning in Action: Designing Collaborative Knowledge Work Teams". En: M.M. Beyerlein, D.A. Johnson y S.T. Beyerlein (Comps.). *Advances in the Interdisciplinary Studies of Work Teams. Volume 2*. Greenwich, CT: JAL, págs. 35-39.

Mohrman, S.A.; Mohrman, Jr., A.M. y Cohe, S.G. (1995), "Organizing Knowledge Work Systems". En: M.M. Beyerlein, D.A. Johnson y S.T. Beyerlein (Comps.). *Advances in the Interdisciplinary Studies of Work Teams. Volume 2*. Greenwich, CT: JAL. págs. 61-91.

Nicotera, A.M. (1995), *Conflict and Organizations*. Nueva York: State University of New York Press.

Osburn, J.D.; Morgan, L.; Musselwhite, E. y Zenger, J.H. (1990), *Self-Directed Work Teams: The New American Challenge*. Homewood, IL: Business One Irwin.

Pearce, W.B. (1989), *Communication and the Human Condition*. Carbondale and Edwasville: Southern Illinois University Press.

Pearce, W.B. y Littlejohn, S.W. (1997), *Moral Conflict: When Social Worlds Collide*. Thousand Oaks: Sage.

Prosperity Institute (1996), *Basic Facilitator Skills Training Manual*. Albuquerque, NM: Prosperity Planning Institute.

Purser, R.E.; Pasmore, W.A. y Tenkasi, R.V. (1992), "The Influence of Deliberation on Learning in New Product Development Teams". *Journal of Engineering and Technology Management, 9*, 1-28.

Putnam, L. (1995), "Formal Negotiations. The Productive Side of Organizational Conflict". En: A.M. Nicotera (Comp.). *Conflict and Negotiation*. Nueva York: State University of New York Press, págs. 183-200.

Ruben, B.D. (1978), "Communication and Conflict: A System-Theoretic Perspective". *Quarterly Journal of Speech, 63*, 202-210.

Shailor, J.G. (1994), *Empowerment in Dispute Mediation: A Critical Analysis of Communication*. Westport, CT: Praeger.

Srivastva, S. y Cooperrider, D.L. (1990), *Appreciative Management and Leadership: The Power of Positive Thought and Action in Organizations*. San Francisco: Jossey-Bass.

Tenkasi, R. (1995), "The Socio-Cognitive Dynamics of Knowledge Creation in Scientific Knowledge Work Environments". En: M.M. Beyerlein, D.A.

Johnson y S.T. Beyerlein (Comps.). *Advances in the Interdisciplinary Studies of Work Teams. Volume 2.* Greenwich, CT: JAL, págs.163-204.

Watzlawick, P.; Beavin, J.H. y Jackson, D.D. (1967), *Pragmatics of Human Communication.* Nueva York: W.W. Norton.

Wiig, K. (1995), "Fostering Collaboration with Knowledge Management". *Proceedings of the 1995 International Conference on Work Teams.* The Interdisciplinary Center for the Study of Work Teams, University of Texas, Denton, TX.

CAPÍTULO 10

PETER LANG

EL APRENDIZAJE COMO CONTEXTO PARA EL CAMBIO ORGANIZACIONAL MEDIANTE PROCESOS DE *COACHING*

El filósofo Ludwig Wittgenstein previó, ya en 1928, la necesidad de llegar a una nueva comprensión de la comprensión y de examinar las pautas que la conectan. Una posición similar adoptó Gregory Bateson, uno de los autores más influyentes para quienes practican el gerenciamiento sistémico. Desde *Naven* (1935) y, en particular en *Pasos hacia una ecología de la mente* (1972), las pautas, "la pauta que conecta" y sus procesos de desarrollo (*patterning*), constituyeron uno de los grandes temas de interés e investigación de Bateson, tanto en el mundo biológico como en el social.

La *creación de significado* marca otro punto de convergencia entre ambos autores. Tanto para Wittgenstein como para Bateson las pautas y las conexiones están estrechamente ligadas al otorgamiento de significado o a la experiencia de que algo es significativo. La importancia de la construcción y otorgación de sentido radica en que cuando algo es significativo permite saber "cómo seguir adelante". Cuando una persona manifiesta "esto no tiene sentido" o "esto carece de significado", es frecuente que esa aseveración vaya seguida de una expresión de desconcierto acerca de cómo seguir adelante. ¿Seguir adelante con qué? Seguir adelante con el vivir, con las relaciones, seguir en conversación y, sobre todo para los fines de este artículo, seguir en nuestras organizaciones trabajando de un modo útil, productivo y guiados por nuestra capacidad de aprendizaje. Hay presentes aquí por lo menos dos corrientes de ideas, ambas importantes para el gerente de una organización o el consultor organizacional.

La primera línea de pensamiento se vincula con Wittgenstein y es la siguiente: cuando decimos que "conocemos" o que "comprendemos", ¿qué es en rigor lo que estamos diciendo? Es un hecho bien establecido que no podemos decir que "conocemos" el mundo. A partir de sus estudios como biólogo, Humberto Maturana propone que el mundo nos es mediado por nuestros sentidos, con sus capacidades y limitaciones. Estamos, por lo tanto, a merced de nuestros sentidos y de sus capacidades y limitaciones, y aun existen otras complicaciones más. La forma en que conocemos el mundo está determinada no sólo por las posibilidades y limitaciones de nuestros órganos sensoriales, sino también por nuestra cultura, las experiencias e historias o relatos que vivimos o sobre los cuales hablamos. Por lo tanto, no podemos decir simplemente que conocemos el mundo: todo nuestro conocimiento es mediado biológica pero también socialmente. No existe la posibilidad de que una persona tenga un acceso privilegiado a la realidad y afirme conocer la "verdad". El conocimiento, podríamos decir, no es en absoluto un conocimiento cierto. "Conocer" es saber cómo seguir adelante en una relación, una conversación, una tarea. "Conocer" no significa tener certeza sino tener un saber suficiente que nos brinde claridad como para seguir adelante con nuestra exploración. Entonces, decir "yo sé" equivale a decir que yo sé cómo seguir la exploración "por el momento".

La segunda línea de pensamiento se vincula con la perspectiva de Bateson y su interés por "la pauta que conecta". Este artículo propone que la creación de pautas que conectan es uno de los principales métodos que los seres humanos utilizan en la creación de significado para saber cómo seguir adelante. También debe considerarse que este proceso de "seguir adelante" y de "tener significado" se liga estrechamente a la capacidad de construir y narrar historias, o de participar en conversaciones coherentemente y con una lógica que genere y confiera sentido.

En líneas generales, podríamos caracterizar esto diciendo que, en nuestra condición de seres humanos, nuestra vida transcurre a través de múltiples posibilidades y experiencias que pueden ser descriptas y organizadas en diferentes narrativas. Cuando nos detenemos a reflexionar sobre ellas, seleccionamos distintos detalles de ese flujo de posibilidades y los entretejemos en alguna pauta coherente, relatando alguna historia sobre ellos. Sin embargo, para seguir viviendo no es imprescindible narrar una historia. A veces, continuamos nuestro vivir coordinando con otros nuestras acciones sin describirlas. Esta "coordinación" en la práctica del vivir podría llamarse –como propone Barnett Pearce– "historia vivida". Las personas pueden ser capaces de coordinar un episodio de su práctica vivida con otro, pero no de contar una historia muy coherente acerca de lo que acaban de hacer. Esta habilidad de "ser capaz de contar una historia" necesita ser desarrollada (Pearce, 1989, 1994).

Por ejemplo, tomemos el caso de un niño que, en un día muy hermoso, acaba de volver del rincón de juegos del parque cercano, donde estuvo realizando toda clase de actividades muy bien coordinadas. Cuando se le pregunta "¿Qué hiciste hoy?", tal vez tenga dificultades para armar un relato sobre esos episodios vividos por él, que tenga sentido para nosotros. Quizá comience por describir algunos momentos tomados al azar e importantes para él, pero que nosotros no comprendemos porque no sabemos qué pasó antes de ese momento. El adulto puede ayudar al niño a aprender diferentes formas de contar esas historias; por ejemplo, a reunir en su relato determinados momentos. Por supuesto, la manera en que el niño aprenda a contar historias variará según ciertos factores culturales, costumbres familiares y otros elementos que influyen en la conversación. También aprenderá qué clase de episodios conviene que incluya su relato para poder contarlo a determinadas personas. Desde la perspectiva de este artículo, esa "agrupación de momentos particulares" para crear un relato o narración, en lugar de tener fragmentos anecdóticos, es aquello a lo que apuntaba Bateson al referirse a "la pauta que conecta". Las pautas que conectan –o más bien "las conexiones que pautan", como dirían los profesionales que realizan gerenciamiento sistémico– son la materia con

303

que se construyen los relatos que nos capacitan para y permiten continuar. Las pautas que conectamos para crear historias –vividas o narradas– son la sustancia del aprendizaje, y son decisivas para las organizaciones que intentan ser lo que se ha dado en llamar una *organización que aprende* (*learning organization*) (Senge, 1992).

Afirmar que ha tenido lugar un aprendizaje es afirmar que es posible describir y construir un relato acerca de lo sucedido, de modo de evidenciar algún cambio o información nueva que, a su vez, abra un nuevo camino para el desarrollo. Éste es uno de los elementos cruciales en la narración de relatos. Narrar una historia no es una forma de mirar atrás, sino de proyectarse y construir desde la narración hacia el futuro. Lo esencial es *qué historia* o qué tipo de historias son o podrían ser narradas de manera que generen una real y tangible diferencia hacia el futuro. Sólo al reflexionar sobre lo acontecido la gente dirá: "Esto funcionó de modo diferente, ¡cuánto aprendí!". Esta práctica de relatar historias sobre el aprendizaje y lo aprendido requiere la habilidad de efectuar conexiones que generen pautas significativas. También involucra prestar atención a uno de los principios sobre los que se focalizó: creamos pautas estableciendo comparaciones a través de nuestra observación, distinción y consideración de qué es lo similar y qué es lo diferente. El aprendizaje está estrechamente conectado con nuestra capacidad de ser conscientes, comprender y contar historias sobre las diferencias y aquello que es diferente.

El *coaching* y las pautas que conectan

En una organización, el entrenamiento (*coaching*) o la instrucción (*mentoring*) están destinados a brindar al personal y a los gerentes oportunidades para el aprendizaje, la reflexión y el desarrollo. Cuando establecen relaciones de *coaching* o *mentoring* con un *coach* o con un *mentor* –un consejero sabio y confiable–, se lo hace con el objetivo de expandir nuestra capacidad de reflexionar, aprender, continuar de nuevas maneras, tener la posibilidad de jugar más plena y satisfactoria el juego de la vida organizacional. Puede considerarse que tanto el *coaching* como el *mentoring* son contextos de aprendizaje en acción para mejorar la capacidad para jugar el juego. En los deportes, la enseñanza del canto o de un instrumento musical, el *coach* o entrenador es alguien que practica junto con el alumno, le muestra cómo se hace, le hace comentarios, lo corrige, lo desafía, lo alienta a que haga ciertos intentos y experimentos; cuando las cosas le salen bien al alumno, lo ayuda a describir cómo hizo lo que hizo, sabe cuándo conviene que algo surja en forma espontánea sin crear un relato al respecto, lo insta a seguir adelante cuando se enfrenta con alguna dificultad, lo elogia y lo aplaude cuando tiene éxito. Además, el *coaching* y el *mentoring* también implican encontrar atajos o sortear los escollos o dificultades que bloquean el avance. Todas estas actividades son pertinentes a las tareas del entrenador o del mentor de una organización, y forman parte de sus labores.

Un elemento central del *coaching* es encontrar el camino particular que le conviene seguir a cada individuo atendiendo a sus características y cualidades peculiares. No hay dos personas que deban seguir el mismo camino. La misión del *coach* es co-crear –crear juntamente con la persona con quien trabaja– procedimientos que formen parte de una manera de hacer las cosas natural o apropiadamente para esa persona. Este proceso de *coaching* presenta tres aspectos principales:

a) conocer el campo o territorio en que se va a jugar el juego, o saber cómo adquirir el necesario conocimiento del campo mediante su exploración, para luego desarrollar ese conocimiento con el tiempo;

b) conocer las reglas del cómo jugar el juego, o saber cómo experimentar para descubrirlas o crearlas; saber qué cosas son inalterables y cuál es el margen de maniobra;

c) conocer desde adentro el mundo de la persona que juega el juego, para acompañar los rumbos propios y únicos de esa persona o grupo de personas, explorando y co-creando siempre nuevas posibilidades para esa persona o grupo.

Las interacciones entre el *coach* y el jugador conforman un proceso de entretejido o entrelazamiento de estos tres elementos principales. La diferencia que lleve al éxito será una manera particular de entretejerlos en la relación. Así, pues, la relación y su evolución son decisivas para el resultado del *coaching* en su conjunto. A la vez, el éxito de la relación de *coaching* radica en la capacidad del entrenador para desplazarse, desarrollarse y cambiar de posición, con el fin de amoldarse a la evolución de los participantes de la organización que se está entrenando.

El *coaching* implica, entonces, una doble vía relacional. Tanto el entrenador como la persona o grupo de personas entrenadas se enriquecen e instruyen recíprocamente. En su conjunto, se trata de un proceso de entramado de pautas de conexión en redes más enriquecedoras para ambas partes, de modo que tenga lugar el aprendizaje.

El contexto y las pautas de co-creación de significado

Atender a la relación de *coaching* con el fin de que resulte exitosa requiere prestar atención a todos los elementos que definen la relación de un modo particular y específico. La definición de la relación influirá, como un marcador de contexto, en todo encuentro particular que tenga lugar en el marco de esa definición. El contexto produce un efecto que todo lo permea y contribuye a determinar qué significado adquiere lo que sucede en cualquier situación. Las actividades adquieren su significado a partir de esta mutua comprensión del contexto.

Para que la relación de *coaching* tenga posibilidades de éxito, hay tres elementos importantes: el contexto de la definición de la relación, el contexto temporal y el contexto espacial.

Definición de la relación. Involucra ser claro acerca del contrato entre el entrenador y la otra u otras personas. ¿Cuándo una reunión es de *coaching* y cuándo es de otro tipo? ¿Cómo lo saben los participantes? ¿Cuál es el contrato para el *coaching*? ¿El contrato establecido corresponde a un encuentro aislado, una serie de encuentros, abarca un período del año o qué otro formato tiene? ¿En qué aspectos y momentos el *coaching* forma parte de las actividades de la empresa en acción? (Si abarca un cierto período, debe especificárselo, y más adelante deberá revisarse el contrato. Muchos consideran que éste es un procedimiento útil para seguir adelante.) ¿Qué elementos resultan relevantes en el contrato de *coaching*? ¿Cómo establecen los participantes los derechos y obligaciones de cada parte? ¿Es una relación de carácter confidencial? ¿Qué aspectos de la vida incluye la relación de *coaching* y cuáles excluye?

Señalamiento del contexto temporal. Importa ser claros acerca de cuál es el propósito y para qué es el contrato, y cómo y cuándo se dispondrá de tiempo para que tenga lugar el proceso de *coaching*. ¿Qué obligaciones se establecen a ambas partes en lo tocante a comprometerse a asistir a los encuentros en un cierto horario y respetarlo? ¿Cómo se justifican tales obligaciones, cómo se las revisa y renueva?

Señalamiento del contexto espacial. ¿Dónde se desarrollará el proceso de *coaching*? ¿Ese lugar hace justicia a todo lo que está destinado a lograr el *coaching*, según fija el contrato? ¿Hay acceso en él a recursos para un ulterior aprendizaje en caso de ser necesarios? ¿Puede la gente trabajar allí en forma apropiada sin ser interrumpida, si esto es parte de lo convenido?

Cultura y valores de la organización como contexto de trabajo

Puede considerarse que la cultura y los valores de la organización son el campo o territorio en que se desarrollará el juego para el cual se realiza el *coaching*. Una parte básica y esencial del proceso de *coaching* consiste en "alinearse" con la cultura y valores de la organización, lo que implica conectarse con ellos y vivirlos. El entrenador debe desarrollar un sólido conocimiento de esos valores culturales para ser capaz de entramar conexiones con los participantes en el entrenamiento. En parte, el *coaching* involucra volver explícitos y operativos dichos valores, armonizándolos a través del establecimiento de parámetros con la

307

forma en que se los vive en un momento cualquiera. Este proceso plantea desafíos y oportunidades.

Durante el *coaching*, el entrenador y el cliente examinarán la relación entre los valores de la organización tal como se los transmite explícitamente, se habla y se escribe sobre ellos, y tal como se los vive en la práctica. ¿Lo que ocurre y se manifiesta va más allá de lo que está escrito? ¿Hay aspectos del trabajo concreto de la organización que exceden lo afirmado en las formulaciones escritas de sus valores culturales? En tal caso, ¿cómo se incorpora eso a los valores y al aprendizaje de la organización? Por otro lado, ¿en qué medida el trabajo que se lleva a cabo es congruente y alineado con lo que se dice o lo que está escrito? ¿Cómo es posible lograr una mejor alineación?

Las personas y relaciones como contexto en el cual se desarrolla la tarea de la organización

Todo lo que acontece dentro de una organización acontece dentro de un conjunto de relaciones. Las preguntas que apuntan a las relaciones son parte importante de la tarea de *coaching*. ¿Cómo se relacionan las personas? ¿Qué relaciones tienen importancia formal e informal? ¿Qué voces son escuchadas y cuáles no? ¿Cuáles son las audiencias que prestan atención al trabajo que se realiza? ¿Quiénes deben ser satisfechos, quiénes brindan su apoyo, quiénes plantean desafíos, quiénes tienen información, etcétera? Estas preguntas permitirán sintonizar a los que participan del *coaching* con los que forman parte del juego, ya sea como audiencia, equipo, capitanes de equipo, competidores, etcétera. Todas estas personas tienen que quedar de algún modo satisfechas por su involucración e interés (*stakeholding*) en la tarea.

Los logros y "lo que funciona" como contexto para el lenguaje de la organización

Trascender la mera resolución de problemas pasando a la investigación/acción focalizada en las maneras en que los miembros de la organización se aseguran de que "lo que funciona" es identificado y divulgado, co-creará un contexto para el cambio y el desarrollo organizacional. La creación de relatos sobre lo que funciona, de qué manera funciona, el contexto que posibilita que funcione, la seguridad que se adquiere cuando las cosas funcionan bien, todo esto generará mayores posibilidades que la simple resolución de problemas. Un contexto de reafirmación, de apreciación y de visión prospectiva aumentará en las personas su sensación de estar haciendo algo significativo y que vale la pena. La indagación apreciativa es aquí particularmente adecuada.

El *coaching* como proceso de desarrollo de las capacidades, habilidades y modalidades de trabajo particulares de cada individuo

El *coaching* implica sintonizarse con la persona o equipo que es entrenado, comprender sus significados y formas de actuar, así como su manera de vincularse con determinadas actividades. Esto significa desarrollar una comprensión de las historias que las personas utilizan para sentirse motivadas en el trabajo, cómo piensan acerca del mismo, y cómo discriminan y eligen qué hacen y cómo hacerlo. Examinando las modalidades particulares de cada uno y tratando de trabajar con ellos en su modo de desarrollar tales modalidades, el entrenador les confiere autenticidad en la medida en que indica que valora las potencialidades de los entrenados controlando sus logros y resultados. Además, deberá explorar cómo sortear los bloqueos y dificultades, y cómo llegar al aprendizaje y diferenciación personal.

El *coaching* como revisión y relato de historias sobre el aprendizaje. Cómo difundir estas historias dentro de la organización

El *coaching* ofrece un contexto para la exploración reiterada de los logros personales y organizacionales. Provee oportunidades para una permanente reflexión sobre el aprendizaje. Podría decirse que es un espacio para la continua narración y elaboración de nuevos relatos e historias. Se basa en el supuesto de que ninguna historia puede ser la historia definitiva respecto de un objeto, una persona o un evento.

Estas dimensiones del *coaching* organizacional se nutren de la capacidad del *coach* para involucrarse en modos específicos de indagar y controlar que brinden a las personas de la organización formas prácticas de avanzar en su desarrollo. A modo de guía, ofrecemos aquí –y en el artículo complementario de Richard Boulton– algunos de los enfoques de la indagación y el tipo de preguntas que pueden realizarse con este propósito. En todas las instancias la estructura de la pregunta posibilita que el proceso de indagación resulte de utilidad.

Preguntas de anclaje

Este tipo de indagación permite moverse desde las opiniones y los relatos narrados hacia las historias vividas, a lo que aconteció. Abarcan la indagación y las preguntas sobre episodios específicos y están referidas a cuándo y dónde sucedieron, quiénes intervinieron, quién hizo qué a quién, y cuáles fueron los resultados. Es conveniente dividir los episodios en sus momentos discretos e incluir a todos los involucrados en una descripción del proceso.

Las preguntas para establecer estos conocimientos básicos pueden ser seguidas por, o alternar con, preguntas que expanden las explicaciones o indagan el por qué: ¿Cuál es su explicación del hecho?, ¿Qué diría él/ella si se le preguntase el motivo de que usted se condujera como lo hizo?, etcétera.

Preguntas sobre dimensiones comunicacionales

Estas preguntas examinan las relaciones en todas sus dimensiones y riqueza. Hay tres tipos:

–   Preguntas directas que invitan a la persona interrogada a responder en primera persona: "Yo...".

–   Preguntas sobre otra persona. Se trata de indagar acerca de las observaciones de una persona sobre otra:
¿Cuál es, según usted, el motivo de que él/ella haga eso?
¿Qué opina esa persona de su trabajo?
¿Qué diría X de usted si yo se lo preguntase?, etcétera.

–   Preguntas a una persona sobre otras dos:
¿Cómo sortean la dificultad X e Y cuando se enfrentan con ella?
¿Qué opina el gerente de la relación que usted mantiene con estos clientes?, etcétera.

Preguntas comparativas y sobre las diferencias

Estas preguntas exploran y co-crean las relaciones; se dividen también en varios tipos:

–   Preguntas sobre diferencias en las relaciones:
¿Quién es más responsable de lograr que algo se haga?
¿Quién le sigue en responsabilidad? ¿Quién viene en tercer lugar?, etcétera.
¿Quién se halla más próximo a comprender el punto de vista del cliente? ¿Quién se halla más distante del punto de vista del cliente?
¿Quién es el que más motiva al grupo en momentos de crisis?

–   Preguntas sobre diferencias en el tiempo:
Antes de que se mudaran, ¿cómo funcionaban como organización? ¿En qué sentido y cómo ese funcionamiento es diferente hoy? ¿En qué aspectos será diferente cuando instalen las nuevas máquinas?

- Preguntas sobre diferencias de grado:
  ¿Quién es el más entusiasta en lo que respecta a...?
  ¿Quién es el que sabe presentar mejor los reclamos?
  ¿Quién plantea los mayores desafíos?

- Preguntas sobre diferencias en los valores:
  ¿Quién participa asiduamente y se compromete?
  ¿Quién es el mejor cuando se trata de mostrarse molesto o desafiante?

- Preguntas sobre diferencias en la acción:
  ¿En qué situaciones es más probable que usted busque asesoramiento? ¿En cuáles es más probable que siga adelante con la tarea?

- Preguntas que identifican las diferencias presentes y las que pueden presentarse luego de alcanzar una serie de objetivos:
  Si logran que los clientes queden totalmente satisfechos, ¿qué diferencias notan que se producen en sus ingresos mensuales... en ustedes mismos... en el personal... en el contacto entre el director y el cliente?
  Si logra superar el conflicto del personal, ¿qué cosas serían diferentes para ellos y para usted?

Preguntas que apelan al futuro como una guía para orientarse en el presente

- Preguntas prospectivas que imaginan futuros posibles:
  ¿Cuáles cree que serían sus perspectivas de aquí a dos años si...?
  ¿Cuáles son los logros que usted espera de su personal?

- Preguntas que examinan las posibles consecuencias de una acción o medida:
  Si usted hace X, ¿cómo afectará esto a Y? "¿Y si hace A, cómo afectará a Y? ¿Qué otras consecuencias podrían resultar?

Si usted inicia esta acción u otra, o toma alguna otra medida, ¿cuáles serán las consecuencias?

– Preguntas que abren posibilidades futuras:
Si en lugar de un recorte presupuestario del 8% planeara un recorte del 25%, ¿de qué manera reestructuraría la organización?
Si encontrara la manera de gravitar en el rumbo de las medidas adoptadas, ¿qué cosas serían diferentes para...?

– Preguntas que analizan situaciones anticipadamente:
¿Qué se hará de aquí a un mes, a tres meses, a seis meses? ¿Cuál será la diferencia para la gente y qué consecuencias habría en cada caso?
¿Qué pasa si tropieza con un obstáculo que le impide avanzar? ¿Cómo lo sortearía?
¿Qué ayuda solicitaría de ... o a quién se dirigiría en busca de ayuda?

– Preguntas que orientan a las personas en una dirección positiva:
Si logra persuadir al cliente de modificar la forma en que usted calcula los costes, ¿quién repararía en ello?
¿Cómo reaccionarían esas personas y de qué manera se manifestaría su reacción?

Referencias bibliográficas

Bateson, G. (1935), *Naven*. Stanford, CA: Stanford University Press, 1958 (edición revisada).

Bateson, G. (1972), *Steps to an Ecology of Mind (Pasos Hacia una Ecología de la Mente*. Buenos Aires: Ediciones Carlos Lolhé, 1976). Nueva York: Ballantine Books, Inc.

Pearce, W.B. (1989), *Communication and the Human Condition*. Carbondale and Edwasville: Southern Illinois University Press.

Pearce, W.B. (1994), *Interpersonal Communication. Making Social Worlds*. Nueva York: Harper Collins College Publishers.

Senge, P. (1992), *La quinta disciplina*. Barcelona: Granica.

313

RICHARD BOULTON

RECOPILACIÓN DE PREGUNTAS ÚTILES PARA TRABAJAR CON GRUPOS

Preguntas iniciales

– Contratación

¿Cómo sabrán si esto (por ejemplo, este proyecto) ha tenido éxito?

¿Qué criterio para medir el éxito pueden utilizar en este caso?

¿Qué beneficios desean o esperan obtener para la organización / el grupo / la entidad contratante?

– Apertura

¿Cuáles son las inquietudes sobre las que más les gustaría discutir?

De todas las inquietudes que tienen, ¿cuál les parece la más importante?

¿Qué es lo que más les preocupa en este momento?

– Desarrollando y especificando pormenores dentro del grupo

(A un individuo:) ¿Quién más, a su juicio, comparte su inquietud?

(Al grupo:) ¿Quién comparte la inquietud de X? (mirando en derredor)

¿Qué estaba pasando cuando tomaron conciencia de esta inquietud?

¿Pueden decirme algo más sobre el motivo por el que esta situación los inquieta tanto?

¿Qué creen que podría suceder si las cosas no cambiaran?

- Cambio de persona: del yo al nosotros
  Si los otros coincidieran con usted, ¿de qué manera podrían actuar conjuntamente para lograr un cambio?

- Cambio de persona: del nosotros al yo
  ¿Quién coincide con la idea sobre (un tema determinado) de (alguien que habla en representación del grupo)? ¿Quién coincide más? ¿Quién coincide menos?

- Cambio de voz
  Si ustedes modificasen su punto de vista (o dejaran de hacer eso) ¿quién lo advertiría y de qué manera reaccionaría?
  Si ustedes continuasen sosteniendo su punto de vista (o haciendo eso) ¿quién se sentiría más satisfecho?
  Otras personas que estuvieran en la misma posición que ustedes (o que él/ella, o que ellos / ellas) ¿cómo actuarían?

Tipos y estilos básicos de preguntas, y otras respuestas

a) Preguntas cerradas

1) ¿Usted salió más temprano del trabajo el viernes a la tarde?
2) ¿A qué hora llegó a su trabajo el lunes?
3) ¿Ya dejó de castigar a su colega?

- En los casos 1) y 3), generalmente sólo se suscita como respuesta un "sí" o un "no"; en el caso 2), puede responderse con la enunciación de un dato concreto, como "A las nueve de la mañana", o tal vez con un "No lo sé".

- Estas preguntas no hacen sino ratificar o rectificar un presupuesto de quien las formula / entrevistador / profesional. De los ejemplos anteriores podrían inferirse, entre muchas otras, las siguientes premisas:

1) que el entrevistador y el interrogado comparten un mismo concepto acerca de lo que significa "salir" y "viernes a la tarde";

2) que el interrogado fue efectivamente a trabajar el lunes; que la hora de llegada a su trabajo es lo bastante importante como para tomar nota de ella y recordarla;

3) que el interrogado efectivamente maltrata a su colega. (Nótese con qué fuerza se sostiene esta premisa; la pregunta ha sido formulada de modo tal de desestimar la negativa, cualquiera sea la respuesta que se dé. Este tipo de construcciones son poco útiles para un entrevistador que intenta establecer con el interrogado una relación fructífera.)

– Estas preguntas no permiten que se brinde en el diálogo más que una limitada información nueva. En el caso 2), tal vez sea sólo la necesaria para establecer la secuencia de los acontecimientos.

b) Preguntas semiabiertas que utilizan una escala y opciones

1) ¿Más o menos a qué hora salió del trabajo el viernes a la tarde?
¿Fue entre las
17:00 y las 18:30?
¿18:30 y las 20:00?, etcétera.

2) Si él/ella se repliega cuando las cosas andan mal y usted no puede conectarse con la preocupación o inquietud que manifiesta, ¿cree que él/ella piensa que a usted esto la/lo enfurece, o que usted desea proteger su posición, o simplemente que está paralizado/a por el temor?

– Nuevamente, estas preguntas sólo confirman o niegan las premisas o hipótesis de quien las formula.

– En el caso 1), la hipótesis está limitada; en el caso 2), se ofrecen algunas hipótesis provisionales para conseguir que el interrogado se centre en la forma en que su respuesta podría afectar el tema en disputa. (Ver el apartado "Preguntas que introducen hipótesis".)

c) Preguntas abiertas

– Estas preguntas son encabezadas siempre por un pronombre interrogativo del tipo de "quién", "qué", "dónde", "cuándo", "cómo", "por qué":

¿Qué hizo usted el viernes por la tarde?

Si algo de lo que le dice su colega la/lo pone furiosa/o, ¿cómo reaccionaría?

– Hay otras formas de preguntar que pueden reducir al mínimo la posibilidad de que el interrogado sienta que la persona que le formula la pregunta lo está inculpando. Por ejemplo:

¿Cómo es posible que...?

¿Por qué supone usted que sucedió eso?

¿Qué explicación tiene usted para... ?

– Todas las preguntas abiertas permiten al interrogado narrar su propia historia, eligiendo las palabras y la manera de contarla.
– Empleadas en una cuidadosa secuencia, las preguntas abiertas facilitan la tarea de quien las formula o del entrevistador, invitando a producir un mayor flujo de información por parte del interrogado o desplazando la narración hacia los temas que éste considera importantes.

– Se pueden formular preguntas abiertas y muy específicas con un formato abierto; pero si se quiere ser específico, debe cuidarse de no sobrecargar la pregunta con demasiadas condiciones. Por ejemplo:

Si en la oficina las cosas se ponen tensas porque Z em-

pieza a llorar cuando X se enfurece ante un error cometido por Y, ¿esto trastorna más a A o a B?
Esta no es una construcción elegante y fácil de aprehender. Es posible descomponerla en una serie de enunciados y preguntas más breves.

d) Alternativas frente a las preguntas
(tomado de J.T. Dillon)

Pueden obtenerse respuestas y ampliaciones de las respuestas por muchos otros medios, además de las preguntas directas. He aquí algunos ejemplos:

1) Comentarios: un comentario del entrevistador que reflexione sobre el último enunciado del respondente ofrece a aquél una oportunidad de efectuar un nuevo comentario, tal vez en coincidencia con lo expresado anteriormente, o ampliándolo. Éstos son algunos de los múltiples tipos de declaraciones:
   – Declaración de incomprensión. En el caso más simple, sería decir:
      No puedo seguirlo en lo que está diciendo.
      Estoy algo confundido acerca de la secuencia de los acontecimientos.

   – Declaración de interés.
      Lo que usted ha dicho de X me interesa, y me gustaría conocer más datos al respecto.

   – Declaraciones tipo oráculo (a veces se las denomina reflexivas). Se repite la última declaración hecha por el respondente, ya sea con sus mismas palabras o en forma abreviada.

   – Derivación a otro hablante. Se relaciona la respuesta inmediatamente anterior con otra dada por un hablante previo, que se refirió al mismo tema:

319

Así que para usted el problema radica en X, tal como opina A.

2) Conversión de las respuestas de los hablantes en preguntas: el profesional procura que la respuesta que acaba de darle el sujeto sea reformulada por él mismo como una pregunta. Por ejemplo:

Interrogado: Tal vez el problema sea X. No lo sé.

Entrevistador: Tómese un momento para formular alguna pregunta sobre lo que aún le sigue preocupando de este asunto.

Interrogado: Bueno, ¿acaso el problema radica en X o puede ser X el problema?

Profesional: Buena pregunta. Esta última intervención podría ir seguida, quizás, de otra pregunta con alternativas posibles o ya insertadas, invitando a algún otro participante a que la responda.

3) Silencios: pueden ser usados deliberadamente por el profesional para dar un tiempo, con el fin de reflexionar sobre lo dicho. En la mayoría de los casos en que se entabla un diálogo, un silencio de tres a cinco segundos generará un comentario o ampliación ulterior acerca de lo manifestado por el hablante anterior, u otros miembros del grupo.

4) Señales: se trata de un conjunto de procedimientos destinados a señalar la atención y el interés del profesional sin necesidad de que ocupe un lugar central. Se dividen en:

– Páticas: comunicaciones destinadas a mantener el contacto más que a informar.
Hablante: Las rosas son rojas.
Profesional: "Las rosas tienen un hermoso aroma".

– De relleno: Interjecciones y breves sonidos apreciativos, como "Ajá", "Sí, sí", etcétera.

– No verbales: Principalmente gestos y ademanes. Por ejemplo, abrir la mano y señalar con ella a los presentes, indicando que se les da la oportunidad de responder a algo que acaba de decirse.

El efecto de la mayor parte de estas alternativas a las preguntas es invitar al o a los respondentes a explayarse un poco más sobre un tema, sin transmitir ninguna otra premisa del entrevistador que la de suponer que dicha ampliación será interesante.

Preguntas tendientes a desarrollar una comprensión rápida (inspiradas en Steve de Shazer)

Mencionaremos algunas de las preguntas que se pueden formular a un gerente o administrador sobre sus preocupaciones o inquietudes:

¿Cuáles son los sectores de su organización en los que la relación entre las personas resulta crítica para el éxito de la empresa?

De estas numerosas situaciones, ¿cuál es la que más puede influir en el éxito? ¿Cuál le sigue en importancia? ¿Cuál viene después?

De todas estas situaciones, ¿cuál es la que más le preocupa a usted en este momento?

¿Qué característica presenta la situación para que le preocupe más que las demás?

¿Podría decirme algo más acerca de dicha situación, y de quienes resultan afectados por ella? Por ejemplo:

- ¿es un comportamiento específico?
- ¿lo que pasa tiene significados preocupantes?
- ¿son preocupantes porque suceden con suma frecuencia?
- ¿siempre se da en el mismo sector?
- ¿parece suceder involuntariamente?
- ¿afecta a otras personas además de las de ese sector?
- ¿afecta a personas ajenas a la organización?
- ¿decidir quién es el culpable ha creado graves problemas?

- ¿hay en juego factores que van más allá del control inmediato de la gente?
- ¿afecta en forma grave los sentimientos personales?
- ¿influye en ella algún suceso del pasado?
- si persiste, ¿el futuro se presenta sombrío?
- ¿usted y otros involucrados tienen expectativas utópicas respecto de la posibilidad de encaminar las cosas?
- ¿qué importancia tendría para este grupo de trabajo que la situación descripta mejorase?
- ¿qué le indicaría a usted que en este grupo de trabajo las cosas mejoraron?

Preguntas reflexivas
(inspiradas en el trabajo de Karl Tomm)

El objetivo estratégico de estas preguntas es contribuir a generar en un grupo nuevas formas de comprensión y pautas comportamentales, con el fin de facilitar el automejoramiento desde los recursos con que cuenta el grupo mismo.

a) Preguntas orientadas al futuro

Preguntas destinadas a generar alternativas y opciones en los grupos:

- Para cultivar los objetivos grupales (colectivos, personales y para los demás)
  ¿Sobre qué objetivos hay coincidencia entre todos ustedes?
  ¿Qué planes tienen para (lograr algo)?

- Para volver operativos ciertos objetivos difusos:
  ¿Cómo se darían cuenta de que (algo) se logró?

- Para examinar los resultados previstos:
  ¿Hasta dónde habrán llegado en el proceso de alcanzar ese objetivo en (cierto tiempo)?

– Para poner de relieve las posibles consecuencias (de la persistencia de ciertas pautas):
Si nada se modifica ¿qué esperan que suceda dentro de (cierto tiempo)?

– Para examinar las expectativas catastróficas:
Si nada se modifica ¿qué cosas preocupantes podrían suceder?"

– Para explorar las posibilidades hipotéticas:
¿Piensan que a otros podría preocuparles que (una nueva posibilidad) se concrete?

– Para explorar construcciones o visiones futuras o acciones orientadas a construir algo en el futuro:
Si ustedes hicieran (algo específico) o siguieran (un curso de acción determinado) ¿podría ser entendido como tal y conducir a uno u otro resultado o dirección?

– Para introducir historias y plantear dilemas:
Si imaginamos que sucede esto y que las consecuencias son tales, etc., ¿cómo creen que él/ella/ellos podrían reaccionar?

– Para inspirar esperanza y optimismo:
Cuando (el objetivo buscado) se concrete, ¿qué otras personas serían las primeras en darse cuenta?

b) Preguntas sobre la perspectiva del observador
(cf. las preguntas sobre el cambio de persona)

Suele utilizárselas al principio como preguntas de evaluación. Los integrantes pasivos del grupo aprenden mucho con ellas acerca de sus propias respuestas y las de otros. A menudo provocan reacciones inconscientes.

- Para intensificar la autoconciencia:
  ¿Cómo reaccionó usted, exactamente, cuando (algo) sucedió?
  ¿Cómo entiende la situación que llevó a que (algo) sucediera?

- Para incrementar la conciencia del "otro":
  ¿Qué cree que pensó/pensaron él/ella/ellos cuando usted reaccionó de ese modo?

- Para examinar la percepción interpersonal:
  ¿Qué cree que piensa/n él/ella/ellos que usted piensa cuando él/ella/ellos (hace/n algo)?

- Para examinar la interacción interpersonal:
  ¿Qué hace usted cuando él/ella/ellos (hace/n algo)?
  Cuando usted reacciona frente a eso, ¿cómo actúa/n él/ella/ellos a modo de respuesta?

- Comentario de un tercero sobre la interacción interpersonal:
  Cuando X (hace algo que afecta) a Y, ¿qué hace Z?

c) Preguntas que cambian inesperadamente el contexto

Están destinadas a cambiar de perspectiva y a mostrar que hay otras posibilidades que las consideradas, que el mal sólo existe con relación al bien...

- Para examinar el contenido opuesto:
  (Contexto: preocupación por recientes sucesos familiares desgraciados que llevaron a una depresión)
  ¿Qué le da placer de las cosas que hace?
  ¿Cuándo fue la última vez que salió a divertirse?

- Para examinar el contexto opuesto:
  ¿Quién es el que más disfruta con (la situación en cuestión)?

¿Quién se vería más perjudicado si la situación mejorase?

– Para examinar el significado opuesto:
¿Quién sería el primero en advertir que (el comportamiento del conductor del grupo) significa (lo opuesto a lo que ha interpretado el grupo; v. gr., que su furia significa preocupación por los demás)?

– Para examinar la necesidad de preservar el *statu quo*:
Supongamos que hubiese un importante motivo para continuar obrando de esta manera (la que provocó las quejas), ¿cuál podría ser?

– Para provocar una confusión paradójica:
¿Hasta qué punto es hábil usted para obrar así (el comportamiento que provocó quejas)?

– Para tomar contacto (esporádico) con los impulsos temidos:
¿Por qué usted todavía no le ha dado una trompada a su jefe?

d) Preguntas con una sugerencia implícita

Sugieren una línea de desarrollo que quien está explorando posibilidades puede considerar útil. (La neutralidad en la aceptación de la respuesta reduce el peligro de que el interrogador imponga su propia verdad al consultante.)

– Para sugerir un reencuadre:
Si lo que hizo X (conducta criticada) no fue, como usted creía, intencional, sino consecuencia de la permanente confusión de X sobre lo que él/ella quiere, ¿cómo piensa usted que lo/la trataría?

– Para sugerir otra acción:
Si en lugar de corregir el trabajo de X sin decirle nada cuando usted ve que está mal hecho, dedicara un tiem-

po a mostrarle cómo quiere usted que lo haga, ¿de qué manera piensa que él/ella reaccionaría?

- Para sugerir que una acción fue voluntaria:
  ¿Cuándo resolvió X que quería ser despedido/a?

- Sugerir un pedido de disculpa:
  Si en vez de eludir a su jefe, usted admitiera que cometió un error y se disculpase, ¿qué cree que podría suceder?

- Sugerir que se perdone a alguien:
  Cuando a X le llegue el momento de perdonarle su error, ¿qué cree usted que hará, se lo manifestará expresamente o no le dirá nada?

e) Preguntas para establecer comparaciones normativas

Los grupos e individuos con problemas tienden a considerar su situación como única y desviada, y hay una tendencia a sentir urgencia por ser más "normales". Esta tendencia abre oportunidades para realizar preguntas que exploren comparaciones.

- Centradas en las diferencias:
  Para establecer un contraste con una norma de la organización: ¿Piensa usted que este grupo está más o menos preparado que otros grupos para tolerar la discrepancia entre sus miembros?
  Para establecer un contraste con una norma de evolución: En esta etapa de un proyecto, la mayoría de los grupos esperarían tener ya una serie de objetivos claros, ¿qué piensan que los detiene a ustedes para lograrlo?
  Para establecer un contraste con una norma cultural (pregunta que podría formularse durante las reuniones para una fusión o traspaso de empresas): Si este grupo fuese parte de la nueva empresa, ¿creen que estarían en mejores o peores condiciones para actuar?, ¿piensan que serían más o menos capaces de actuar?

– Centradas en las similitudes:
Dirigidas a la normalización de la organización: Todos los grupos de trabajo tienen dificultades para fijarse objetivos claros, ¿cuándo notaron por primera vez esta dificultad?
Dirigidas a la normalización evolutiva: Todos los grupos cuyo tamaño crece velozmente tienen dificultades para reorganizarse, ¿qué otros grupos que ustedes conocen pasaron por esto mismo?
Dirigidas a generar un proceso de normalización incluyente: (En relación con el aislamiento de un individuo dentro del grupo) ¿Piensan que X se siente aislado/a cuando las cuestiones de las que se siente responsable andan mal?, ¿no creen que le sorprendería saber que otras personas en su misma posición se sienten igual?

f) Preguntas que introducen distinciones

Están orientadas a desentrañar el sistema de creencias o teorías a las que suscribe un grupo. Su objetivo es movilizar los recursos del grupo para resolver los problemas aclarando las confusiones.

– Para aclarar las atribuciones causales:
Cuando esto sigue sucediendo, ¿piensan que es porque hay individuos que no se preocupan por el grupo, o porque no saben qué se debería hacer, o más bien porque les faltan los recursos necesarios para hacer algo al respecto?

– Para aclarar las categorías (de comportamientos):
Cuando X se queja de no tener tiempo suficiente para terminar su trabajo, ¿es porque es una persona holgazana o porque dedica un tiempo excesivo a detalles innecesarios?

– Para aclarar las secuencias (de comportamientos):
¿Usted empezó a gritar airadamente antes o después de que X explicase el motivo de esa equivocación?

– Para aclarar dilemas:

¿Qué es más importante para los miembros del grupo: que se alcancen los objetivos de éste aunque algunos individuos se vean muy perjudicados, o que los miembros den primacía a cuidarse unos a otros aunque eso implique que no se alcancen dichos objetivos?

– Para invitar a la incertidumbre:

Si con respecto a esto ustedes estuvieran errados, ¿cómo harían para saberlo?, ¿a quién respetan lo suficiente como para creer en su palabra suponiendo que tuviera opiniones diferentes de las de ustedes? (Nota: Esta pregunta debe formularse en un tono neutral; de lo contrario, en lugar de ser una pregunta reflexiva podría convertirse en confrontativa.)

g) Preguntas para introducir hipótesis

La hipótesis del entrevistador es una explicación provisional que sirve para orientar y estructurar sus intervenciones. También puede enriquecer al grupo (o a una persona en especial), para mejorar su capacidad de hallar su propio rumbo.

– Para poner de relieve la recursividad:

Si usted se enfurece y su subordinado inmediato se repliega, o a la inversa, si él/ella se repliega y usted se enfurece, ¿qué hacen los restantes miembros del grupo?

– Para poner de relieve los mecanismos de defensa:

Si cuando X se perturba por un error que él/ella misma ha cometido se enfurece con usted en lugar de hacerlo consigo mismo/a, ¿qué piensa usted que facilitaría que X reconozca y acepte su responsabilidad en el asunto?

– Para poner de relieve el carácter problemático de ciertas respuestas:

Si él se repliega cuando las cosas andan mal y usted no

puede encontrar una manera de conectarse con su ansiedad ¿él piensa que usted se repliega, o que usted desea proteger su posición, o simplemente que está paralizada/o por el temor?

– Para poner de relieve necesidades básicas:
A su juicio, ¿qué clase de ayuda o apoyo necesita él/ella para progresar en su trabajo: poder tomar sus propias decisiones, ser guiado e instruido o ver cómo hacen otros ese mismo trabajo?

– Para poner de relieve otras motivaciones:
En el desarrollo de este proyecto, ¿qué cree usted que motivó más al coordinador del equipo: ampliar su poder, aumentar las ganancias de la empresa o conseguir un trabajo interesante para el departamento?

– Para poner de relieve (en forma paradójica) el peligro de un cambio:
Si X se viera obligado/a a delegar más actividades, ¿cree usted que se sentiría subestimado/a y celoso/a de que fuera otra persona la que hiciese su tarea?

– Para poner de relieve un callejón sin salida en el interrogatorio:
Suponga que me fuera imposible ayudarlo a ser más efectivo porque al ayudarlo le quitaría su independencia, ¿qué haría usted en ese caso?

h) Preguntas para interrumpir el proceso

Centran la atención en el proceso de la entrevista en curso y pueden ser muy eficaces para diversos propósitos.

– Para exponer en qué consiste el proceso en curso. Por ejemplo, si hay un conflicto persistente entre dos personas, la pregunta se dirigiría a los demás miembros del grupo:

Cuando todos ustedes están trabajando en un proyecto, ¿X e Y se pelean tanto como ahora, o quizás más? ¿Quiénes de ustedes intervienen en esas ocasiones?

– Para reflexionar sobre la relación con el consultor:
¿Creen que yo pude haber ofendido quizás a (el conductor del equipo) por la forma en que formulé estas preguntas? ¿Tal vez cometí el error de ver sólo el punto de vista de (una persona)?

– Para hacer un comentario indirecto sobre el proceso de la consulta. Por ejemplo, en el caso de que algunos miembros del grupo hagan gestos inconscientes a otros, con el fin de que no se divulgue una información confidencial:
Sé que lo que voy a plantear no puede ocurrir nunca, pero suponiendo que alguien dejase filtrar alguna información sobre lo que sucede en este departamento, ¿quién estaría más molesto?

– Para reducir al mínimo las reacciones futuras. Por ejemplo, si existiese el riesgo de que luego de la reunión alguien tomara una represalia por haber revelado una información confidencial:
¿Piensa que a Y podría preocuparle que al término de esta reunión usted estuviese indignado/a con él/ella por lo que dijo?

CAPÍTULO 11

DORA FRIED SCHNITMAN Y JORGE SCHNITMAN

CONTEXTOS, INSTRUMENTOS Y ESTRATEGIAS GENERATIVAS

> *Resulta evidente que el arte no tiene el monopolio de la creación, sino que lleva a su extremo la capacidad de inventar coordenadas mutantes, de engendrar cualidades desconocidas, jamás vistas, jamás pensadas.*
> Félix Guattari (1994, pág. 193)

Este capítulo explora la relación *comunicación/aprendizaje* como un contexto generativo y provee un conjunto de dispositivos teórico-prácticos, útiles para el abordaje de problemas y conflictos en campos muy diferentes que incluyen la resolución alternativa de conflictos, el desarrollo organizacional, el ámbito familiar y educacional, el diálogo público, el *coaching* institucional y, por extensión, el manejo de conflictos y problemas de la vida cotidiana. Estas destrezas contribuyen a conformar un espacio donde las personas pueden actuar como sujetos-agentes en la construcción de nuevas posibilidades.

Venimos de una tradición intelectual que, en aras de sostener la objetividad del conocimiento, produjo una epistemología –científica y cotidiana– que enfatiza el dualismo sujeto-objeto y borra progresivamente la conexión entre los sujetos productores de conocimientos y las realidades sociales que su participación promueve (Fried Schnitman, 1994). El lenguaje y la comunicación como reflejo de la realidad a la que deben ajustarse con progresiva precisión –un significado para cada palabra– y la idea de la mente como espejo de la realidad promueven una visión monológica y hegemónica, sin sujetos que se identifiquen como autores del discurso, la narrativa o las construcciones sociales en las que participan.

En el marco de esa tradición, se entendieron los conflictos y los cambios como acciones reactivas, confiando su resolución a expertos o sistemas expertos que ubican la autoridad y la autoría en esferas técnicas, y en un saber especializado y parcelado, alejado de los procesos constructivos y de la participación social, es decir, fuera de la órbita de las personas y sus comunidades. Si un conflicto o problema se aborda en clave reactiva, el camino hacia su resolución estará animado por condiciones externas al sujeto.

Los nuevos paradigmas entienden al conocimiento y la comunicación como procesos generativos. Esta perspectiva nos permite desplazarnos desde una visión del mundo como predictible y ordenado hacia otra en la que eventos particulares en momentos particulares ofrecen la posibilidad de crear, de incorporar la innovación y el aprendizaje en distintos ámbitos del quehacer humano. Esta posición involucra una apertura hacia lo nuevo, lo inesperado. La creatividad implícita en esta perspectiva reubica a los actores sociales frente a la posibilidad de trabajar con procesos generativos emergentes.

Deleuze (1995) avanza la idea entendiendo que una mediación novedosa entre conceptos, significados, perspectivas o acciones, implica una creación donde nuevas formas se ordenan, transforman y coexisten en sintaxis inesperadas. Los procesos generativos abren senderos posibles entre imposibilidades que conectan lo existente de manera inesperada o descubren lo inesperado en lo existente. Es precisamente en el reconocimiento de los espacios intermedios, de los enlaces como nuevos territorios, donde se incorporan la creatividad y la apertura de nuevas potencialidades. A su vez, los espacios intermedios y los dispositivos mediadores son fundamentales para la creación y la innovación.

Las nociones de espacios intermedios y dispositivos mediadores presentados en diversos capítulos de esta obra operan como intersecciones entre los nuevos paradigmas del conocimiento, la comunicación y la resolución de conflictos. Esta propuesta trabaja sobre el saber, el aprender y la conexión entre los sujetos productores de conocimiento y su contexto favoreciendo la creación de sistemas que aprenden.

Un contexto generativo permite a las personas posicionarse activamente frente al conflicto y preguntarse reflexivamente cómo desean o visualizan que esta posibilidad que aún no es comience a ser. Hay un sujeto que interroga y se interroga, que crea y nutre la posibilidad con sus aspiraciones, logros, imaginación y experimentación; hay una comunidad que indaga las diferencias como una oportunidad, considera opciones, participa, delibera y decide responsablemente.

En los albores del siglo XXI, los problemas y en algunos casos las amenazas a nuestra supervivencia surgen de situaciones que comprometen nuestras relaciones significativas: familia, educación, contexto laboral, calidad de nuestra comunidad y del medio ambiente. La complejidad de los problemas que enfrentamos, a veces nos desarticula y nos deja sin respuestas, sin un futuro previsible. Se vuelve necesario, entonces, un reordenamiento operativo e intelectual que nos habilite para pensar y trabajar en esa complejidad.

Hemos planteado en otras producciones (Fried Schnitman, 1994a, 2000a; Fried Schnitman y Schnitman, 2000) que el contexto de la cultura contemporánea ha dado lugar a la formulación de nuevos paradigmas y al desarrollo de nuevas prácticas en cuyo marco ubicamos la resolución alternativa de conflictos.

Nos referimos ahora a la mediación –un concepto de larga data en filosofía– como la conectividad/relacionalidad que trabaja en los espacios intermedios privilegiados por los nuevos paradigmas, en los cuales la utilización de dispositivos mediadores permite construir posibilidades inéditas incrementando la creatividad social.

Los capítulos de esta obra se ocupan de diferentes contextos, de tipos de procedimientos y de diversos nexos generativos que conforman los espacios intermedios que se implementan en: 1. *mediación* como un procedimiento específico para facilitar o promover la resolución coparticipativa de conflictos con intervención de un tercero neutral; 2. *sistemas de mediación* como aquellos en los que personas o equipos provistos de objetivos y prácticas comunicacionales, los incorporan a su propio funcionamiento para incrementar sus posibilidades, tanto de trabajar colaborativamente como de manejar por sí mismos situaciones de conflicto; 3. *sistemas mediadores* como novedosas ecologías sociales que incorporan la mediación y la multivocalidad como recursos para el manejo de las diferencias y el establecimiento de consenso y coordinación social entre personas, equipos y organizaciones; y 4. *sistemas generativos*, en los que personas, grupos o equipos incluyen en su dinámica y en sus objetivos habilidades para ponderar la utilidad de los enlaces existentes, reconstruirlos y/o crear enlaces inéditos cuando sus necesidades o propósitos lo requieran. En los sistemas generativos la negociación de los enlaces posibles excede la problemática de "ganar" guiada por intereses personales o "resolver conflictos y diferencias" o "incrementar la coordinación", para convertirse en la creación de aquello "que es posible a partir de lo existente".

Comunicación y aprendizaje

En tanto se mantenga abierta la conversación, las situaciones de conflicto construyen y constituyen vínculos de diferencia, divergencia, incluso de enfrentamiento. El trabajo con el conflicto puede resultar creativo e innovador si promueve posibilidades conformando conexiones o cambios, a veces inéditos, que permitan sostener el proceso abierto y avanzar. Quienes participan en un proceso generativo de resolución de conflictos necesitan aprender destrezas para reconocer las oportunidades e incrementar las alternativas que se presentan y modificar la propia conducta en función de los resultados deseados, ponderando caminos posibles. También necesitan aprender destrezas para coordinar y trabajar con otros en el establecimiento, implementación y evaluación de esos resultados. Crear posibilidades implica reconocer el interjuego entre las diferencias –dar y recibir– pero también el enriquecimiento recíproco. La construcción de espacios intermedios y dispositivos mediadores es fundamental para este proceso.

Hace tres décadas que el trabajo de Gregory Bateson (1972) cambió profundamente el modo de investigar la conducta humana vinculando comunicación, aprendizaje y creatividad. Esta herencia se ha desarrollado en la investigación sobre los sistemas neurocognitivos, organizacionales, antropológicos y relacionales, y puede extenderse a los contextos generativos en resolución alternativa de conflictos para producir logros concretos tanto en la investigación como en la acción social.

Desde la tradición sistémica que inauguró la producción de Bateson, la comunicación y el aprendizaje constituyen prácticas humanas constructoras de realidades sociales que operan en múltiples niveles e intersectan en el reconocimiento de lo novedoso, "de la diferencia que hace y hará la diferencia." Afirmar que ha tenido lugar un aprendizaje es afirmar la posibilidad de construir cursos de acción o relatos acerca de lo sucedido de modo de evidenciar un cambio o una información nueva, una pauta que conecta de manera inédita abriendo caminos alternativos.

Podemos distinguir cuatro niveles de aprendizaje y comunicación en los que la creatividad tiene lugar: en el *primer nivel* hay aprendizaje cuando un actor social produce un cambio en su respuesta específica, corrigiéndola mediante una nueva selección dentro del conjunto de alternativas disponibles (evalúa y crea a nivel de la relación recurso-contexto); el *segundo nivel* implica un cambio que corrige el conjunto de alternativas dentro del cual se selecciona una respuesta, o un cambio en la manera en que se organiza una secuencia, permitiendo la aparición de nuevas opciones (evalúa y crea a nivel de la estrategia); el *tercer nivel* es un cambio que corrige los procesos y los parámetros de selección empleados por el operador en la producción del conjunto de alternativas posibles, es decir, trabaja sobre su proceso constructivo y la construcción de la estrategia (evalúa y crea a nivel de los procesos constructivos mismos); el *cuarto nivel* produce reorientaciones básicas en los valores y parámetros que organizan al operador, sus estrategias y sus acciones (evalúa y crea a nivel de los valores y parámetros) (Fried Schnitman, 1983).

Con un enfoque similar y una perspectiva más constructivista, Argyris (1993) y Schön (1991); se refieren al aprendizaje distinguiendo circuitos simples y dobles. Caracteriza a los circuitos simples la habilidad de las personas para evaluar el contexto y realizar cambios, modificando la selección de su respuesta y sus estrategias en el marco de un conjunto dado de alternativas; a los dobles la habilidad de las personas para volver reflexivamente sobre sus propias construcciones, valores, criterios y diseños, o sobre los modelos que organizan sus percepciones y acciones (es decir, las personas vuelven sobre sus procesos constructivos para regularlos o modificarlos).

Los procesos generativos que vinculan comunicación, aprendizaje y creatividad trabajan con los circuitos que los actores establecen cuando tienen la posibilidad de crear y aprender sobre su aprendizaje, es decir, no sólo para revisarlo sino también para generar activamente combinaciones inéditas y, a partir de allí, establecer nuevas conexiones entre diferentes momentos, episodios, versiones, etcétera. Estos circuitos reconocen la variación, la innovación, la fluctuación, la anomalía, como posibilidades a ser exploradas en el desarrollo de espirales generativos.

Comunicación/aprendizaje ↔ aprendizaje/comunicación: un concepto complejo

Los contextos y estrategias generativas, que permiten aprender, crear y descubrir posibilidades y oportunidades, requieren reorientaciones importantes en la manera de pensar, trabajar e interactuar. Esto implica un viraje desde un foco exclusivo en la resolución de problemas hacia su compatibilización con la creatividad, la adquisición de nuevas capacidades y una fusión comunicación/aprendizaje ↔ aprendizaje/comunicación, en un bucle que trasciende las recetas del "cómo hacer" para establecer ciclos de acciones reflexivas y conceptualizaciones prácticas, que expande la gama de saberes disponibles para los participantes acerca de sus propias producciones, los conflictos y sus soluciones. Esta reorientación propone que nuestras intervenciones no estén dirigidas sólo a facilitar una resolución de los temas en cuestión, un proyecto y una relación viable para los participantes sino, además, a incrementar la generatividad. Se sostiene así el valor central de las acciones tendientes a resolver las situaciones problemáticas, entendiendo que estas acciones se nutren de un territorio reflexivo y de nuestra creatividad.

Las habilidades para promover contextos generativos y acciones concertadas se basan en la conversación y el lenguaje como dispositivos para la conexión, la coordinación y la innovación. El aprendizaje se torna transformativo para los participantes cuando se focaliza en los temas centrales sobre los que es preciso actuar, experimentando y reflexionando para regular el flujo de interacciones de manera que –en una vuelta sobre ellas– los participantes puedan reflexionar sobre sí mismos, el proceso en el que están involucrados y los resultados. Este punto, de partida y llegada a la vez, ofrece la posibilidad de reconsiderar las hipótesis iniciales, de reconocer qué puede haberse generado durante el proceso y de implementar nuevas acciones/hipótesis iniciando un nuevo ciclo. Este proceso generativo toma la forma de un espiral. En estos ciclos de actividad y experimentación práctica, de observación y reflexión, se favorece la construcción de una comunidad colaborativa que genera sus oportunidades mientras reinventa modelos para sí misma.

En síntesis, la articulación comunicación/aprendizaje ↔ aprendizaje/comunicación facilita procesos donde las personas y organizaciones pueden expandir su capacidad para crear resultados deseados, desarrollar cursos de acción y reflexión novedosos y, en definitiva, aprender a aprender.

Así, cuando los caminos habituales estén cerrados o no conduzcan a los resultados deseados, las personas se involucrarán en un proceso de búsqueda de alternativas para construir posibilidades, partiendo de la dificultad y la esperanza. Transformar, por ejemplo, una conversación estancada en otra que permita la coordinación y cocreación de nuevas realidades, implica un acercamiento de las posiciones, una inclusión recíproca y un reconocimiento del otro, que acentuarán la responsabilidad relacional, la expresión personal, la autorreflexividad, la reafirmación del otro (Gergen, 2000).

Durante los últimos veinte años, numerosos profesionales sistémicos incorporaron aspectos del constructivismo, del construccionismo social, de las teorías narrativas y, más recientemente, del dialogismo, para diseñar teorías e intervenciones de una solidez que permite su aplicación a una diversidad de campos. Surge así una perspectiva que considera e investiga la manera en que las personas se comunican como un proceso formativo donde se generan los mundos sociales, el conocimiento, los modos de coordinar acciones, narrar nuestras relaciones y también las versiones de nosotros mismos (Anderson, 1997; Anderson y Goo-

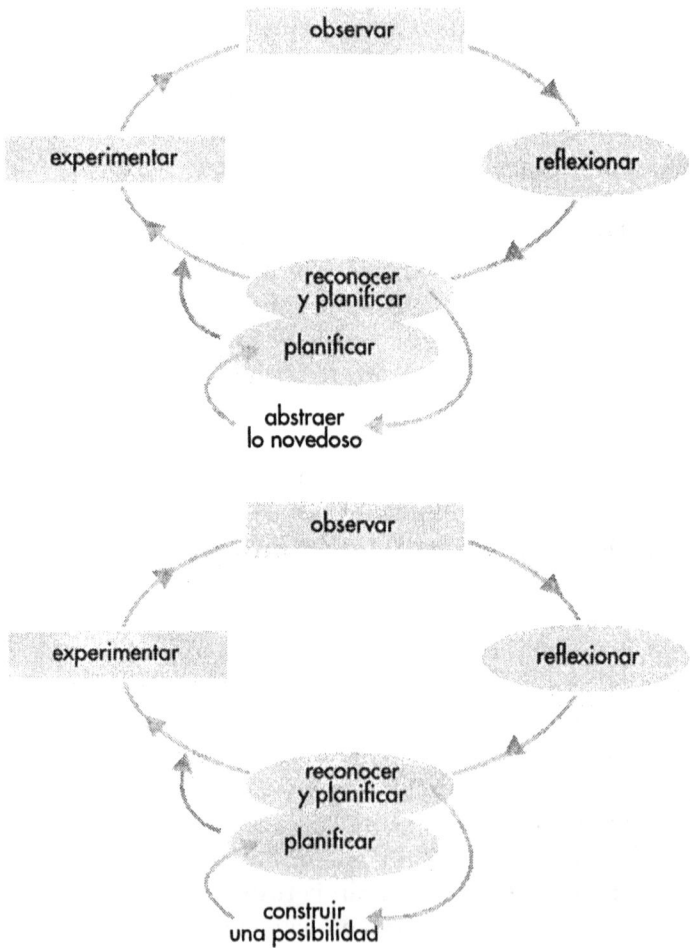

Figura 1. Espiral generativo

lishian, 1988; Cooperrider, 1990; Fried Schnitman, 1995, 1998a-b; 2000a-b; Gergen, 1994; Pearce, 1989; Senge, 1992; Shailor, 1994; Shotter, 1993).

En modelos anteriores, la "comunicación" –entendida como transmisión de mensajes– tenía lugar cuando una persona intentaba intercambiar información con otra, con grados variables de ajuste, persuasión o habilidad. La idea básica era que intercambiar mensajes adecuadamente lograba reducir los malentendidos y los desacuerdos. Ese modelo de transmisión privilegia la claridad y la adecuación de los contenidos del mensaje. En el modelo construccionista la comunicación es exitosa si facilita un proceso *coevolutivo* en el que puedan construirse opciones viables para los participantes. La capacidad de construir opciones desde el interior de ese vínculo no depende sólo de una representación del problema, del mundo, o de que se cuente con información adecuada, sino de la capacidad de cada participante para volver sobre sí mismo y sobre lo construido hasta ese momento, para avanzar en el proceso constructivo y encontrar las oportunidades para producir transformaciones viables, maximizando el potencial para las respuestas creativas y para un cambio acorde a los propósitos de los participantes. En este proceso de aprendizaje los participantes revisan sus estrategias y respuestas.

El giro decisivo está dado por un cambio en las nociones de vínculo y de causa. La adaptación a las circunstancias cambiantes de la vida es una respuesta activa de los individuos y sistemas al reconocimiento de la necesidad de vínculos y/o procedimientos diferentes, y a la movilización de la capacidad de aprender y crear.

Desde el construccionismo y la sistémica, la posición generativa que sostiene este artículo vincula comunicación, creatividad y aprendizaje. El desarrollo e implementación de nuevas habilidades, saberes y oportunidades permite trazar un itinerario entre lo existente y lo posible, itinerario que se compone de enlaces en el diálogo y un espiral reflexivo. Aprendizaje y comunicación evolucionan conjuntamente en la construcción de una posibilidad. En un interjuego entre el reconocimiento de las posibilidades existentes y las emergentes, la capacidad de escuchar y expresarse en múltiples niveles, construir y reconocer opciones novedosas, reciclar, experimentar y estar atento a las transformaciones que van modificando la visión de los participantes, incrementa su posibilidad de llevar una conversación o un proceso en dirección productiva.

Este proceso comunicación/aprendizaje ↔ aprendizaje/ comunicación sirve de base al desarrollo de destrezas que se apoyan en un espiral generativo enlazando el aprendizaje y la innovación mediante cuatro tipos de procedimientos constructivos: los que innovan creando vínculos en el diálogo, los que descubren lo novedoso en y a partir de lo existente, los que construyen visiones de futuro, y los que reafirman a los sujetos como productores de conocimientos y prácticas.

Se instaura así a los sujetos como activos co-constructores de significados y acciones, relaciones y realidades, adoptando una posición *transformadora*, que alude a cómo, mediante actos comunicativos, los sujetos sociales se reconocen a sí mismos y reconocen a otros como productores de estos conocimientos y acciones, ejercitando su poder de producirlos y de aprender como una dimensión transformadora. Estas prácticas dan lugar a un procedimiento constructivo que crea sujetos agentes.

El aprendizaje, en este contexto, no significa adquirir más información, sino aprender acerca de la diversidad de saberes con que contamos, de los procedimientos en los que nos involucramos, de nuestra posibilidad de reconocerlos y revisarlos, y de nuestra posibilidad de aprender. Podemos construir a partir de nuestra capacidad de innovar, de nuestras experimentaciones, de nuestros saberes implícitos, de nuestro conocimiento utilizado de maneras novedosas, podemos expandir la habilidad para mejorar la acción y/o la comprensión mientras éstas tienen lugar, encaminándonos hacia los resultados que queremos mediante la reflexión en acción. (Ver Figura 2.)

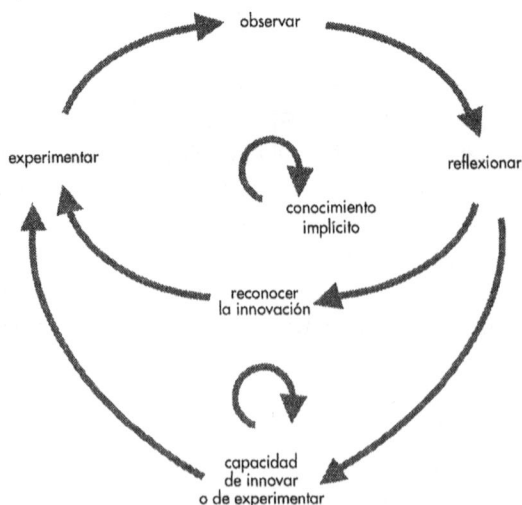

Figura 2. Puntos de partida para construir posibilidades a partir de los circuitos del aprendizaje y la innovación

El aprendizaje no se detiene en la acción. Por el contrario, es allí donde se inician ciclos novedosos ya que podemos reflexionar sobre lo que sucede y sobre aquello que funciona o fracasa. Podemos preguntarnos sobre el proceso constructivo mismo y sobre los resultados: qué descubrimos, qué aprendimos, qué podemos hacer, qué falta, qué puede ser mejorado, qué aperturas y posibilidades se nos presentan. Un punto de partida importante para el proceso de aprendizaje es el conocimiento de las personas acerca de su propio conocimiento: reconocer qué se sabe y reconocer qué no se sabe; la contrapartida es la ceguera cognitivo-emocional que lleva a no saber que algo no se sabe, imposibilitando el aprendizaje y la generatividad. El aprendizaje reflexivo vuelve constructivos nuestros procesos y tiende líneas hacia el futuro. La conectividad y el aprendizaje en el diálogo con el otro transcienden nuestras posibilidades previas hacia una comunidad que aprende.

Apoyándose en el contexto comunicación/aprendizaje ↔ aprendizaje/comunicación, se presenta en las próximas secciones un conjunto de instrumentos teórico-prácticos que permiten construir dispositivos mediadores y espacios intermedios, y pueden ser utilizados como parte de estrategias generativas.

Instrumentos generativos

Los instrumentos generativos trabajan con lo emergente en el proceso comunicación/aprendizaje, incrementando las habilidades de las personas para manejar problemas y conflictos. Podemos distinguir: 1. Instrumentos para crear intersecciones en el diálogo y entre diálogos; 2. Instrumentos reflexivos que trabajan generativamente para el aprendizaje y la innovación; 3. Instrumentos para promover la construcción de una visión a futuro; y 4. Instrumentos que facilitan a los participantes un posicionamiento como sujetos-agentes proactivos. (Ver Apéndice Cuadro Comparativo.)

El profesional que trabaja en un contexto generativo puede utilizar estos instrumentos para actuar de diversas maneras. En un primer nivel, cuando interviene como una tercera parte –mediador, consultor, etc.–, puede facilitar el desarrollo de procesos generativos reorientando las conversaciones y procesos estancados hacia conversaciones y procesos productivos. En un segundo nivel, puede promover aprendizajes sobre los procesos mismos mientras tienen lugar, expandiendo los recursos de los participantes. Finalmente, puede facilitar también el aprendizaje de destrezas para conformar prácticas y estrategias innovadoras, así como para reorientar objetivos y valores o incrementar la creatividad social. Una vez adquiridas estas destrezas, los participantes podrán practicarlas o utilizarlas sin que sea necesaria la presencia de ese profesional.

1. Instrumentos para crear intersecciones en el diálogo y entre diálogos

Se trata de intervenciones específicas que apoyándose en las cualidades emergentes del diálogo crean perspectivas novedosas y alternativas de acción utilizando nodos y enlaces, metáforas y transformaciones narrativas (Fried Schnitman, 1995, 1998a).

Nodos y enlaces. La posibilidad de promover nodos y enlaces novedosos en el diálogo permite la creación contextuada de nuevas posibilidades y la exploración sistemática de temas con capacidad de nuclear alternativas de cambio. Estas intervenciones específicas incluyen: innovaciones de tópicos, elaboración en forma de comentario, topicalización de un comentario y entramado de tópicos en nodos y redes temáticas.

Innovaciones de tópicos. Pueden construirse en el diálogo con aportes de diversas fuentes (profesional, consultantes, otras personas o grupos, otros diálogos en ése u otro momento) y permiten un enfoque novedoso de los temas en cuestión, o tratar temas que no habían sido considerados antes.

Elaboración de enlaces mediante nuevos comentarios. Los comentarios acerca de un mismo tópico formulados por diferentes participantes pueden ser elaborados y enlazados sistemáticamente para explorar ese tema, crear nuevas perspectivas o promover un nodo temático que enlace temas y significados.

Tematización de un comentario. Los temas previamente tratados como parte de un comentario –o como comentarios– se abordan como un tema nuevo y a veces conducen a la conformación de un nodo temático.

Entramado en red de temas y nodos. Se genera en el diálogo cuando se enlazan e interactúan en red diferentes temas o nodos temáticos, creando nuevos sentidos y perspectivas que pueden facilitar el desarrollo de nuevas prácticas. Estas redes se pueden recorrer por diversos caminos y desde diferentes orientaciones y perspectivas.

Metáfora. La metáfora es una estructura de comprensión humana, imaginativa y transversal, que provee oportunidades para crear enlaces novedosos y conexiones alternativas. Emerge en las conversaciones e influye sobre la construcción de la significación, su naturaleza y nuestras posibilidades de acción (Lakoff y Johnson, 1980; Johnson, 1987). La metáfora no es sólo una modalidad lingüística de expresión; más bien es una de las estructuras cognitivas y constructivas centrales a través de la cual vinculamos, proyectamos y/o transferimos relaciones, significados y prácticas de un dominio de experiencia a otro, creando nuevas relaciones. La metáfora nos permite hacer uso de diseños que organizan nuestra experiencia y nuestras formas más abstractas de comprensión de manera inédita, transformar el sentido y cambiar específicamente el contexto, los enlaces y la forma en que nos ubicamos. Es un instrumento generativo privilegiado *para hacer con palabras* y expandir los espacios de lo posible vinculando descripciones en términos no relacionados previamente.

Cabe distinguir: *metáforas de base,* que expresan o transforman valores, creencias o supuestos de los participantes; *metáforas puente,* aquellas que los interlocutores utilizan en un esfuerzo por tornar inteligible, aclarar o compartir el propio punto de vista y contribuir a la comprensión mutua, y *metáforas generativas,* que favorecen la creación de nuevas relaciones, perspectivas, significados y acciones, permitiendo visualizar un futuro (Bethanis, 1995; Fried Schnitman, 1996, 1997a-b, 2000b; Fried Schnitman y Fuks, 1993, 1995).

Las metáforas generativas pueden a su vez distinguirse en tres categorías: *metáforas relacionales,* que permiten desplegar alternativas de relación o de organización entre los participantes,

343

metáforas de transición, aquellas que facilitan el desplazamiento del foco de atención desde un conjunto de temas, relaciones o problemas hacia otros más productivos para construir alternativas posibles, y *metáforas visionarias,* aquellas que permiten visualizar o imaginar un futuro a partir de significados y acciones. (Ver Figura 3.) El profesional estará atento a los diversos episodios, comentarios, problemas y soluciones que expresan las metáforas de base y a las metáforas puente que utilizan los participantes cuando presentan su posición, así como a las oportunidades para la conformación de metáforas generativas.

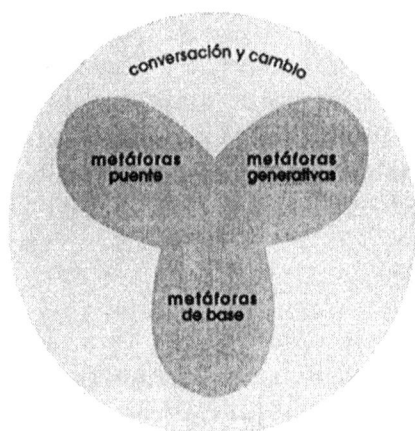

Metáforas

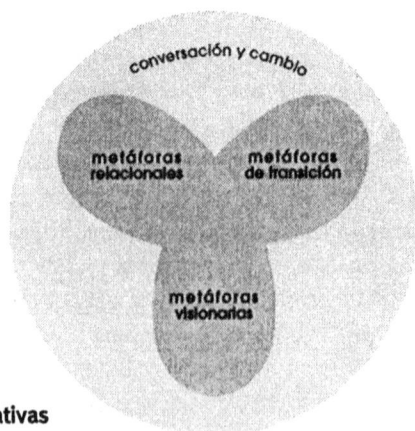

Metáforas generativas

Figura 3.

Narrativas. Las narrativas organizan el flujo de experiencia en relatos coherentes que adjudican una secuencia a los eventos del vivir de acuerdo a un punto de vista ordenador que puede abrir o cerrar opciones y posibilidades para los participantes. Ocupan, por lo tanto, un lugar central en la manera en que las personas historian sus vidas, construyen sentido, incorporan, expresan y transforman los motivos e intenciones de sus actos, relaciones y realidades.

En el diálogo enlazamos nuestras narrativas a las de otros forjando visiones y versiones conjuntas sobre el flujo del vivir. Algunas narrativas resultan más flexibles que otras y admiten enlaces en el diálogo que reformulan novedosamente los temas en cuestión o la manera en que otros enlaces pueden producirse, transformado la coherencia y su punto de vista organizador. Algunos diálogos ofrecen enlaces que permiten transformar o construir narrativas alternativas. Las transformaciones narrativas tienen el potencial de vincular novedosamente eventos, circunstancias y puntos de vista, construir nuevas historias que abren opciones y posibilidades que otras bloquean.

En suma, los instrumentos que trabajan con la capacidad generativa del diálogo para construir intersecciones novedosas incluyen un extenso abanico de posibilidades operativas. El profesional interesado estará atento a las nuevas intersecciones que ocurran espontáneamente así como a las que pueda facilitar o iniciar para avanzar el proceso: los cruces entre parafrasear, vincular y hacer un aporte novedoso, la construcción de un nuevo tema, el entramado de diferentes comentarios y nodos para crear nuevas ópticas o versiones, el registro de diversas metáforas y su potencial generativo, la descripción novedosa, las transformaciones narrativas. Éstos son algunos de los procesos constructivos del diálogo que posibilitan crear perspectivas o plataformas para sostener los cursos alternativos de acción.

2. Instrumentos reflexivos que trabajan para el aprendizaje y la innovación

Se trata de intervenciones que se apoyan en la cualidad emergente del aprendizaje y el conocimiento de los participantes acerca de sus propios conocimientos para construir posibilidades novedosas. Operan a partir del reconocimiento de los descubrimientos inesperados, el reciclado de lo ya conocido, la experimentación de alternativas, la innovación premeditada, los itinerarios recorridos en los procesos generativos, el diálogo reflexivo con las propias producciones y la construcción de nuevos saberes desde el conocimiento implícito. (Ver Figura 2.)

Descubrimientos inesperados: construcción reflexiva de marcadores de contexto e itinerarios. En la exploración de nuevas posibilidades se presentan descubrimientos inesperados, pero los participantes tienden a verlos *sólo* cuando pueden reconocer y describir la innovación en el proceso mismo. Y cuando lo hacen, dichas innovaciones se tornan visibles y se convierten en indicadores de transformación. A medida que los participantes exploran el significado de estas innovaciones las utilizan como plataformas para avanzar en el proceso constructivo, demostrando que incorporaron como recurso lo aprehendido en dicho proceso. Algunas preguntas reflexivas facilitan este proceso, por ejemplo: ¿Qué le/s indicaría que...? ¿Cómo lo reconocería/n...? ¿Cómo sabría/n que....? ¿Cómo lo notaría/n? ¿Quién/es más lo notaría/n? ¿Qué oportunidades se abren?

Una vez referenciados, estos indicadores operan –para los participantes– como señales que, en el proceso generativo, marcan el *itinerario* entre lo existente y lo posible, integrándose al circuito de acciones o procedimientos específicos que crean alternativas y visiones a futuro. El proceso toma la forma de un espiral reflexivo que orienta nuevas acciones.

Reciclado de posibilidades existentes utilizando el interjuego entre procesos de encuadres y situaciones. En la búsqueda de encuadres novedosos para resolver la situación problemática se pueden reciclar experiencias pasadas que resultaron útiles y actuar desde lo conocido, buscando lo novedoso. Para esto los participantes pueden apoyarse en las experiencias previas (lo conocido) y en su propio repertorio de recursos útiles en el pasado. Un diálogo que enlaza los recursos del pasado con las posibilidades presentes o futuras puede reciclar novedosamente dichos recursos, realizando al mismo tiempo una operación de asimilación y diferencia. Por ejemplo: ver como si...; hacer como si...; ver esta situación como vi aquélla; hacer en ésta como hice en aquélla; responder en este caso como respondí en aquél; ubicarme ahora como me ubiqué entonces; y también registrar las diferencias.

Diálogo reflexivo con las propias producciones. Para considerar de manera novedosa una situación problemática o conflictiva, también se puede construir algo diferente a través del diálogo reflexivo con la propia experiencia y la reflexión en acción (Schön, 1983; Bamberger y Schön, 1991). A través del diálogo reflexivo con sus producciones las personas pueden construir posibilidades inéditas en un interjuego entre encuadres posibles, problemas, investigación activa de innovaciones y alternativas. Estas instancias no pueden abordarse exclusivamente aplicando lo ya conocido –se trate de experiencias previas, modelos o perspectivas– sino que es preciso comprender las situaciones tal como se las encuentra al inicio y avanzar en el reconocimiento de su propia singularidad, forjando en el proceso el marco adecuado.

En este tipo de proceso, se parte del reconocimiento del problema con su encuadre original para explorar las implicaciones resultantes. El profesional facilita la exploración reflexiva por parte de los participantes de nuevas opciones que expanden los límites de lo que para ellos resultaba posible en un primer momento. Este proceso requiere probar encuadres alternativos tomando en cuenta las implicaciones y consecuencias de cada uno. Cada vez que los participantes reencuadran experimentalmente una situación, deben evaluar el ajuste encuadre-problema y testear la adecuación del encuadre a la situación, explorar y evaluar las implicaciones, consecuencias y nuevos movimientos que se generan –problemas que habrá que entender y resolver, nuevas oportunidades que cabe aprovechar, descubrimientos que invitan a nuevas reflexiones. Así, el proceso genera un espiral con fases de reconocimiento y apreciación, acción, reapreciación. El proceso mismo sugiere nuevas preguntas tomando la forma de un espiral reflexivo en el que se adopta la postura de la investigación-acción. Las situaciones únicas e inciertas llegan a comprenderse a través del esfuerzo por transformarlas, y a *transformarse* a través del esfuerzo por comprender*Pe-*

queños experimentos de campo. Resulta útil reconocer los pequeños experimentos que ocurren espontáneamente o diseñarlos
en forma premeditada como mini-ensayos que anticipan y trabajan realidades posibles. Pueden ser jerarquizados encarándo-
los como herramientas mediante su implementación sistemática. Se actúa con el propósito de ver qué sucede o explorar una
hipótesis. En el primer caso, pueden iniciarse preguntando si ha
sucedido algo novedoso, o mediante la reflexión sobre lo que
espontáneamente ha sucedido. Tienen éxito cuando conducen
al descubrimiento de acciones y procedimientos útiles o novedosos. Algunas preguntas sencillas que invitan a esta exploración y al diálogo con la experiencia presente podrían ser: ¿ha
observado o descubierto algo que le llamara la atención, algo
inesperado?; frente a este problema ¿se ha encontrando inten-
tando algo fuera de lo habitual? También es posible iniciar una
cadena de diálogos con posibilidades futuras: ¿qué podría considerar o intentar que no se haya tomado en cuenta hasta ahora? Si repentinamente esta situación se hubiera resuelto ¿qué
notarían diferente? ¿qué imaginan que pasaría si este problema
no existiese?

En el segundo caso, se parte de hipótesis o posibilidades hipotéticas. Las preguntas que favorecen estas exploraciones trabajan sobre las posibilidades –¿que pasaría si....?–, utilizan el
condicional, reconocen los pequeños experimentos cuando tienen lugar y facilitan las exploraciones y las pequeñas pruebas
para testear las hipótesis.

El profesional y los participantes evaluarán el potencial de
las innovaciones, el diálogo con las propias producciones y los
pequeños experimentos para reformular la situación problemática teniendo en cuenta: 1) la capacidad de lo novedoso para resolver el problema, 2) su examen y apreciación de los efectos
inesperados de la acción, 3) su habilidad para convertir lo que
propone en una construcción coherente y comprensible, y para
mantener el proceso en movimiento. Si el reencuadre o el experimento resultan exitosos, el proceso sigue su curso.

*Utilización de distintos tipos de saberes para construir posibili-
dades en el diálogo dando lugar a nuevas realidades.* En un contex-

to generativo, también pueden facilitarse nuevas posibilidades a través de intervenciones específicas que expanden los saberes de las personas partiendo del conocimiento implícito en las acciones, descripciones, propósitos o experiencias –de lo conocido se avanza hacia lo no conocido aún. Estos procesos constructivos operan como plataformas para la expansión de opciones a partir de los distintos tipos de saberes: *saber cómo, saber qué, saber acerca de, saber decir acerca de* y *saber acerca de sí en contexto.* Cada saber puede ser un punto de acceso a construcciones novedosas (Fried Schnitman, 1995, 1998a; Fried Schnitman y Schnitman, 1998; Fried Schnitman y Vecchi, 1998).

Saber cómo es el conocimiento implícito en el saber hacer, permite reconocer lo novedoso y actuar incorporando lo que se reconoce. A menudo está imbricado y expresado en las acciones pero no en las palabras.

Saber qué es experimentar ese saber como significativo para uno mismo; es el saber de los participantes ligado al reconocimiento de los propósitos y del sentido de las acciones en contexto. El *saber qué* guía a los actores sociales en la elección de cursos de acción pertinentes para sí en cada situación. Se manifiesta en experiencias subjetivas y está ligado a la construcción del sentido de la acción en ese contexto de vida, al reconocimiento de la propia identidad y del otro.

Saber acerca de es tener conocimiento de qué se sabe para poder utilizarlo.

Saber decir acerca de es poder describirlo, y tal saber se expresa en lo que se dice acerca de lo novedoso.

Saber de sí en contexto es un saber acerca de uno mismo en relación; está imbricado en la ubicación y la participación relacional como un saber acerca de los espacios sociales y los contextos.

La interacción de los distintos tipos de saberes permite integrar de manera original las contribuciones de diferentes fuentes y avanzar constructivamente: se puede partir del conocimiento implícito en uno de los saberes y, enlace tras enlace, reconocer y/o construir los otros saberes como un andamiaje que provee posibilidades inéditas, no consideradas hasta ese momento. (Ver Figura 4.)

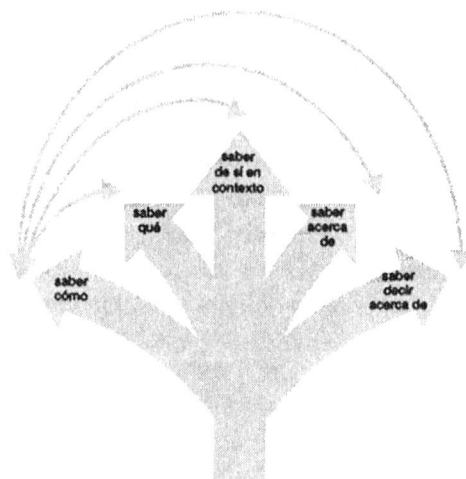

Figura 4. Saberes emergentes

3. Instrumentos para la construcción de una visión a futuro

En un proceso generativo se reciclan materiales anteriores en visiones novedosas, se perfilan alternativas que se convierten, poco a poco, en una óptica que comienza como un punto de vista hasta que, en un momento dado, "es la realidad". Al igual que en una reacción química, la nueva perspectiva precipita como una nueva realidad.

Algunas intervenciones posibilitan maneras más ricas de construir alternativas, imaginar el futuro y facilitar su puesta en acto. La futurización, los escenarios y visiones alternativas, y la corporización de realidades construidas, son instrumentos que permiten la concreción de estos procesos generativos.

En la *futurización* se facilita el reconocimiento y la apreciación de los diversos itinerarios elaborados en el diálogo, el aprendizaje, la innovación, etc., expandiendo la visión hacia una red de futuros posibles. Para ello se generan, exploran y expanden *escenarios y visiones alternativas*; sin abandonar la posición actual se consideran los aspectos e itinerarios novedosos surgidos durante el proceso y las oportunidades que brindaría su implementación, se ponderan las alternativas, las diferencias, su viabilidad y, suficientemente informado, se elige cómo avanzar en el proceso.

La *corporización de realidades construidas* permite transformar un futuro posible en una realidad tangible; para ello se trabaja especificando las condiciones necesarias para su puesta en acto y se concreta mediante acciones efectivas. El fortalecimiento de los cursos de acción elegidos, su evaluación y su mantenimiento completan el ciclo.

4. Instrumentos que reafirman a los participantes como sujetos-agentes proactivos

La *recuperación del poder* (*empowerment*) y el *reconocimiento* son procesos comunicacionales mediante los cuales los participantes se reconocen a sí mismos y reconocen a otros como sujetos que pueden reflexionar en acción, crear enlaces, producir posibilidades y acciones inéditas, aprender a aprender. Así, ellos mismos y su relación devienen intersecciones constructivas, es decir sujetos-agentes proactivos. Las prácticas discursivas que promueven este tipo de proceso incluyen el reconocimiento de sí y del otro, y un incremento de la conciencia solidaria.

El proceso en movimiento

Como hemos planteado, en los procesos generativos los sujetos-agentes participan en la producción de enlaces y tramas novedosas en el diálogo, la innovación y la identificación de lo novedoso, la exploración como un proceso constructivo, el reciclado de aquello que se conoce y puede ser utilizado de maneras novedosas, el trabajo reflexivo con el conocimiento en acción, la realización de pequeños experimentos, el trabajo a partir de la diversidad de saberes y el conocimiento implícito, la proyección a futuro manteniendo opciones abiertas, y el reconocimiento de los itinerarios que construyen una posibilidad y su puesta en acto.

Al reflexionar sobre los procesos constructivos, frecuentemente se reconocen y describen los pasos que condujeron a resultados, ligándolos a opciones, elecciones y posibilidades diversas. Los participantes pueden volver sobre los itinerarios seguidos, las exploraciones realizadas y los enlaces tejidos reconociéndolos y, simultáneamente, construyendo nuevas posibilidades.

Son particularmente interesantes las relaciones entre acciones y descripciones. Cuando se reflexiona sobre una acción y se la describe, esa externalización abre nuevas posibilidades porque permite considerar sus implicancias.

La comparación de similitudes y diferencias –en el ir y venir entre acciones, descripciones, experiencias, resultados y contextos– libera una suerte de *principio ordenador* que da cuenta del camino transitado y el conocimiento adquirido, que es un punto de llegada, no de partida, ya que se construye durante el proceso.

Cuando se trabaja con el aprendizaje y la innovación es preciso proceder con rigor, manteniéndose abierto a toda evidencia resultante, aun la de su fracaso. Los efectos inesperados, no intencionales, así como la refutación o la resistencia, también aportan información valiosa para orientar el proceso. De esa forma, si las hipótesis, los marcos o los movimientos resultan inadecuados, o inesperados, el profesional y los participantes podrán preguntarse por nuevas maneras de comprender la situación, por nuevos encuadres y procedimientos. Estos procesos organizan cursos de acción. Cuando los participantes en un proceso de resolución de conflictos o problemas reflexionan en acto, su experimentación es exploratoria, poniendo a prueba, simultáneamente, hipótesis y procedimientos. En la práctica, la reflexión en acción es una respuesta de aprendizaje a una situación presente que avanza creando paso a paso. Luego, lo aprendido se incorpora al resultado efectivo de la acción. Aprendemos a reconocer, a ver la diferencia –lo novedoso– y, al hacerlo, aprendemos a reflexionar *a posteriori* sobre estos momentos.

Los caminos que se trazan dependen de movimientos previos y de la proyección de posibilidades futuras. La relación con la situación es siempre dialógica, transaccional y transformativa: lo que se intenta comprender es al mismo tiempo lo que se está construyendo, y se entiende la situación, precisamente, al tratar de cambiarla dando lugar a un proceso de investigación en la acción y de adquisición de nuevos saberes.

Todos los instrumentos descriptos tienen el potencial de iniciar procesos generativos o de sostener los que están en curso. Cuando un proceso se inicia a partir del *saber cómo*, el conocimiento que revela nuestro accionar está implícito en la acción

–nos referimos a las acciones y juicios que sabemos cómo llevar adelante sin pensarlos explícitamente. Nuestro conocimiento en acción puede expandirse mediante la exploración de un patrón de conducta en el que se van ajustando las acciones mientras se actúa. Sin embargo, este conocimiento implícito puede explicitarse incorporando descripciones y reflexiones acerca de qué se aprende en la exploración.

La construcción de sentido –el *saber qué*– provee un marco para el proceso de toma de decisiones y una base que permite visualizar futuros posibles, crear contextos para la comunicación y el consenso con otros.

Si el proceso se inicia a partir del *saber qué* o del *saber decir acerca de*, su despliegue en acciones especificas –*saber cómo*– concretará las posibilidades emergentes. En este proceso de concreción tienen lugar ajustes y modificaciones que van transformando tanto los efectos imaginados como los encontrados. De este modo, prácticas, experiencias y descripciones se constituyen en *indicadores* de lo emergente.

Para que los participantes puedan reconocer qué saben y qué ignoran acerca del problema, de las diferencias y/o de su posible solución, y crear así plataformas para el cambio, resulta útil invitarlos a una exploración activa –observación, descripción y registro de lo que acontece. Se pueden utilizar agendas y evaluaciones transformativas, cuadernos de viaje, notas y otros instrumentos para monitorear los cambios (Fried Schnitman, 1998c; Fried Schnitman y Schnitman, 1998; Fried Schnitman y Vecchi, 1998).

Una posición generativa

En un contexto generativo la comunicación/aprendizaje reconfigura el lugar de cada participante, quien pasa a formar parte de una comunidad colaborativa que aprende de sus propios procesos, interesada y capaz de indagar tanto en las convergencias como en las diferencias, de utilizar generativamente la diversidad y el conflicto para alcanzar resoluciones a problemas, acuerdos sobre diferencias, o crear posibilidades.

La resolución de problemas y conflictos se vuelve un trabajo de campo conducido por "equipos colaboradores", integrados por profesionales y participantes. En el proyecto mediador –aquel que construye y se construye en un espacio intermedio– estos equipos se comprometen a investigar *sobre* y *en* la acción –así como sobre la participación– a fin de comprender mejor con qué espectro de alternativas cuentan y podrían contar para decidir cómo manejar una situación específica, la resolución de un conflicto, construir una posibilidad o disolver un problema.

Los participantes buscan proactivamente oportunidades para explorar maneras novedosas y aceptables de atravesar los conflictos, ampliar los márgenes y contar así con una mayor capacidad de maniobra. Cada proceso de resolución, como proyecto de una comunidad colaborativa, cosecha, recapitula e integra progresivamente los saberes con los que el grupo va enriqueciéndose. El proceso conlleva una experiencia que combina investigación, innovación, reflexión y práctica. Respeta la complejidad e inspira responsabilidades éticas mediante prácticas reflexivas innovadoras. Crea también un ambiente de trabajo donde cada participante tiene posibilidad de involucrarse.

En un proceso que integra resolución y creatividad, los participantes pueden recorrer experiencias previas y seleccionar lo que ha sido útil y lo que puede ser reciclado, transformado. Reflexionan sobre dicho proceso –qué sucede, qué oportunidades están disponibles, qué procedimiento es adecuado, qué desean para sí y para los otros involucrados. Proponen alternativas potencialmente enriquecedoras de la experiencia de todos los participantes. Realizan pequeños experimentos destinados a probar esas alternativas. Aprenden observando y probando nuevas posibilidades y habilidades.

Quienes participan –personas u organizaciones– en el proceso descripto recuperan poder si se reafirman recíprocamente como capaces de generar opciones, aprender y avanzar en la dirección que se proponen trabajando constructiva y estratégicamente. Pueden así reconocer, evaluar y modificar sus posibilidades operativas en diferentes niveles: pueden revisar sus respuestas y la selección de sus alternativas evaluando el contexto, así como volver reflexivamente sobre sus propias construcciones y sus propios procesos constructivos, reconociendo los modelos, pautas y criterios con que los producen, los propósitos y valores que organizan sus percepciones y acciones. De este modo se acercan a aspectos del aprendizaje que incluyen habilidades para la toma de conciencia, la comprensión, la estrategización, la imple-

mentación y el monitoreo de lo que inician, así como a aspectos reflexivos y constructivos que caracterizan las transformaciones y el aprender a aprender. Tienen la posibilidad de encontrar soluciones, nuevos
procedimientos, transformar sus circunstancias y a sí mismos en tanto aprenden cómo hacerlo.

Cartografía generativa

Algunas preguntas-guía facilitan el reconocimiento de posibilidades generativas, expanden las habilidades del profesional y los participantes para reconocer lo novedoso, invitan a identificar y a reflexionar sobre los ciclos generativos y los aprendizajes, a formular con
claridad –en algún punto del proceso– quiénes son los sujetos-agentes de la construcción reflexiva y cuáles los indicadores e itinerarios
–cómo los reconocen y qué aportan.

Preguntas-guía para:
Identificar y describir posibilidades generativas
¿Qué posibilidades novedosas se han presentado?
¿Qué aporta cada una de ellas y de qué manera lo hace?
¿Cuál es la contribución de lo novedoso y qué posibilidades de acción
ofrece?
¿Estas posibilidades se integran con su vida cotidiana/comunitaria/la-
boral? ¿Qué cambios producirían?

Encuadrar caminos posibles y visiones emergentes
¿Cómo responden –o podrían responder– las nuevas posibilidades a
los temas en cuestión?
¿Qué cambios producirían las nuevas posibilidades?
¿Cómo podrían construir conjuntamente lo que se proponen?
¿Qué futuro desearían construir?
¿Cómo podrían expandirse los intereses personales y los compartidos
en esta visión?
¿Cómo imaginaría una resolución?
En el curso de este proceso, ¿qué despierta su curiosidad y lo invita a
profundizar la exploración?
¿Cuáles son sus interrogantes, temores e incertidumbres?

Identificar los saberes emergentes

Saber qué y *saber cómo*

¿Qué identifica o reconoce como novedoso?

¿De qué nuevas habilidades dispone? ¿Cómo se generaron?

¿Cómo reconoce los nuevos desempeños, posibilidades, perspectivas?

¿Qué oportunidades abren? ¿Cómo podrían ser implementadas?

¿De qué manera contribuyen usted, los otros o conjuntamente a su implementación y sostén?

Saber decir

¿Cuál es la idea central de su propuesta? ¿Cómo la describiría?

Si se implementara ¿qué posibilidades de acción abriría?

¿Cómo se conecta con las otras propuestas y acciones?

¿Cómo cree usted que logra comunicar aquello que le resulta importante? ¿Cómo logra escuchar lo que es importante para el otro?

Saber de sí en contexto

¿En alguna situación se sorprendió de su propio desempeño?

¿Le había pasado antes? ¿Considera que esta posición es novedosa para usted o para los otros?

¿En qué punto podríamos abordar esta cuestión? ¿Cuál sería el primer paso que cada uno puede dar?

¿Les interesaría cambiar el futuro? ¿Cómo les gustaría que fuera? ¿Qué tendría que hacer cada uno para posibilitarlo?

Facilitar el reconocimiento del otro y las identidades emergentes

¿Qué escuchó decir al otro?

¿Cómo escuchó que se sentía el otro?

¿Propuso algo novedoso para usted?

¿Qué notó como diferente en el otro respecto de sus posiciones anteriores?

¿En qué se sintió escuchado?

¿En que situaciones novedosas se reconoce involucrado?

Incrementar la conciencia solidaria y colaborativa

¿Cómo beneficiarían a las partes las nuevas posibilidades y el mutuo reconocimiento? ¿Qué otras personas se beneficiarían y cómo?

¿De qué nuevas maneras podrían hablar y actuar entre sí y con los demás?

¿Cómo podría involucrarse específicamente cada participante en la construcción de posibilidades? ¿De qué otra forma podría hacerlo?

¿Qué podría facilitar –y cómo– que la relación entre ustedes cambie favorablemente?

Cierre y apertura

Los procesos generativos tienen el potencial de resolver conflictos, transformar relaciones y personas ayudándolas a lidiar con circunstancias difíciles o problemáticas, tender puentes entre las diferencias en medio de conflictos, construir posibilidades de coordinación, promover formaciones sociales novedosas, expandiendo el aprendizaje y la creación de posibilidades inéditas. Respondiendo a los desafíos de tornar esta visión una realidad práctica, restaura la visión de personas como sujetos-agentes que pueden apoyarse en su capacidad de aprender e innovar para manejar los problemas de muy diversa índole que la vida les presenta, reconocer y tener empatía por los problemas de los otros y colaborar en la búsqueda de alternativas. Esta visión generativa y transformativa está conectada con una visión emergente del *self,* de las relaciones interpersonales y la sociedad que se basa en la importancia asignada a las relaciones sociales, en lugar de un foco exclusivo en la satisfacción y autonomía personal. Profesionales e investigadores en muy diferentes campos están en proceso de articular un giro paradigmático hacia una visión comunitaria, ética y política, basada en esta concepción relacional.

A modo de cierre, quisiéramos señalar que, en general, los espacios del paradigma ganar-perder favorecen las alternativas de la dominación o la hegemonía; los espacios del paradigma ganar-ganar maximizan los réditos y el compromiso en aras del beneficio recíproco; los espacios del paradigma generativo se apoyan en la creación de recursos para diseñar lo posible abrevando en lo diverso.

Las *posibilidades* no están necesariamente allí, disponibles, ya dadas. Es nuestro desafío descubrirlas, facilitarlas, crearlas de dominio en dominio, sobre la base de coordenadas y procedimientos que permitan su emergencia, como se puede apreciar en los trabajos presentados en este volumen. Como todo proceso generativo también éste es a la vez pragmático y reflexivo, punto de partida y de llegada, una tarea abierta.

APÉNDICE
CUADRO COMPARATIVO

1. INSTRUMENTOS QUE PERMITEN CREAR ENLACES E INTERSECCIONES EN EL DIÁLOGO Y ENTRE DIÁLOGOS PARA CONSTRUIR POSIBILIDADES INÉDITAS

NODOS Y ENLACES

para construir intersecciones en el diálogo

- innovaciones de tópicos para construir temas novedosos
- elaboración de enlaces mediante nuevos comentarios
- enlace de significados en torno a un nodo temático
- topicalización de un comentario para construir nuevos temas
- entramado de temas y nodos para construir redes

NARRATIVAS

para transformar la coherencia o el punto de vista

- reorganizar la experiencia
- reordenar las secuencias de eventos
- transformar el punto de vista o criterio ordenador
- reorganizar nuevos sentidos y acciones
- reorganizar motivos e intenciones

METÁFORAS

para proyectar diseños de un dominio a otro

- metáforas de base para generar o transformar valores, creencias y supuestos
- metáforas puente para incrementar la comprensión mutua
- metáforas generativas para crear nuevas perspectivas:
  - relacionales
  - de transición
  - visionarias

2. INSTRUMENTOS REFLEXIVOS QUE TRABAJAN GENERATIVAMENTE EL APRENDIZAJE Y LA INNOVACIÓN

PEQUEÑOS EXPERIMENTOS DE CAMPO

para reconocer y realizar innovaciones y experimentaciones

- explorar hipótesis
- ver qué sucede espontáneamente
- ver si ha sucedido algo novedoso
- ver, hipotéticamente, qué podría suceder

DIÁLOGO REFLEXIVO CON LAS PROPIAS PRODUCCIONES

para construir lo novedoso mientras se lo produce

- trabajar desde la comprensión de las situaciones tal como se las encuentra y avanzar en el reconocimiento de su singularidad forjando el marco adecuado
- reconocer el problema tal como se lo ha encuadrado y explorar las implicaciones resultantes
- probar encuadres alternativos especificando las implicaciones y consecuencias
- evaluar el nuevo ajuste encuadre/problema
- testear la adecuación del encuadre a la situación
- explorar y evaluar las consecuencias, implicaciones y nuevos movimientos que se generan

TIPOS DE SABERES

para construir a partir del conocimiento implícito

- reconocer las instancias en que algo funcionó bien, las excepciones
- expandir a partir de este reconocimiento...
  - el saber cómo
  - el saber qué
  - el saber acerca de
  - el saber acerca de sí en contexto

DESCUBRIMIENTOS INESPERADOS: CONSTRUCCIÓN REFLEXIVA DE MARCADORES DE CONTEXTO E ITINERARIOS

para reconocer las innovaciones que ocurren espontáneamente

- tomar visibles las decisiones que se toman en el camino
- reconocer itinerarios
- describir los pasos que conducen a los resultados
- ligar opciones, posibilidades diversas y elecciones

RECICLAR NOVEDOSAMENTE

para enlazar los recursos disponibles con las posibilidades presentes o futuras

- descubrir cómo encuadrar de manera diferente desde lo conocido
- utilizar el propio repertorio de recursos útiles en el pasado

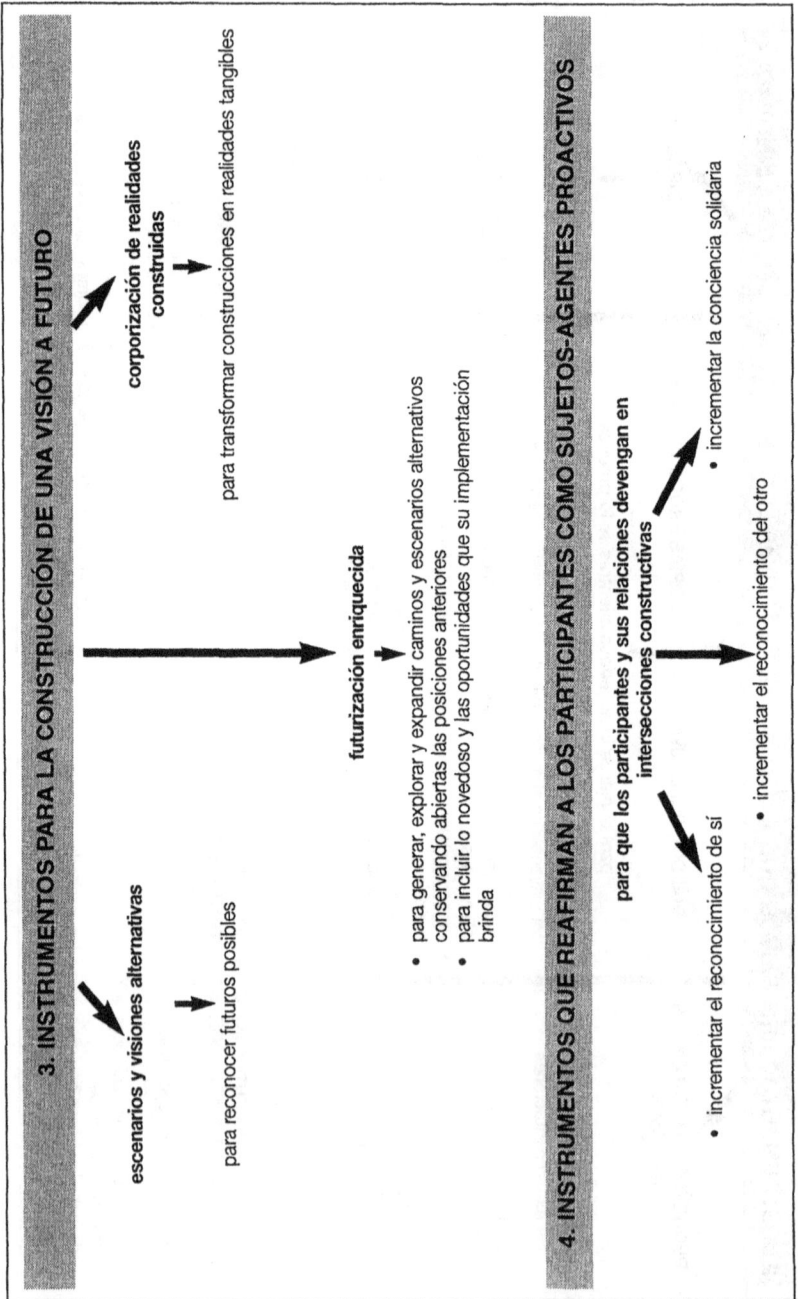

3. INSTRUMENTOS PARA LA CONSTRUCCIÓN DE UNA VISIÓN A FUTURO

escenarios y visiones alternativas

para reconocer futuros posibles

futurización enriquecida

- para generar, explorar y expandir caminos y escenarios alternativos conservando abiertas las posiciones anteriores
- para incluir lo novedoso y las oportunidades que su implementación brinda

corporización de realidades construidas

para transformar construcciones en realidades tangibles

4. INSTRUMENTOS QUE REAFIRMAN A LOS PARTICIPANTES COMO SUJETOS-AGENTES PROACTIVOS

para que los participantes y sus relaciones devengan en intersecciones constructivas

- incrementar el reconocimiento de sí
- incrementar el reconocimiento del otro
- incrementar la conciencia solidaria

Referencias

Anderson, H. (1997), *Conversation, Language, and Possibilities*. Nueva York: Basic Books.

Anderson, H. y Goolishian, H. (1988), "Human Systems as Linguistic Systems: Evolving Ideas about the Implications for Theory and Practice. *Family Process, 27*, 371-393.

Argyris, C. (1993), *Knowledge for Action. A Guide to Overcoming Barriers to Organizational Change*. San Francisco: Jossey-Bass Publishers.

Bamberger, J. y Schön, D.A. (1991), "Learning as Reflective Conversation with Materials. En: F. Steier (Comp.). *Research and Reflexivity*. Londres-Newbury Park-Nueva Deli: Sage Publications.

Bateson, G. (1972), *Steps to an Ecology of Mind* (*Pasos Hacia una Ecología de la Mente*. Buenos Aires: Ediciones Carlos Lohlé. 1976). Nueva York: Ballantine Books, Inc.

Bethanis, S.J. (1995), "Language as Action: Linking Metaphors with Organization Transformation". En: S. Chawla y J. Renesch (Comps.). *Learning Organizations: Developing Cultures for Tomorrow's Workplace*. Portland, Oregon: Productivity Press.

Cooperrider, D. (1990), *Appreciative Management and Leadership: The Power of Positive Thought and Action in Organizations*. San Francisco: Jossey-Bass Publishers.

Deleuze, G. (1995), *Negotiations. 1972-1990*. Nueva York: Columbia University Press. Trad. Martin Joughin. (Trabajo original publicado en 1990.)

Fried Schnitman, D. (1983), *Cultural Issues in Family Therapy: A Systemic Model*. Tesis Doctoral presentada a Wright Institute Graduate School, Berkeley, California.

Fried Schnitman, D. (1994), *Nuevos paradigmas, cultura y subjetividad*. Buenos Aires-Barcelona-México: Paidós.

Fried Schnitman, D. (1994a), "Introducción. Ciencia, cultura y subjetividad". En: D. Fried Schnitman. *Nuevos paradigmas, cultura y subjetividad*. Buenos Aires-Barcelona-México: Paidós, págs. 15-34.

Fried Schnitman D. (1995), "Hacia una terapia de lo emergente: construcción, complejidad, novedad". En: S. McNamee y K.J. Gergen (Comps.). *La terapia como construcción social*. Barcelona-Buenos Aires-México: Paidós, págs. 253-274.

Fried Schnitman, D. (1996), "Between the Extant and the Possible". *Journal of Constructivist Psychology, 9* (4), 263-282.

Fried Schnitman, D. (1997a), "La metafore del cambiamento sistemico". *Connessioni* (2), 9-22.

Fried Schnitman, D. (1997b), "Fra l'esistente e il possibile". *Pluriverso, II* (3), 70-80.

Fried Schnitman, D. (1998a), "Navigating in a Circle of Dialogues". *Human Systems: The Journal of Systemic Consultation & Management, 9* (1), 21-32.

Fried Schnitman, D. (1998b), "Evolutionary Cluster of Systemic Concepts". *Human Systems: The Journal of Systemic Consultation & Management, 9* (3-4).

Fried Schnitman, D. (1998c), Propuesta y Fundamentación de un Programa Mo-

361

dular en Teoría y Práctica Psicológica Sistémica. Facultad de Psicología, Universidad de Buenos Aires.

Fried Schnitman, D. (2000a), "New Paradigms, New Practices". En: D. Fried Schnitman y J. Schnitman (Comps.). *New Paradigms, Culture and Subjectivity.* Nueva Jersey: Hampton Press.

Fried Schnitman, D. (2000b), "Metaphors of Systemic Change. En: D. Fried Schnitman y J. Schnitman (Comps.). *New Paradigms, Culture and Subjectivity.* Nueva Jersey: Hampton Press.

Fried Schnitman, D. y Fuks, S. (1993), "Paradigma y crisis: entre el riesgo y la posibilidad". *Psykhe, 2* (1) 33-42. *Sistemas Familiares, 9* (3) 33-44.

Fried Schnitman, D. y Fuks, S. (1995), "Paradigme et crise: entre risque et possibilite". *Thérapie Familiale, 16* (2) 145-162.

Fried Schnitman, D. y Schnitman, J. (1998), "Reflexive Models and Dialogic Learning". *Human Systems: The Journal of Systemic Consultation & Management, 9* (2), 139-154.

Fried Schnitman, D. y Schnitman, J. (2000), "La resolución alternativa de conflictos: un enfoque generativo". En: D. Fried Schnitman (Comp.). *Nuevos paradigmas en la resolución de conflictos: perspectivas y prácticas.* Buenos Aires: Granica.

Fried Schnitman, D. y Vecchi, S.E. (1998), "Mediación en educación ↔ educación en mediación". *Ensayos y Experiencias. Rev. de Psicología en el Campo de la Educación, 24,* 64-73.

Gergen, K.J. (1994), *Realities and Relationships: Soundings in Social Construction (Realidades y Relaciones.* Buenos Aires: Paidós. 1996). Cambridge, Massachusetts-Londres: Harvard University Press.

Gergen, K.J. (2000), "Hacia un vocabulario para el diálogo transformador". En: D. Fried Schnitman (Comp.). *Nuevos paradigmas en la resolución de conflictos: perspectivas y prácticas.* Buenos Aires: Granica.

Guattari, F. (1994), "El nuevo paradigma estético". En: D. Fried Schnitman. *Nuevos paradigmas, cultura y subjetividad.* Buenos Aires-Barcelona-México: Editorial Paidós, págs. 185-204.

Johnson, M. (1987), *The Body in the Mind. The Bodily Basis of Meaning, Imagination, and Reason.* Chicago-Londres: The University of Chicago Press

Lakoff, G. y Johnson, M. (1980), *Metáforas de la vida cotidiana.* Madrid: Cátedra. 1986.

Pearce, W.B. (1989), *Communication and the Human Condition.* Carbondale-Edwasville: Southern Illinois University Press.

Schön, D.A. (1983), *The Reflective Practitioner. How Professionals Think in Action.* Nueva York: Basic Books.

Schön, D.A. (Comp.) (1991), *The Reflective Turn. Case Studies in and on Educational Practice,* Nueva York-Londres: Teachers College Press.

Senge, P. (1992), *La Quinta Disciplina.* Barcelona: Granica.

Shailor, J. (1994), *Empowerment in Dispute Mediation: A Critical Analysis of Communication.* Westport, CT: Praeger.

Shotter, J. (1993) *Conversational Realities.* Londres: Sage.

ACERCA DE LOS AUTORES

Dora Fried Schnitman. Fundadora y directora de la Fundación INTERFAS. Responsable de su dirección académica y de los 250 seminarios, talleres y encuentros que esta institución ha realizado (desde 1983) de los cuales 40 se han focalizado en resolución de conflictos en diferentes contextos. Directora del Programa de Posgrado de Actualización en Psicología Clínica con Orientación Sistémica (desde 1993), y miembro de la Comisión de Doctorado (1994-1999), ambos de la Facultad de Psicología, Universidad de Buenos Aires. Docente Responsable del Seminario Crisis en Organizaciones y Organizaciones en Crisis, Carrera de Especialización de Posgrado Empresas en Crisis, Facultad de Ciencias Económicas, UBA. Ha sido docente de posgrado de diversas universidades nacionales y latinoamericanas. Docente de la División de Medicina Familiar de la Facultad de Medicina de la Universidad de California en San Francisco (1973-1983); Mental Research Institute, Palo Alto (1977-1982).

Su trabajo apunta hacia los nuevos paradigmas, incluyendo el desarrollo de prácticas innovadoras para el trabajo con crisis y conflictos dirigido al mejoramiento de la calidad de los recursos disponibles para las personas, las organizaciones y las comunidades. Editora de *Nuevos Paradigmas, Cultura y Subjetividad* (Paidós, 1994; Artes Médicas, 1996) y de *Nuevos Paradigmas en la Resolución de Conflictos: Perspectivas y Prácticas* (Granica, 2000), coeditora de *Novos Paradigmas em Mediação* (Artmed, 1999) y *New Paradigms, Culture and Subjectivity* (Hampton Press, 2000). Ha publicado extensamente en el país, en América Latina (México, Brasil, Chile), en Europa (España, Francia, Inglaterra, Italia, Suiza) y en los Estados Unidos.

Jorge Schnitman. Vicepresidente de la Fundación INTERFAS. Autor de *Film Industries in Latin America: Dependency and Development* (Ablex Publishing Co., 1984), libro de consulta y referencia para especialistas y estudiantes de cine latinoamericano, co-editor de *Communication and Social Structure. Critical Studies in Mass Media Research* (Praeger, 1981), *New Paradigms, Culture and Subjectivity* (Hampton Press, 2000), y autor de numerosos artículos. Fue profesor de Sociología en la Facultad de Ciencias Sociales de la Universidad de Buenos Aires y Visiting Scholar del Center for Latin American Studies, Stanford University. Fue miembro y asesor de la comisión que diseñó el plan curricular de la carrera de Ciencias de la Comunicación Social de la UBA. Realizó investigación en sociología y ciencias de la comunicación en la Argentina, los Estados Unidos y Ecuador, y destacadas presentaciones en congresos. Premio Konex en Artes Visuales (1992).

Desde una perspectiva orientada hacia la relación entre comunicación, sociedad y creatividad, participó en la dirección académica de la Fundación INTERFAS y brindó un excepcional sostén a sus desarrollos académicos y publicaciones. Colaboró fuertemente en la edición de los libros *Nuevos Paradigmas, Cultura y Subjetividad* (Paidós, 1994; Artes Médicas, 1996), *Novos Paradigmas em Mediação* (Artmed, 1999), *Nuevos Paradigmas en la Resolución de Conflictos: Perspectivas y Prácticas* (Granica, 2000).

Colaboradores

Dra. Gladys S. Álvarez. Directora de la Carrera de Posgrado de Actualización en Negociación y Resolución de Conflictos y profesora de Filosofía del Derecho, Facultad de Derecho de la Universidad de Buenos Aires. Presidenta del Consejo Asesor de la Fundación Libra. Juez de la Cámara Nacional en lo Civil de la Capital Federal. Coordinadora y

363

miembro de la Comisión Nacional de Mediación. Miembro del Consejo Asesor para la Creación de la Escuela Judicial. Abogada especializada en resolución alternativa de disputas y consultora internacional. Recibió el Premio Especial 1994 a la excelencia e innovación en resolución alternativa de disputas del Centre for Public Resources, Institute for Dispute Resolution (compartido con Elena Highton, Fundación Libra y Ministerio de Justicia de la Nación). Premio Mary Parker Follet 1999. Coautora de *Mediación para resolver conflictos* (Ad.Hoc, 1995) y *Mediación y justicia* (Depalma, 1996).

James R. Barker. Profesor adjunto y director de Investigación del Departamento de Control de la Academia de la Fuerza Aérea de los Estados Unidos. Autor de *The Discipline of Teamwork* (Sage, 1999), sus artículos sobre trabajo en equipo en organizaciones han sido incluidos en numerosas publicaciones académicas.

Carol Becker. Docente del Family Institute of Cambridge en el programa intensivo de entrenamiento en terapia familiar. Ha trabajado extensamente con parejas en conflicto crónico, y ha enseñado y escrito sobre la resolución de conflictos en varios contextos. Se ha dedicado especialmente al desarrollo y dirección de los programas de entrenamiento ofrecidos por el Public Conversations Project. Actúa también como consultora en el componente de destrezas interpersonales del Programa de Negociación en Harvard Law School.

Andrea Bodtker. Estudiante de Doctorado en el Departamento de Ciencias de la Comunicación de Temple University. Su investigación se centra en los procesos de conflicto en contextos específicos. Sus artículos han sido publicados en *Mediation Quarterly*, *International Journal of Conflict Management* y en el *Journal of Applied Communication Research*.

Richard Boulton. Educado en el periodismo hace treinta años, trabajó luego como director de Comunicaciones Internas de la International Publishing Corporation, y como investigador de mercado para los periódicos de Fleet Street antes de comenzar su práctica como consultor de desarrollo de organizaciones. Ha trabajado como consultor independiente en Londres durante los últimos doce años, período durante el cual ha estudiado en el Kensington Consultation Centre.

Laura Chasin. Fundadora y Directora del Public Conversation Project, es miembro de la Comisión Directiva del Grupo de Gerenciamiento de Conflictos; también es miembro del Consejo Asesor del Common Ground Network for Life and Choice.

Richard Chasin. Miembro del cuerpo docente del Family Institute of Cambridge, Profesor Clínico Adjunto de Psiquiatría de Harvard Medical School at Cambridge Hospital. Fue presidente de la American Family Therapy Academy. Fue director fundador del Harvard's Center for Psychology and Social Change, y co-desarrolló el componente psicológico del Proyecto de Negociación de Harvard Law School.

Kathy Domenici. Consultora en Comunicación. Directora de Juegos del Prosperity Institute y asociada con el Public Dialogue Consortium; ambas instituciones emplean innovadoras técnicas de facilitación. Su trabajo se concentra en los desafíos del control de conflictos entre individuos y también en contextos de grandes grupos. Autora de *Mediation: Empowerment in Conflict Management* (Waveland Press, 1996).

364

Renata Fonkert. Psicóloga y mediadora. Estudiante de Doctorado en Psicología Clínica, Universidad de Belgrano, Buenos Aires. Tesis: "Mediación Familiar en la resolución de conflictos en familias con adolescentes". Mediadora, terapeuta de adolescentes y de familia. Socia fundadora de MEDIARE, Centro de Mediación y Resolución de Conflictos de Río de Janeiro. Psicóloga del Instituto Philippe Pinel, donde coordina el Núcleo de Mediación Padres-Adolescentes.

Margaret Herzig. Adjunta Senior al Programa del Public Conversation Project. En la década de los 80, co-dirigió talleres sobre estereotipos en los congresos anuales de la International Physicians for the Prevention of Nuclear War en Hiroshima y Estocolmo. Más recientemente, en colaboración con el consultor en organización Grady McGonagill, ha co-dirigido el Northern Forest Dialogue Project, sub-proyecto del Public Conversation Project, diseñando y facilitando las reuniones del Maine Forest Biodiversity Project.

Elena I. Highton. Profesora de Derecho Civil, Universidad de Buenos Aires. Vicepresidenta del Consejo Asesor de la Fundación Libra. Juez de la Cámara Nacional en lo Civil de la Capital Federal. Miembro de la Comisión para la Ley Nacional de Mediación y del Comité con Funciones de Dirección del Cuerpo de Mediación. Miembro de la Comisión Asesora para la Organización de la Escuela Judicial Argentina. Miembro del Tribunal de Arbitraje y Mediación. Consultora internacional. Directora de la Revista de la Asociación de Magistrados y Funcionarios de la Justicia Nacional. Recibió el Premio Especial 1994 a la excelencia e innovación en resolución alternativa de disputas del Centre for Public Resources, Institute for Dispute Resolution (compartido con Gladys Álvarez, Fundación Libra y Ministerio de Justicia de la Nación). Premio Mary Parker Follet 1999. Autora de trece libros de Derecho Civil y coautora de *Mediación para Resolver Conflictos* (Ad Hoc, 1995) y *Mediación y Justicia* (Depalma, 1996).

Tricia S. Jones. Profesora Adjunta del Departamento de Ciencias de la Comunicación de Temple University. Presidió la International Association for Conflict Management y es miembro de varias comisiones de la National Association of Mediation in Education y de la Conflict Resolution Network. Su investigación sobre educación para el conflicto ha sido patrocinada por la Hewlett Fundation, la Surdna Fundation y la United States Information Agency. Es co-editora de *Nuevas Direcciones en Mediación* (Paidós, 1998).

Peter Lang. Co-director del Kensington Consultation Centre en Londres. Trabaja como consultor, mediador y terapeuta familiar sistémico en el Reino Unido, y como consultor a nivel internacional. Co-editor de la revista *Human Systems: The Journal of Systemic Consultation and Management*.

Kimberley Pearce. Profesora de Comunicación Verbal, De Anza College. Co-directora de Pearce & Pearce Associates, Inc., corporación que se especializa en mejorar los modelos de comunicación. Consultora senior y socia fundadora del Public Dialogue Consortium.

W. Barnett Pearce. Fue profesor y director del Departamento de Comunicación de Loyola University, Chicago. Docente del Programa de Desarrollo Humano y Organizativo del Fielding Institute. Co-Director de Pearce & Pearce Associates, Inc. Consultor senior para el Public Dialogue Consortium. Facilitador, consultor y teórico de la comunicación. Autor de *Communication and the Human Condition* (Southern Illinois Univ. Press, 1989), *Interpersonal Communication: Making Social Worlds* (Harper Collins, 1994); coautor de *Moral Conflict: When Social Worlds Collide* (Sage, 1997) y otros cinco libros sobre comunicación, cultura y política.

Heloísa H. Primavera, Docente y coordinadora, Maestría en Administración Pública del área de Gerencia Social, Facultad de Ciencias Económicas, Universidad de Buenos Aires/INAP. Fue directora de la Carrera de Trabajo Social, Facultad de Ciencias Humanas, Universidad del Centro de la Provincia de Buenos Aires. Docente y consultora, área de gerencia social, para universidades nacionales y extranjeras. Dirige proyectos de tesis e investigaciones y ha actuado como consultora para el PNUD, CEPAL, OMS/ OPS, BIRF y BID. Coautora, entre otras obras, de *Ciencia en movimiento: la construcción social de los hechos científicos* (Centro Editor de América Latina, 1993), *Trabajo social y gerencia social* (Espacio, 1997) y *Reinventando el mercado: la experiencia argentina de la red global de trueque* (Programa de Autosuficiencia Regional, 1998).

Sallyann Roth. Dirige el Programa de Terapias Narrativas del Family Institute of Cambridge, del cual fue co-directora durante más de 15 años. Ha enseñado extensamente en Simmons School of Social Work y en Smith School of Social Work. Ha actuado como facilitadora del componente psicológico del Proyecto sobre Negociación de Harvard Law School, y como consultora de varias organizaciones sobre conflictos internos e interorganizacionales. Es reconocida su actuación promoviendo los aspectos de justicia social de la terapia familiar en diversos contextos culturales de los Estados Unidos y en el ámbito internacional.

Melinda Smith. Asociada a la Public Decisions Network. Fue directora ejecutiva del New Mexico Center for Dispute Resolution, donde inició programas de mediación en ámbitos educativos y de justicia juvenil reconocidos a nivel nacional, y co-directora fundadora de la National Association for Community Mediation. Es autora y editora de numerosos artículos y manuales en el campo de la mediación.

William Warters. Director adjunto del Programa de Teoría de la Mediación y Sistemas Democráticos del College of Urban, Labor, and Metropolitan Affairs, Wayne State University. Integró la comisión directiva del Comité de Educación Superior de la National Association for Mediation in Education. Colaboró en la fundación de decenas de programas de mediación de campus, proveyendo el entrenamiento inicial en mediación y varias formas de asistencia técnica. Actualmente, mantiene el Campus Mediation Resources Website (http:// www.mtds.wayne.edu/cam.med.ser.html) que ofrece información y recursos actualizados para la resolución de conflictos en la educación superior. Recibió un Guggenheim Fellowship por su labor en prevención de la violencia.

Concebidos originalmente como una obra en dos volúmenes, los libros *Nuevos paradigmas en la resolución de conflictos. Perspectivas y prácticas* y *Resolución de conflictos. Nuevos diseños, nuevos contextos,* operan a la vez en forma complementaria y autónoma. El lector podrá abordarla por múltiples entradas y elegir su recorrido.

En *Nuevos paradigmas en la resolución de conflictos. Perspectivas y prácticas,* se desarrollan los siguientes temas:

367

Este ejemplar se terminó de imprimir
en el mes de junio de 2000
en Artes Gráficas Color Efe,
Paso 192, Avellaneda, Buenos Aires,
República Argentina

www.ingramcontent.com/pod-product-compliance
Lightning Source LLC
Chambersburg PA
CBHW020603270326
41927CB00005B/146